城市轨道交通运营线路结构监测技术与管理指南

李　军　高　涛　王　亮　主　编

谭文举　主　审

中国建筑工业出版社

图书在版编目（CIP）数据

城市轨道交通运营线路结构监测技术与管理指南 / 李军，高涛，王亮主编. — 北京：中国建筑工业出版社，2022.5

ISBN 978-7-112-27270-9

Ⅰ．①城…　Ⅱ．①李…②高…③王…　Ⅲ．①城市铁路-轨道交通-铁路线路-监测-指南　Ⅳ．①U239.5-62

中国版本图书馆 CIP 数据核字（2022）第 061710 号

　　本书包括 9 章，分别是：绪论；变形监测控制网；长期监测与专项监测实施；监测方法与实施；现场安全巡查；监测项目控制值、预警及消警；监测成果及信息反馈；运营监测组织与管理；运营监测新技术等内容。文后还有附录。本书以国家现行相关标准和规范为依据，在广泛调研国内有关省市经验的基础上，对城市轨道交通运营监测工作的开展与实施进行了系统的梳理、总结、分析和提炼。同时选取典型监测案例进行深入剖析，总结经验教训，提出合理建议，希望能够为类似项目的实施提供指导。

　　本书可供从事城市轨道交通结构监测的专业技术人员使用，也可供城市轨道交通工程建设、运营、设计、咨询及设备制造等单位及大专院校师生使用。

　　责任编辑：胡明安
　　责任校对：李美娜

城市轨道交通运营线路结构监测
技术与管理指南
李　军　高　涛　王　亮　主　编
谭文举　主　审
*
中国建筑工业出版社出版、发行(北京海淀三里河路 9 号)
各地新华书店、建筑书店经销
北京鸿文瀚海文化传媒有限公司制版
河北鹏润印刷有限公司印刷
*
开本：787 毫米×1092 毫米　1/16　印张：18　字数：448 千字
2022 年 6 月第一版　　2022 年 6 月第一次印刷
定价：59.00 元
ISBN 978-7-112-27270-9
（39023）

本书编委会

主　　编：李军　高涛　王亮
副 主 编：廖鹏　唐玉平　王浩克　陈昌邦　廖龙飞　朱国琦　高虎
主　　审：谭文举
编　　委：
第1章：李军　王亮　周航　高涛　陈昌邦　廖鹏　高虎　李燕艳　肖晟　王浩翔　张浩然
第2章：唐玉平　高涛　廖鹏　吕文昊　王浩克　余祖鑫　高虎　王浩翔　张浩然　王丽菲
第3章：武圆月　陈维　朱国琦　王浩克　高涛　廖鹏　陈昌邦　李燕艳　肖晟
第4章：刘健　潘洪义　万冠军　李华敬　周晶　邹翔　李军　陈昌邦　廖龙飞　王海　韦善仁　米思君　王政　王亮　陈维　文善武　朱国琦　万冠军　王献明　韩守程　陈昌六　王浩克
第5章：李建平　麻平军　邹翔　吕官玉　庞伟军　王健福　高虎　李燕艳　肖晟　王浩翔　张浩然　王丽菲
第6章：陈昌邦　汪爱东　黄自力　唐玉平　雷世创　李威　文善武　高虎　李燕艳　肖晟
第7章：王浩克　陈国严　刘健　王丽菲　李军　王亮　陈昌邦　廖龙飞　周晶
第8章：唐玉平　余祖鑫　王亮　闫海真　廖鹏　陈维　陈昌邦　高虎　王浩翔　张浩然
第9章：高涛　王亮　马尧成　廖鹏　武圆月　李军　陈昌邦　廖龙飞　周晶　王海　潘洪义　李景翔　覃坚　蒋翔　宋春刚　杨龙　吴映明　付磊　方熹月　高虎　王浩翔　张浩然
附录A-E：廖鹏　朱国琦　高涛　刘健　文善武　王海　韦善仁　米思君　周晶　马志腾　石江宇　唐玉平
附录F-M：陈维　唐玉平　王亮　高涛　刘健　李景翔　覃坚　蒋翔　宋春刚
附录N-P：李军　万冠军　王献明　韩守程　陈昌六　周晶　潘洪义　王亮　王浩克　王丽菲
附录Q-S：陈维　刘健　文善武　杨龙　吴映明　付磊　方熹月　白国用　马志腾　王健福　石江宇　杨撼　王浩克

参编单位：
南宁轨道交通集团有限责任公司运营分公司
北京城建勘测设计研究院有限责任公司
洛阳市轨道交通集团有限责任公司运营分公司

3

序

随着城市建设的快速发展，城市轨道交通已成为市民出行的首选方式。国内北京、上海、广州、南京、重庆、深圳等大城市的城市轨道交通客运量占公共出行的比例已超过50%，其他城市的轨道交通客运量占公共出行的比例也在逐年上升。截至2020年年底，我国内地已有45个城市开通城市轨道交通，运营线路达到244条，运营线路总长达到7969.7km；在建线路里程达6797.5km。截至2021年12月16日，南宁市城市轨道交通运营线路已有5条线，128.2km开通运营。

城市轨道交通运营安全关乎民生大计，容不得有半点差错。近些年来全国各地城市轨道交通受自然灾害、地质灾害、保护区施工等因素影响，出现了多起停运事故，城市轨道交通的运营安全面临着严峻的问题和挑战。

为此，南宁轨道交通集团有限责任公司自成立以来，一直把科技创新工作放在首位，先后联合了多家单位开展城市轨道交通运营相关地方标准的编制工作，多本地方标准已发布。相关地方标准及成果能够有效地指导城市轨道交通运营监测工作的实施，为城市轨道交通运营安全提供保障。

从选题、立项、确定主参编单位和人员、编写大纲目录，再到过程中的数次讨论和专家审核把关，编委会立足于城市轨道交通运营监测一线工程实践，总结技术与管理经验，对运营监测的相关案例进行深入剖析，提出合理建议，坚持实用、创新、引领和指导的原则，体现了编委会严谨、求实和务实的态度和精神。

本书在编写过程中凝聚了全体主参编、审定人员的智慧和辛勤汗水，对推动城市轨道交通运营监测技术与管理水平的高质量发展具有非常重要的促进作用。

陈湘生，博士，教授，中国工程院院士
深圳大学土木与交通工程学院院长
深圳市地铁集团有限公司技术委员会主任
2021年12月28日

前　言

近年来，全国许多城市已进入轨道交通线网运营时代。城市轨道交通结构易受水文地质条件、列车行车及外部作业施工等多种因素影响而产生变形，变形超过一定程度将会导致结构开裂、破损、渗漏甚至破坏等风险，一旦出现安全应急情况，将影响地铁的正常运营和乘客的生命安全。为了加强城市轨道交通运营期监测工作的标准化和规范化，使监测成为风险管控的"眼睛"和保驾护航的利器，保障城市轨道交通的运营安全，南宁轨道交通集团有限责任公司和北京城建勘测设计研究院有限责任公司共同编写本书。

本书在编写过程中，以国家现行相关标准和规范为依据，在广泛调研国内有关省市经验的基础上，对城市轨道交通运营监测工作的开展与实施进行了系统的梳理、总结、分析和提炼。本书融合了广西壮族自治区地方标准《城市轨道交通运营线路结构监测技术规范》的主要内容，对城市轨道交通工程运营监测工作现状与发展趋势、工作类型、监测工作依据、变形监测控制网、长期监测与专项监测实施、监测方法与实施、现场安全巡查、监测项目控制值、预警及消警、监测成果及信息反馈、运营监测组织与管理、运营监测新技术等内容进行了较为详细的论述。同时选取典型监测案例进行深入剖析，总结经验教训，提出合理建议，希望能够为类似项目的实施提供指导。

本书在编写过程中，得到了南宁轨道交通集团有限责任公司及相关单位等各级领导的大力支持和帮助。此外，相关科研院所、勘察设计单位的专家、学者给予了诸多建设性意见，在此表示衷心感谢！因时间仓促和编写人员水平的局限性，编写过程中难免会存在一些不足和疏漏，敬请读者提出宝贵意见和建议，并及时反馈至本书编委会，以供修订时参考。

本书编委会

目　　录

第1章　绪论

随着城市化进程的加快，国家正在大力发展基础设施建设，轨道交通作为基础设施建设的一个重要领域，给人民生活带来众多便利。鉴于地铁具有运量大、速度快、安全、准点、保护环境、节约能源和节约用地等优点，它也逐渐成为人们出行的首选。地铁的大规模开通运营有效地解决了城市交通、人口与土地资源等问题，也促使城市交通体系由传统的地面交通模式向地面、地下立体式交通模式转变。截至2020年年底，我国内地共有45座城市开通城市轨道交通，运营里程达到7969.7km，运营车站达到5189座，运营规模不断增大。

城市轨道交通工程受自身施工质量、工程地质条件、水文条件、运营期间列车动荷载、季节条件变化以及外部施工作业等因素的影响，其工程结构在运营期可能会发生不同程度的位移和变形，导致线路结构出现各种病害情况，为掌握城市轨道交通结构变形情况，保障城市轨道交通线路安全运营，在城市轨道交通运营以及外部施工作业影响过程中，需对城市轨道交通结构开展监测工作。

1.1　城市轨道交通工程运营监测工作现状与发展趋势

1.1.1　城市轨道交通工程运营监测工作现状

1. 时代背景

目前我国经济进入稳步健康的发展，国家正在大力发展基础设施建设，轨道交通作为基础设施建设的一个重要领域，给人民生活带来众多便利，因此近几年轨道交通的发展迅速，得到了国家的大力支持。

国内各地轨道交通工程运营过程中发生结构破坏、环境破坏、人员财产损失的情况屡有发生，在轨道交通运营风险安全管理中，运营监测作为信息化运营及提供管理信息的重要手段，越来越多地得到政府管理部门、建设单位的重视。

2. 技术现状

2013年9月6日经住房和城乡建设部批准发布现行国家标准《城市轨道交通工程监测技术规范》GB 50911—2013，其中第10章"线路结构变形监测"对运营监测项目、对象、范围、测点布设、基准点及监测频率作了规定，为运营监测的实施提供了一定的依据。

2008年3月10日经建设部批准发布《城市轨道交通工程测量规范》GB 50308—2008，对运营阶段变形监测的适用范围、监测对象、方案、延续施工的变形监测项目、新增变形监测项目及监测精度要求作了规定。2017年5月4日新颁布的《城市轨道交通工程测量规范》GB/T 50308—2017对建成后线路变形监测的相关要求，除包括原有的内容以外，还增加了变形监测项目的要求、邻近施工活动时的变形监测要求及邻近施工类型的规定，该规范对运营影响范围内的外部施工提出了一定要求。

2013 年 9 月 25 日经住房和城乡建设部批准发布现行行业标准《城市轨道交通结构安全保护技术规范》CJJ/T 202—2013，其中对城市轨道交通外部作业的范围、安全控制及安全评估、作业控制保护要求、监测等做了规定，进一步规范地铁运营影响范围内外部作业要求，为地铁运营的安全提供了有利的规范支持，很大程度地避免了外部作业破坏地铁结构的事故发生。

北京市地方标准《城市轨道交通设施养护维修技术规范》DB11/T 718—2010 也涉及部分运营监测的相关规定和要求，规范中对地铁现状等级情况做了详细规定，为运营监测地铁现状调查和外部作业之前的现状调查提供了一定参考价值。

之前国家发布了专门针对运营监测的规范，仅在相关的轨道交通测量及监测规范中提到了篇幅较小的内容，无法满足日益增多的轨道交通运营线路自身和外部作业对轨道交通运营安全的风险管理。各地方也相继出台了相关管理规定和技术规程来确保轨道交通的运营安全。从实际效果看，对降低轨道交通运营风险事故率起到了重要作用。

2020 年 12 月 14 日发布，2021 年 7 月 1 日实施的《城市轨道交通设施运营监测技术规范　第 1 部分：总则》GB/T 39559.1—2020、《城市轨道交通设施运营监测技术规范　第 2 部分：桥梁》GB/T 39559.2—2020、《城市轨道交通设施运营监测技术规范　第 3 部分：隧道》GB/T 39559.3—2020、《城市轨道交通设施运营监测技术规范　第 4 部分：轨道和路基》GB/T 39559.4—2020 分别对桥梁、隧道、轨道和路基的检查、监测和状态评价做出了详细的规定，能有效指导运营监测工作的开展。

3. 管理现状

在城市轨道交通工程运营监测质量安全管理工作中，以《中华人民共和国建筑法》《中华人民共和国安全生产法》及《建设工程安全生产管理条例》为基本法律及法规，与《城市轨道交通工程安全质量管理暂行办法》（建质〔2010〕5 号）等一系列部门规章制度组成了城市轨道交通工程的管理体系的基础。还需要考虑住房和城乡建设部及交通运输部相关规定。

各地方也根据要求由城市轨道交通建设主管部门根据相关的法律法规文件，结合当地情况也基本制定了关于城市轨道工程运营监测的安全质量管理制度。为加强城市轨道交通工程运营安全质量管理，同时出台了大量管理文件。建设部会同国家发展改革委等部门下发了《关于进一步加强地铁安全管理工作的通知》（建质〔2003〕177 号）。国务院办公厅下发了《国务院办公厅关于保障城市轨道交通安全运行的意见》（国办发〔2018〕13 号）。交通运输部下发了《城市轨道交通运营管理规定》（交通运输部 2018 年第 8 号令）。

现阶段各城市基本由运营单位委托有资格的单位开展长期监测工作。此种模式下，运营单位负责监督管理工作，由专业的监测单位承担具体监测任务，能够更好地保障运营监测质量。一般在初期运营安全评估前需要完成监测点布设和初始值采集，建立长期监测体系。

专项监测为掌握城市轨道交通运营线路结构病害段及受外部作业可能影响段的变形状况，在特定周期内针对特定对象而开展的变形监测工作。地铁结构自身原因造成的病害专项监测一般由运营单位来委托。保护区外部作业专项监测一般由影响轨道交通的外部作业

建设单位委托专业监测单位开展。

1.1.2　城市轨道交通工程运营监测发展趋势

城市轨道交通工程运营监测技术日新月异，发展方向将趋向监测的自动化、智能化，包括数据自动采集与无线传输、测量机器人、静力水准仪、近景摄影测量、光纤光栅、三维激光扫描、InSAR 等技术，最终实现运营监测工作的自动化、网格化、可视化和智能化。

1. 监测数据自动采集系统

通过对先进监测设备、计算机、互联网、物联网的技术进行整合，实现城市轨道交通工程运营监测项目的自动化监测，建立基于物联网的轨道交通工程运营自动监测系统、视频采集智能化分析系统、无线传输系统。包括轨道交通隧道工程基于静力水准仪、测量机器人、电子水平尺、电子倾斜仪、激光测距仪等监测设备的自动化监测。同时实现以下功能：（1）实时无线获得连接在采集终端上的传感器数据；（2）实时显示各采集终端的在线状态和数据采集状态；（3）超限后实时声光报警提示；（4）可脱机自动运行，自行判断是否超限报警；（5）内置大容量可充电锂电池，现场掉电后数据不会丢失。

2. 运营线路信息大数据管理平台

建立运营线路信息大数据管理平台，综合监测数据信息、三维激光扫描检测信息、运营线路检修维护信息，与三维 GIS、BIM 系统融合，结合实现电脑客户端、移动客户端成果及数据获取，通过监测智能分析系统实现成果报告格式标准化自动生成、自动预警发布、自动处置及信息化管理等功能。通过对数据信息化智能化管理，在线历史数据查询和实时数据查询对比，超限数据及时报警等功能确保了现场监测数据的真实性、数据分析的准确性、报告报送的及时性，提高在线监测的信息化管理水平。同时，结合三维激光扫描检测信息以及运营线路检修维护信息进行综合判断，最终实现运营线路安全状态实时在线监控。

1.2　城市轨道交通工程运营监测工作类型

根据城市轨道交通工程监测工作目的不同，分为两类：（1）城市轨道交通运营线路结构长期监测；（2）城市轨道交通运营线路结构专项监测。

根据监测对象不同，分为两类：（1）城市轨道交通工程本体监测，包含车站结构、道床结构、隧道结构、高架结构、路基结构等的监测；（2）城市轨道交通工程附属设施监测，包括建（构）筑物、支挡结构及边坡防护、边沟及排水设施等的监测。

1.2.1　城市轨道交通运营线路结构长期监测

城市轨道交通工程受自身施工质量、工程地质条件、运营期间列车动荷载和邻近工程施工的影响，其结构在运营期会发生不同程度的位移和变形，导致线路结构出现各种病害情况，为掌握城市轨道交通结构的安全状况，确保城市轨道交通安全运营及线路结构正常使用，对其开展长期监测工作十分必要。

城市轨道交通工程投入运营后，应定期对其结构的稳定性开展监测工作。监测对象包括车站结构、道床结构、隧道结构、高架结构、路基结构、附属建（构）筑物、支挡结构及边坡防护、边沟及排水设施等。

1.2.2 城市轨道交通运营线路结构专项监测

为掌握城市轨道交通运营线路结构病害段及受外部作业可能影响段的变形状况，应在特定周期内针对特定对象开展变形监测工作。

根据城市轨道交通运营线路结构专项监测工作目的的不同，又可以分为两类：（1）病害段专项监测；（2）保护区外部作业专项监测。

1. 病害段专项监测

针对运营线路结构出现较严重病害的部位进行针对性的专项监测，在长期监测的基础上增加监测点密度、加密监测频率并根据病害情况增加裂缝、渗漏水、错台等监测内容。

2. 保护区外部作业专项监测

根据《城市轨道交通结构安全保护技术规范》CJJ/T 202 的有关规定，城市轨道交通沿线应设置控制保护区，在城市轨道交通结构保护区内进行外部作业时，为保护城市轨道交通结构的安全运营，了解外部作业对城市轨道交通结构影响程度而对其开展的专项监测工作。

1.3 监测工作依据

1.3.1 技术依据

（1）城市轨道交通设施运营监测技术规范 第 1 部分：总则》GB/T 39559.1；

（2）《城市轨道交通设施运营监测技术规范 第 2 部分：桥梁》GB/T 39559.2；

（3）《城市轨道交通设施运营监测技术规范 第 3 部分：隧道》GB/T 39559.3；

（4）《城市轨道交通设施运营监测技术规范 第 4 部分：轨道和路基》GB/T 39559.4；

（5）《城市轨道交通工程监测技术规范》GB 50911；

（6）《城市轨道交通工程测量规范》GB/T 50308；

（7）《建筑基坑工程监测技术标准》GB 50497；

（8）《建筑变形测量规范》JGJ 8；

（9）《工程测量标准》GB 50026；

（10）《城市轨道交通结构安全保护技术规范》CJJ/T 202；

（11）《建筑与桥梁结构监测技术规范》GB 50982；

（12）《城市轨道交通隧道结构养护技术标准》CJJ/T 289；

（13）有关岩土工程勘察报告；

（14）有关设计文件；

（15）地方、行业的有关规范、标准、规程或技术文件。

涉及地铁保护专项监测时，还应依据项目的安全评估报告。

1.3.2 管理依据

（1）《城市轨道交通工程安全质量管理暂行办法》（建质〔2010〕5 号）；

（2）《国务院办公厅关于保障城市轨道交通安全运行的意见》（国办发［2018］13号）；

（3）《城市轨道交通运营管理规定》（交通运输部2018年第8号令）；

（4）《城市轨道交通初期运营前安全评估管理暂行办法》（交运规［2019］1号）；

（5）地方政府有关法律、法规文件或条例；

（6）地方轨道公司制定的有关监测工作管理办法或管理文件。

1.3.3　合同依据

有关运营监测工作招标文件及澄清、投标文件、合同及补充条款或协议。

第 2 章　变形监测控制网

变形监测控制网是变形监测起算的依据，是运营监测工作的基础，其精度和稳定性非常重要。由于城市轨道交通工程运营监测工作具有周期长、精度高、规模大和结构复杂等特点，在监测工作中监测基准的建立、控制网的布设、观测以及成果处理等各个环节应符合相应的技术标准和要求，以满足城市轨道交通工程运营监测工作的需要。

2.1　水平位移监测控制网

2.1.1　平面基准建立

水平位移变形控制网是水平位移变形监测的起算依据，在城市轨道交通工程运营监测工作中一般布设专用的控制网，布设时应考虑运营监测周期内控制网的稳定性，同时还应兼顾控制网便于联测使用。

水平位移监测的平面坐标系一般应采用当地的城市轨道交通工程坐标系，也可采用所在城市的地方坐标系。如观测条件困难，难以与城市轨道交通工程坐标系或所在城市的地方坐标系联测或联测后精度损失较大时，可采用假定坐标的独立坐标系。

2.1.2　控制网布设

1. 控制网布设基本原则

城市轨道交通工程运营监测的水平位移监测控制网一般由基准点和工作基点组成，基准点和工作基点的布设应满足如下要求：

（1）由基准点控制工作基点的坐标和高程，基准点一般通过 GNSS 静态法测量，工作基点一般通过导线网法测量。

（2）长期监测的水平位移监测基准点可在车辆段、出入场线等线路出露地面位置或车站周边地面埋设深桩基准点，尽量联测城市轨道交通工程坐标系中的控制点，且每座车辆段、出入场线的水平位移监测基准点不宜少于 4 个，地下线路沿线车站周边地面基准点的布设间距不宜大于 2km，高架线路沿线车站周边地面基准点的布设间距不宜大于 5km。

（3）长期监测的水平位移监测需视车站所处地层的稳定性情况在相对稳定的车站结构布设水平位移监测的工作基点，每座车站不少于 4 个工作基点。

（4）专项监测的水平位移监测需在受影响范围外的稳定地段布设水平位移监测的工作基点，每个监测项目的水平位移监测工作基点布设数量不宜少于 4 个。

2. 控制网复测周期

监测期间应定期对水平位移监测控制网进行复测，复测周期应根据变形监测控制网点的稳定性并结合监测频率而定，一般长期监测在每次监测时进行复测，专项监测宜为 1～2

个月，不宜超过 3 个月。当监测点变形成果出现异常，或当监测区域受到地震、洪水、爆破等外界因素影响时，应及时对控制网进行复测。

当使用工作基点进行监测时，在每期变形监测前应对工作基点的稳定性进行检测。若相邻的工作基点两次联测的坐标变化量小于 $2\sqrt{m_1^2+m_2^2}$（m_1、m_2 为两次观测中误差）时，可认为工作基点稳定，可直接利用，否则应进行控制网复测来校核工作基点的变化情况，根据复测结果综合分析决定是否采用最新的坐标成果来进行起算。

3. 控制网布设方法

城市轨道交通运营线路结构的水平位移监测受线路结构走向限制，其水平位移监测控制网可布设沿线路方向直伸形的导线网，也可利用现有的城市轨道交通建设期间的控制网。专项监测可在病害区域或外部作业影响区域外布设独立的监测控制网。

导线网点布设在车站作为工作基准点时应沿线路方向布设成直伸状，受线路结构走向限制，一般布设成附合导线形式，可附合在高等级的平面控制点上。

4. 控制点埋设

水平位移监测布设在车辆段、出入场线等线路出露地面位置或车站周边地面的深桩基准点需钻孔埋设至基岩，确保基准点的稳定。

埋设时应充分探明布点区域的管线情况，确保开孔范围内没有地下管线后方可开始钻孔，钻孔可采用 $\phi108$ 直径的地质钻，钻孔深度根据基准点布设区域的地质情况而定，钻进至基岩位置后下入 $\phi108$ 直径的地质专用无缝钢管，在钢管中灌入碎石水泥浆直至地面。通过连接螺栓将顶部半球形带十字黄铜预制件的不锈钢顶盖与浇灌的碎石混凝土连接在一起。再在基准点周边采用灰砂砖砌筑并在顶部加设盖板进行保护，地面深桩基准点埋设示意图和埋设实景图分别如图 2.1-1 和图 2.1-2 所示。

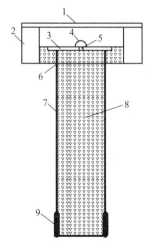

图 2.1-1　深桩基准点埋设示意图
1—顶部盖板；2—厚 180mm 灰砂砖；
3—不锈钢顶盖；4—半球形带十字黄铜预制件；
5—连接螺栓；6—加工的连接螺纹；
7—$\phi108$ 的地质专用无缝钢管；
8—碎石水泥浆；9—底部 2m 花管

图 2.1-2　深桩基准点埋设实景图

水平位移监测工作基点布设在车站时，可在车站底板或结构侧墙上钻孔埋设，埋设位置要避免影响行车及紧急疏散要求，钻孔深度约5cm，放入不锈钢基准点标志。车站工作基点埋设示意图和埋设实景图分别如图2.1-3和图2.1-4所示。

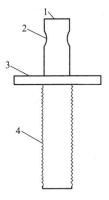

图2.1-3　车站工作基点埋设示意图
1—ϕ12顶部不锈钢；2—ϕ10凹槽不锈钢卡扣；
3—ϕ40刻字不锈钢；4—ϕ14磨砂不锈钢

图2.1-4　车站工作基点埋设实景图

2.1.3　控制网观测

1. 技术要求

（1）GNSS网法技术要求

采用GNSS网法布设水平位移监测控制网时，各等级卫星定位测量控制网的观测宜采用静态作业模式按表2.1-1的技术要求执行。

卫星定位控制网观测主要技术要求　　　　　　表2.1-1

控制网等级	平均边长（km）	固定误差 a（mm）	比例误差 b（mm/km）	相邻点的相对点的位中误差（mm）	最弱边相对中误差
一等	10	≤5	≤2	±20	1/200000
二等	2	≤5	≤5	±10	1/100000

注：本表出自《工程测量标准》GB 50026。

（2）导线网法技术要求

采用导线网方法布设水平位移监测控制网时，水平位移监测控制网观测主要技术要求应符合表2.1-2的规定。

水平位移监测控制网观测主要技术要求　　　　　　表2.1-2

工程监测等级	相邻基准点的点位中误差（mm）	平均边长（m）	测角中误差（″）	最弱边相对中误差	全站仪标称精度	水平角观测测回数	距离观测测回数	
							往测	返测
二级	±3.0	150	±1.8	≤1/70000	±2″，±（2mm+2×10^{-6}×D）	9	3	3

注：1. D 为监测距离（km）。
　　2. 当采用更高精度仪器时可适当减少测回数。
　　3. 本表出自《城市轨道交通工程测量规范》GB/T 50308。

2. 观测实施

（1）GNSS 网法

GNSS 网法观测前，应对接收机进行预热和静置，同时应检查电池的容量、接收机的内存和可存储空间是否充足。天线安置的对中偏差不应大于 2mm，天线高的量取应精确至 1mm。观测中，不应在接收机近旁使用无线电通信工具，并应禁止人员和其他物体触碰天线或阻挡卫星信号。遇雷雨等恶劣天气时，应停止作业。作业过程中不应进行接收机关闭又重新启动、改变卫星截止高度、改变数据采样间隔和改变天线位置等操作。应做好测站记录。

（2）导线网法

导线网法测量前应对仪器进行常规检查与校正，同时记录检校结果。仪器或反光镜的对中误差不应大于 1mm。水平角观测过程中，气泡中心的位置偏离整置中心的不宜超过一格。当观测方向的垂直角超过 3°的范围时，宜在测回间重新整置气泡位置。有垂直轴补偿器的仪器，不受此款的限制。导线观测宜在 11：30 以前或 14：30 以后进行，最好选取在阴天、微风时进行，当太阳升到一定高度（9：00 以后，16：30 以前）应给仪设备打伞，保证仪器设备受热均匀。如受外界因素（如振动）的影响，仪器的补偿器无法正常工作或超出补偿器的补偿范围时，应停止观测。当测站或照准目标偏心时，应在水平角观测前或观测后测定归心元素。测定时投影示误三角形的最长边，对于标石、仪器中心的投影不应大于 5mm，对于照准标志中心的投影不应大于 10mm。投影完毕后，除标石中心外，其他各投影中心均应描绘两个观测方向。角度元素应量至 15′，长度元素应量至 1mm。

导线点上只有 2 个方向时，其水平角观测应采用左、右角观测，左、右角平均值之和与 360 的较差应小于 4″。前后视边长相差较大，观测需要调焦时，应采用同一方向正、倒镜同时观测法，此时一个测回中不同方向可不考虑 2C 较差的限差。

方向观测法水平角观测的技术要求应符合表 2.1-3 水平位移监测控制网精度指标。

方向观测法水平角观测技术要求 表 2.1-3

全站仪标称精度	半测回归零差	一测回内 2C 较差	同一方向值各测回较差
±0.5″	3.0	5.0	3.0
±1.0″	6.0	9.0	6.0

注：本表出自《工程测量标准》GB 50026。

水平角观测误差超限时，应在原来度盘位置上重测，当一测回内 2C 互差或同一方向值各测回较差超限时，应重测超限方向，并联测零方向。下半测回归零差或零方向的 2C 互差超限时，应重测该测回。若一测回中重测方向数超过总方向数的 1/3 时，应重测该测回。当重测的测回数超过总测回数的 1/3 时，应重测该测段。

边长测量应在成像清晰和气象条件稳定时进行，3 级以上风力和下雨天气不宜作业，也不宜顺光和逆作业，严禁将仪器物镜对准太阳。当棱镜背景方向有反射物时，应在棱镜后方遮上黑布。测距过程中，当视线被遮挡无法观测时，应在清除遮挡物后进行观测。当边长观测数据超限时，应重测整个测回。当观测数据出现分群时，应分析原因，采取相应措施重新观测。边长观测时应考虑气压温度、仪器加乘常数、高程改化及投影归化改正。气象数据应量取两端点测边始末的气象数据，取均值。气压表应置平，指针不宜阻滞。

2.1.4 成果计算

1. GNSS 网法

（1）数据整理

不同定位系统或不同品牌接收机联合作业时的观测数据，应转换成统一的标准格式。应屏蔽原始数据中的无效观测值和冗余信息。应汇总整理测站记录。

（2）数据处理

基线解算可根据观测等级和实际情况选择单基线解算模式、多基线解算模式或整体解算模式。基线解算应采用双差固定解。基线解算结果应包括基线向量的三维坐标增量及其方差—协方差阵和基线长度等信息。

卫星定位控制测量外业观测的全部数据应经同步环、异步环或附合线路、重复基线检核，并应符合下列规定：

1）同步环各坐标分量闭合差及环线全长闭合差，应分别满足下列公式要求：

$$W_x \leqslant \frac{\sqrt{n}}{5}\sigma \tag{2.1-1}$$

$$W_y \leqslant \frac{\sqrt{n}}{5}\sigma \tag{2.1-2}$$

$$W_z \leqslant \frac{\sqrt{n}}{5}\sigma \tag{2.1-3}$$

$$W \leqslant \frac{\sqrt{n}}{5}\sigma \tag{2.1-4}$$

$$W = \sqrt{W_x^2 + W_y^2 + W_z^2} \tag{2.1-5}$$

式中　　n——同步环中基线边的条数；

W_x、W_y、W_z——同步环各坐标分量闭合差（mm）；

W——同步环环线全长闭合差（mm）。

2）异步环或附合线路各坐标分量闭合差及全长闭合差，应分别满足下列公式的要求：

$$W_x \leqslant 2\sqrt{n}\sigma \tag{2.1-6}$$

$$W_y \leqslant 2\sqrt{n}\sigma \tag{2.1-7}$$

$$W_z \leqslant 2\sqrt{n}\sigma \tag{2.1-8}$$

$$W \leqslant 2\sqrt{3n}\sigma \tag{2.1-9}$$

$$W = \sqrt{W_x^2 + W_y^2 + W_z^2} \tag{2.1-10}$$

式中　　n——异步环或附合线路中基线边的条数；

W——异步环或附合线路全长闭合差（mm）。

3）重复基线的长度较差，应满足下式的要求：

$$\Delta d \leqslant 2\sqrt{2}\sigma \tag{2.1-11}$$

式中　　Δd——重复基线的长度较差。

（3）平差计算及精度评定

1）卫星定位测量控制网的无约束平差应符合下列规定：

应选用与导航定位卫星系统一致的坐标系进行三维无约束平差。无约束平差应提供各观测点在该坐标系中的三维坐标、各基线向量三个坐标差观测值的改正数、基线长度、基线方位及相关的精度信息等。无约束平差的基线向量改正数的绝对值，不应超过相应等级的基线长度中误差的 3 倍。

2）卫星定位测量控制网的约束平差应符合下列规定：

应选国家坐标系或地方坐标系，对无约束平差后的观测量进行二维或三维约束平差。对已知坐标、距离或方位，可强制约束，也可加权约束；约束点间的边长相对中误差应符合表 2.1-1 中相应等级规定。约束平差的基线向量改正数与经过剔除粗差后无约束平差结果的同一基线相应改正数较差的绝对值，不应超过相应等级基线中误差的 2 倍。平差结果应输出观测点在相应坐标系中的二维或三维坐标、基线向量的改正数、基线长度、基线方位角等，以及相关的精度信息。控制网约束平差的最弱边长相对中误差应符合表 2.1-1 中相应等级规定。

3）卫星定位测量控制网观测精度评定应符合下列规定：

控制网的测量中误差应按下式计算：

$$m = \sqrt{\frac{1}{3N}\left(\frac{WW}{n}\right)} \qquad (2.1\text{-}12)$$

式中　m——控制网的测量中误差（mm）；

　　　N——控制网中异步环的个数；

　　　n——异步环的边数；

　　　W——异步环环线全长闭合差（mm）。

控制网的测量中误差应满足相应等级控制网的基线精度要求，并应符合下式的规定：

$$m \leqslant \sigma \qquad (2.1\text{-}13)$$

式中　σ——基线长度中误差（mm）；

　　　m——控制网的测量中误差（mm）。

（4）成果提交

1）任务或合同书、技术设计书。

2）利用的已有成果资料情况。

3）仪器校检资料和自检原始记录。

4）点之记、外业原始观测记录、计算手簿及含电子文档。

5）质量检查资料。

6）技术总结。

7）设计网图、选点网图、观测网图、数据处理用图、成果图。

8）坐标、高程成果及注释资料。

2. 导线网法

（1）数据整理

每日观测结束后，应对外业记录手簿进行检查，当使用电子记录时，应保存原始观测数据，打印输出相关数据和预先设置的各项限差。

当观测数据中含有偏心测量成果时，应首先进行归心改正计算。方向值和边长观测值都应归算到相应的基准面上。

（2）基准点稳定分析

水平位移监测控制网测量数据处理前，应对基准点的稳定性进行检验和分析。基准网联测后，发现其中控制点异常后，及时分析原因，如确认点位确有变动时，及时对该控制点成果进行修正，同时，所有由此控制点引测的监测点成果，也必须进行修正，确保监测点观测成果的正确性。

当基准点单独构网或监测点共同构网时，每次基准网复测后，应根据本次复测数据与上次测量数据的较差值，通过组合比较的方式对基准点的稳定性进行分析和判断。当这样的方法不能判定基准点是否稳定，可通过统计检验的方法对其稳定性进行检验，并找出变动的基准点。在监测过程中，当某期变形量出现异常变化时，应分析原因，在剔除监测成果中粗差和系统差后，再对基准点的稳定性进行检验分析。

（3）平差计算

控制网计算应采用严密平差法，其精度应符合表 2.1-2 的规定。

导线网边长应进行气象改正和仪器加、乘常数改正，根据仪器提供的公式进行改正，也可以在观测前将气象数据和加、乘常数输入全站仪内自动改正。

（4）资料提交

1）外业观测手簿（或电子手簿）内业概算及平差计算报告。

2）控制点成果表、控制网点略图及点之记等资料。

3）单位质量管理部门的最终检查报告。

2.2　竖向位移监测控制网

2.2.1　高程基准建立

竖向位移监测高程控制网是竖向位移变形监测的起算依据，在城市轨道交通工程运营监测工作中一般布设专用的控制网，布设时应考虑运营监测周期内控制网的稳定性，同时还应兼顾控制网便于联测使用。

竖向位移监测的高程基准一般应采用当地的城市轨道交通工程高程系统，也可采用所在城市的地方高程系统，如观测条件困难，难以与城市轨道交通工程高程控制网点或所在城市的地方高程控制网点联测或联测后精度损失较大时，可采用假定高程的独立高程基准。

2.2.2　控制网布设

1. 控制网布设基本原则

城市轨道交通工程运营监测的竖向位移监测控制网一般由基准点和工作基点组成，基准点和工作基点的布设应满足如下要求：

（1）长期监测的竖向位移监测基准点可在车辆段、出入场线等线路出露地面位置或车站周边地面埋设深桩基准点，尽量联测城市轨道交通工程坐标系中的高程控制点，且每座车辆段、出入场线的竖向位移监测基准点不宜少于 4 个，地下线路沿线车站周边地面基准点的布设间距不宜大于 2km，高架线路沿线车站周边地面基准点的布设间距不宜大于 5km。

（2）长期监测的竖向位移监测需视车站所处地层的稳定性情况在相对稳定的车站结构布设竖向位移监测的工作基点，每座车站不少于 4 个工作基点。

（3）专项监测的竖向位移监测需在受影响范围外的稳定地段布设竖向位移监测的工作基点，每个监测项目的竖向位移监测工作基点布设数量不宜少于 3 个。

2. 控制网复测周期

监测期间应定期对竖向位移监测控制网进行复测，复测周期应根据变形监测控制网点的稳定性并结合监测频率而定，一般长期监测在每次监测时进行复测，专项监测宜为 1～2 个月，不宜超过 3 个月。当监测点变形成果出现异常，或当监测区域受到地震、洪水、爆破等外界因素影响时，应及时对控制网进行复测。

当使用工作基点进行监测时，在每期变形监测前应对工作基点的稳定性进行检测。若相邻的工作基点两次联测的高程变化量小于 $2\sqrt{m_1^2+m_2^2}$（m_1、m_2 为两次观测中误差）时，可认为工作基点稳定，可直接利用，否则应进行控制网复测来校核工作基点的变化情况，根据复测结果综合分析决定是否采用最新的高程成果来进行起算。

3. 控制网布设方法

城市轨道交通运营线路结构的竖向位移监测控制网可沿线路走向布设，也可利用现有的城市轨道交通建设期间的控制网。专项监测可在病害区域或外部作业影响区域外布设独立的监测控制网。

竖向位移监测基准点布设在车站作为工作基准点时应沿线路方向布设，受线路结构走向限制，一般布设成附合水准路线形式，可附合在高等级的高程控制点上。

4. 控制点埋设

竖向位移监测布设在车辆段、出入场线等线路出露地面位置或车站周边地面的深桩基准点需钻孔埋设至基岩，确保基准点的稳定。

埋设时应充分探明布点区域的管线情况，确保开孔范围内没有地下管线后方可开始钻孔，钻孔可采用 $\phi108$ 直径的地质钻，钻孔深度根据基准点布设区域的地质情况而定，钻进至基岩位置后下入 $\phi108$ 直径的地质专用无缝钢管，在钢管中灌入碎石水泥浆直至地面。通过连接螺栓将顶部半球形带十字黄铜预制件的不锈钢顶盖与浇灌的碎石混凝土连接在一起。再在基准点周边采用灰砂砖砌筑并在顶部加设盖板进行保护，地面深桩基准点埋设示意图和现场实景图分别如图 2.1-1 和图 2.1-2 所示。

竖向位移监测工作基点布设在车站时，可在车站底板或结构侧墙上钻孔埋设，埋设位置要避免影响行车及紧急疏散要求，钻孔深度约 5cm，放入不锈钢基准点标志。车站工作基点埋设示意图和现场实景图分别如图 2.1-3 和图 2.1-4 所示。

2.2.3　控制网观测

1. 技术要求

采用水准测量方法布设竖向位移监测控制网时，水准观测主要技术要求应符合表 2.2-1 的规定，竖向位移监测控制网主要技术要求应符合表 2.2-2 的规定；采用其他方法布设竖向位移监测控制网时，在满足相邻基准点精度要求下，其主要技术要求也应符合表 2.2-1 和表 2.2-2 的相关技术要求。

水准观测主要技术要求

表 2.2-1

等级	仪器型号	水准尺	视线长度（m）	前后视距差（m）	前后视距累计差（m）	视线离地面最低高度（m）	基、辅分划读数较差（mm）	基、辅分划读数所测高差较差（mm）
Ⅰ	DS05	因瓦	≤15	≤0.3	≤1.0	0.5	≤0.3	≤0.4
Ⅱ	DS05	因瓦	≤30	≤0.5	≤1.5	0.5	≤0.3	≤0.4
Ⅲ	DS1	因瓦	≤30	≤1.0	≤3.0	0.3	≤0.5	≤0.7

注：本表出自《城市轨道交通工程测量规范》GB/T 50308。

竖向位移监测控制网主要技术要求

表 2.2-2

工程监测等级	相邻基准点高差中误差（mm）	测站高差中误差（mm）	往返较差、附合或环线闭合差（mm）	检测已测高差之较差（mm）
一级	±0.3	±0.07	$±0.15\sqrt{n}$	$±0.2\sqrt{n}$
二级	±0.5	±0.15	$±0.30\sqrt{n}$	$±0.4\sqrt{n}$
三级	±1.0	±0.30	$±0.30\sqrt{n}$	$±0.4\sqrt{n}$

注：1. n 为测站数。

2. 本表出自《城市轨道交通工程测量规范》GB/T 50308。

2. 观测实施

（1）水准观测方式

采用精密水准作业前，应对所使用的水准测量仪器和标尺按现行行业标准《水准仪检定装置》JJG 960 进行各项检查与校正。自动安平光学水准仪每天检校一次 i 角，气泡式水准仪每天上、下午各检校一次 i 角，作业开始后的 7 个工作日内，若 i 角较为稳定，以后每隔 15d 检校一次。数字水准仪，整个作业期间应每天开测前进行 i 角测定。若开测为未结束测段，则在新测段开始前进行测定。

水准观测应尽量选取结构上布设的监测点作为转点，特殊地段可根据路线选用尺垫（不轻于 5kg）作转点。

（2）观测时间和气象条件

水准观测应在标尺分划线成像清晰而稳定时进行，高架线路和地面线路在下列情况下，不应进行观测：在日出后与日落前 30min 内；太阳中天前后各约 2h 内（可根据地区、季节和气象情况，适当增减，最短间歇时间不少于 2h）；标尺分划线的影像跳动剧烈时；气温突变时；风力过大而使标尺与仪器不能稳定时。

（3）数字水准仪观测

数字水准仪一测站操作步骤如下：

1）开机预热 3～5min（一般不少于 20 个单次测量），在设站点将仪器整平。

2）将望远镜对准后视标尺，用竖丝照准条码中央，精确调焦至条码影响清晰，按测量键，每次测量两次读数。

3）显示读数后，旋转望远镜照准前视标尺条码中央，精确调焦至条码影响清晰，按测量键，每次测量两次读数。

4）显示读数后，重新照准前视标尺，按测量键，每次测量两次读数。

5）显示读数后，旋转望远镜照准后视标尺条码中央，精确调焦至条码影像清晰，按测量键，每次测量两次读数，显示测站成果。测站检验合格后迁站。

（4）观测记录

水准测量的外业成果，按记录载体分为电子记录和手簿记录两种方式，应优先采用电子记录，在不适宜电子记录的特殊地区亦可采用手簿记录。记录项目如下：

1）每测段的始、末，工作间歇的前后及观测中气候变化时，应记录观测日期、时间（北京时间）、大气温度（仪器高度处温度）、标尺温度、天气、成像、太阳方向、道路土质、风向及风力。

2）使用光学水准仪时，每测站应记录上、下丝在前后标尺的读数，楔形平分丝在前后标尺基、辅分划面的读数。使用数字水准仪时，每测站应记录前后标尺距离和视线高读数。

采用手簿记录时，一切外业观测值和记事项目，应在现场直接记录。手簿一律用铅笔或钢笔填写，记录的文字与数字力求清晰、整洁，不得潦草模糊。手簿中原始记录不得涂改或擦改，对原始记录有错误的数字与文字，应仔细核对后以单线划去，并在其上方填写更正的数字与文字，并在备考栏内注明原因。对作废的记录，应用单线划去，并注明原因及重测结果记于何处。重测记录应加注"重测"二字。

观测工作结束后应及时整理和检查外业观测手簿。检查手簿中所有计算是否正确、观测成果是否满足各项限差要求。确认观测成果全部符合规定之后方可进行外业计算。

（5）观测注意事项

高架线路及地面线路观测前30min，应将仪器置于露天阴影下，使仪器与外界气温区域一致；设站时，应用测伞遮蔽阳光；迁站时，应用遮光罩遮挡仪器。使用水准仪前，还应进行预热，预热不少于20次单次测量。

气泡式水准仪，观测前应测出置平零点，并作出标记，随着气温变化，应随时调整仪器零点位置。对于自动安平水准仪的圆水准器，应严格置平。

在连续各测站上安置水准仪的三脚架时，应使其中两脚与水准路线的方向平行，而第三脚轮换置于线路方向的左侧和右侧。除路线转弯处外，每一测站上仪器与前后标尺的位置，应接近一条直线。

转动仪器的倾斜螺旋和测微鼓时，其最后旋转方向，均应为旋进。

对于数字水准仪，应避免望远镜直接对着太阳；尽量避免视线被遮挡，遮挡不要超过标尺在望远镜中截长的20%；仪器只能在厂方规定的温度范围内工作；确信振动源造成的振动消失后，才能启动测量键。测量前，应将有关参数、限差预先输入并选择自动观测模式，水准路线应避开强电磁的干扰。

2.2.4　成果计算

1. 数据整理

竖向位移监测基准网每日观测结束后，应对外业记录手簿进行2次检查，当使用电子记录时，应备份保存原始观测数据文件，打印输出相关数据和预先设置的各项限差。

2. 基准点稳定性分析

竖向位移监测控制网测量数据处理前应对基准点的稳定性进行检验和分析。基准网联测后，发现其中控制点异常后，及时分析原因，如确认点位确有变动时，及时对该控制点成果进行修正，同时，所有由此控制点联测的监测点成果，也必须进行修正，确保监测点观测成果的正确性。

基准点一般布设在稳定的地点，其稳定性可使用以下方法进行分析判断：

当基准点单独构网或监测点共同构网时，每次基准网复测后，应根据本次复测数据与上次测量数据的较差值，通过组合比较的方式对基准点的稳定性进行分析和判断。当采用前述方法不能判定基准点是否稳定，可通过统计检验的方法对其稳定性进行检验，找出变动的基准点。

在监测过程中，当某期变形量出现异常变化时，应分析原因，在剔除监测成果中粗差和系统差后，再对基准点的稳定性进行检验分析。

3. 平差计算及精度评定

（1）外业概算

内业平差计算前，应进行水准测量外业概算，概算项目包括：

外业手簿的计算；外业高差和概略高程表的编算；每千米水准测量偶然中误差的计算。其中外业高差和概略高程表的编算，应由两人各自独立编算一份，并核对无误。

计算水准点高程时，按照《城市轨道交通工程测量规范》GB/T 50308—2017 进行以下高差改正计算：水准标尺每米真长改正；水准标尺温度改正；环线闭合差的改正。

（2）平差计算

水准测量的数据处理应进行严密平差，完成闭合差计算、平差及精度评定，精度评定内容主要包括每千米高差中数偶然中误差、高差全中误差（当水准路线和水准环多于20个时）、最弱点高程中误差和相邻点的相对高差中误差。其中每千米高差中数偶然中误差、高差全中误差按照现行国家标准《城市轨道交通工程测量规范》GB/T 50308 相关公式计算。计算取位，高差中数及最后成果宜取至 0.01mm。

4. 资料提交

（1）水准网观测路线略图。

（2）外业观测手簿（或电子手簿）内业概算及平差计算报告。

（3）高程点成果表、点之记等资料。

（4）单位质量管理部门的最终检查报告。

第3章　长期监测与专项监测实施

3.1　长期监测实施

3.1.1　概述

随着城市轨道交通工程迅猛发展，我国已成为世界城市轨道交通运营里程最长、客流量最高的国家，运营里程稳居世界第一。然而随着时间的推移，地铁运营线路的质量安全问题日益显现。北京、上海、广州、南宁等地相继出现了一些隧道不均匀沉降、开裂、渗漏等工程问题，这些问题大多与地质条件有关。

经分析，地铁隧道结构沉降变形的原因主要有土体自然固结沉降、周边降水引起地面沉降、周边高楼大厦或地面超载引起地面沉降、周边临近施工扰动导致土体损失引起地面沉降、地铁列车运营振动等动荷载引起地面沉降等方面。地质条件对轨道交通工程结构的风险作用主要包括以下方面。

1. 不良地质作用对地铁结构的危害

地裂缝、地面沉降等不良地质作用往往会对地铁结构造成较大的危害。地裂缝可使地铁结构出现较大差异变形以及开裂；区域地面沉降可导致工程结构的整体沉降，在变形漏斗的边缘可使结构出现较大的差异沉降。因此地铁运营线路应注意和重视不良地质作用的影响。

2. 周边临近施工扰动导致地铁隧道结构遭受破坏

随着各大城市地铁隧道线路越来越密集，沿线附近的工程建设也逐渐增加，施工各环节扰动会对地铁隧道结构产生不同程度的影响，并会对隧道的安全性和稳定性造成严重的危害。

对于地质条件复杂地区，尤其地层属于软土的情况，由于软土具有灵敏度高，抗变形能力差等特点，周边施工造成的地层扰动较其他地区更大，使地铁结构容易出现过大的变形，严重时可导致隧道结构的开裂、渗漏。因此，软土地区更应注意和重视运营线路周边的施工扰动问题。

3. 地基变形导致地铁结构变形损害

地基的变形包括不均匀沉降和过大沉降问题，这种沉降可导致地铁隧道结构的变形错位、隧道开裂、防水破坏、隧道渗漏，严重影响行车安全。

国内大多在建地铁城市每年多多少少都有地面沉降现象发生。北京某地铁线路经过几十年的运行，受地基不均匀沉降和周边施工扰动影响，已经出现多处结构裂缝和渗漏水现象。上海最初投入运营的几条地铁线路隧道全线发生轴线变形的地面沉降，其中有线路某区段轴线沉降量已超过 30cm，造成地铁隧道管片破裂、渗水、漏泥等现象。南京地铁某线某区段由于受地基不均匀沉降的影响，部分区段隧道已出现了不同程度的沉降槽。这些现象均影响了地铁的正常运营。

隧道地基不均匀沉降导致的隧道结构开裂和渗漏水，已经成为影响运营地铁隧道结构质量安全的主要问题。

4. 地下水作用导致地铁结构损害

地下水作用包括物理作用和化学作用，主要作用方式为地下水对地铁结构的浮力、压力和腐蚀作用。目前影响比较突出的是浮力作用，地下水位埋深较浅时，地下水的浮力可导致地铁结构的上浮。

因此，应注重抗浮设防水水位的研究工作。抗浮设防水位与地下水埋藏条件、地下水位、补给、排泄及地下水开采、大气降水、地层组合关系、施工回填质量等因素有关，因此确定难度相对较大。

综上所述，受工程地质条件、施工工法和施工过程中诸多不确定因素的影响，以及运营期间列车动荷载和周边临近工程施工的影响，城市轨道交通线路结构在运营期间会发生不同程度的位移变形，往往会影响到线路结构安全和列车运行安全。因此，城市轨道交通运营期间，应对全线线路结构、重要附属结构、车辆基地等进行结构变形监测。

运营期全线结构长期监测工作，不得影响城市轨道交通的正常运营，应采用仪器监测与巡视相结合的方法。全线结构长期监测包括全线中的隧道结构、高架桥梁、路基、轨道结构、车站与重要附属结构等进行竖向位移监测，对盾构隧道结构区段进行净空收敛监测，宜对高架桥梁区段进行挠度监测，宜对特殊区段进行水平位移监测。

线路结构的长期变形监测主要保证线路结构安全和运营安全提供监测数据资料，监测方案的编制应满足线路结构安全和运营安全管理的实际要求。全线结构稳定性监测应根据运营前结构变形监测数据、线路走向与结构形式、地质、水文与环境条件，结合运营安全管理的要求编制监测方案，监测方案的内容也应包括监测项目、监测范围、布点要求、监测方法、监测周期与频率、现场监测作业时段，人员设备进出场要求等。监测方案中宜考虑监测工作的连续性、系统性，宜包括运营前延续的监测项目。

3.1.2 长期监测目的

城市轨道交通工程受自身施工质量、工程地质条件、水文地质条件、运营期间列车动荷载和季节条件变化等因素的影响，其工程结构在运营期可能会发生不同程度的位移和变形，严重时还可能导致线路结构出现各种病害等情况，因此有计划地开展长期性的监测工作是十分必要的。

通过对城市轨道交通工程开展长期监测，可以达到以下几方面的目的。

1. 安全保障——确保安全运营及结构正常使用

城市轨道交通工程与其他建筑工程一样，其隧道、高架桥梁、路基和轨道结构及重要附属结构在建成后将会经历一个变形逐步稳定的阶段，尤其是在软土地区，变形逐步稳定的周期将会更长。另外，地铁线路沿线将会经过不同的地质区域，在不同的地质条件下或季节条件变化的情况下城市轨道交通结构容易出现差异沉降、隧道椭变等影响城市轨道交通安全运营等问题，通过定期开展的长期监测成果信息反馈，可以全面掌握城市轨道交通结构的安全状况，确保城市轨道交通线路安全运营及其结构正常使用。

2. 优化设计——优化设计参数

通过定期开展的城市轨道交通监测工作，可以了解不同城市轨道交通结构在不同地质条件下或季节条件变化的情况下产生的变形情况，通过对数据的分析和验证，可以及时修正设计参数，优化设计，提高设计质量，并为类似的城市轨道交通结构设计、轨道设计、减振设计、抗浮设计积累经验。

3.1.3　一般规定

（1）对城市轨道交通结构应开展长期监测，掌握城市轨道交通结构变形情况，为养护维修及安全管理工作提供依据。

（2）长期监测工作实施前，应搜集建设期的施工过程相关资料，分析原有变形情况并结合结构现状和工作实际，按照现行国家标准《城市轨道交通工程监测技术规范》GB 50911 的要求制定工作流程和监测方案。

长期监测应遵循下列工作流程：

1）收集、分析相关资料，现场踏勘

为了正确地理解设计意图，更全面地了解线路沿线的地质情况、设计情况以及施工概况，以便在编制方案时能更切合实际、更有针对性、更在方案编制前需要进行资料搜集。

需搜集的资料内容如下：

① 设计资料：地铁线路结构设计图纸；

② 勘察报告：线路沿线的工程地质水文地质情况、不良地质情况、地质剖面图；

③ 地形图：线路沿线的地形图；

④ 施工过程资料：了解各工点（尤其是区间）施工过程中是否遇到不良地质或者渗漏水等施工问题；

⑤ 线路在建设期监测数据变化情况及预警情况。

为了进一步了解运营线路条件、环境状况，并根据现场条件研究监测项目埋点与监测的可行性，为编写具体的监测方案做准备，需要在搜集并熟悉理解各种资料后进行现场踏勘。

现场踏勘内容包括：

① 去各车站、区间踏勘验证现场的条件以及环境状况，根据现场条件研究监测项目埋点位置与量测方法的可行性；

② 与运营单位进行沟通协调；进一步确定监测请销点时间、过程以及在轨道线路结构中布点和监测的具体要求；

③ 对线路沿线地面踏勘了解线路周边的交通、环境状况，并记录在案；

④ 对场段地了解桥梁、建（构）筑物、网架挠度、车场线路基及整体道床、护坡及挡墙的基本情况，明确日后现场布点及监测的思路与方法。

2）编制和审查监测方案

应根据工程的施工特点，分析研究工程风险及影响工程安全的关键部位和关键工序，有针对性地编制。监测方案宜包括下列内容：

① 工程概况；

② 建设场地地质条件、周边环境条件及工程风险特点；

③ 监测目的和依据；

④ 监测范围和工程监测等级；

⑤ 监测对象及项目；

⑥ 基准点、监测点的布设方法与保护要求，监测点布置图；

⑦ 监测方法和精度；

⑧ 监测频率；

⑨ 监测控制值、预警等级、预警标准及异常情况下的监测措施；

⑩ 监测信息的采集、分析和处理要求；

⑪ 监测信息反馈制度；

⑫ 监测仪器设备、元器件及人员的配备；

⑬ 质量管理、安全管理及其他管理制度。

监测方案需经过内部审核并由本单位技术负责人批准，签字盖章后才能实施，必要时还需要组织进行专家论证。监测方案经过修改完善后由项目技术负责人组织方案中所有人员进行方案交底并签字确认。交底内容包括监测等级、范围、监测对象、项目及精度、监测频率及周期、监测控制值及预警管理要求、监测初始值采集要求等内容、监测布点技术要求，监测作业实施方法及技术要求、监测信息反馈要求、工程应急预案的要求。

3）监测基准点和监测点的埋设、验收与保护

监测点布设严格按照方案实施，保证监测点的数量与质量满足监测要求。测点布设完成后需要进行监测点的验收工作，留存测点验收记录。监测点做好保护工作，防止测点的破坏，做好监测点的点号标识标牌等工作。

4）仪器设备校验和元器件标定，监测点初始值测定

安排专人制定相应仪器台账，所投入仪器严格按照相关规范、办法要求定期进行检定与标定，确保监测仪器始终处在检定合格期以内。确保仪器设备标定无误后进行初始值的测定。监测项目需要连续独立采集至少 2 次取平均值作为初始值，2 次之间差值在允许范围内时可取 2 次稳定数据的平均值作为初始值。将初始值进行上报和备案。内容主要包括：

① 初始值报表：包括数据初始采集时间、使用的仪器、天气状况；观测人员、计算人、审核人；2 次的监测数据以及初始计算结果；

② 初始值观测的原始数据或者原始记录手簿。

初始值采集需做到以下几点：

A. 初始必须在运营前进行采集；

B. 采集初始时监测点必须稳固；

C. 测点破坏重新补设后，重新采集初始值，并且保留原先的监测累计量。

5）监测信息采集

监测信息采集是通过监测仪器（全站仪、水准仪、激光收敛仪等）进行监测，采集数据（包括监测原始数据、观测手簿），监测信息采集过程每次观测应遵守"四固定"原则，即：观测所用仪器设备固定；观测人员固定；观测路线固定；观测环境和条件基本相同。

6）监测信息处理和分析

对采集的监测信息进行初步分析，对原始观测数据或监测值进行填表制图，异常值的

剔除、初步分析和整理等工作。初步判断监测对象安全，如果处理计算过程中发现监测数值过大，达到警戒值，那么应迅速通知业主，并做进一步监测验证。

7）提交警情快报、阶段性监测报告等

警情快报：当监测出现预警时，第一时间以电话、短信等形式报送预警信息，同时立即整理纸质监测预警报告，报送相关单位，报告应包含以下内容：

① 警情发生的时间、地点、情况描述、严重程度、结构形式等；

② 现场巡查信息：巡查照片、记录等；

③ 监测数据图表：监测项目的单次变化值、累计变化值、变化速率值、监测点平面位置图；

④ 警情原因初步分析；

⑤ 警情处理措施建议。

阶段性监测报告：生成阶段性监测成果报告后（全部监测工作结束后，生成最终报告）。成果报告和相关主要数据、图表等一并提交给业主。并按要求进行报告验收。报告应包含以下内容：

① 工程概况；

② 现场巡查信息：巡查照片、记录等；

③ 监测数据图表：监测项目的单次变化值、累计变化值、变化速率值、时程曲线、必要的断面曲线图、等值线图、监测点平面布置图等；

④ 监测数据、现场巡查信息的分析与说明；

⑤ 结论与建议。

8）监测工作结束后，提交监测工作总结报告及相应的成果资料

总结报告于所有监测项目结束之后的 15～30d 内提交。总结报告应包括以下内容：

① 工程概况；

② 监测目的、监测项目和监测依据；

③ 监测点布设；

④ 采用的仪器型号、规格和元器件标定资料；

⑤ 监测数据采集和观测方法；

⑥ 精度统计与误差分析；

⑦ 现场巡检信息：巡检照片、记录等；

⑧ 监测数据图表：基准点联测成果表、超出预警值监测点统计、监测项目成果表（单次变化值、累计变化值、变化速率值）、时程曲线、必要的断面曲线图、等值线图、监测点平面布置图等；

⑨ 监测数据、现场巡查信息的分析与说明；

⑩ 结论与建议。

（3）当出现下列情况时应将城市轨道交通对应的区域列为特殊地段，特殊地段的监测点布设及监测频率应适当加密：

1）结构地基周围岩土体以淤泥、淤泥质土或软—流塑状土等高压缩性土、软土及欠固结回填土为主的区域；

2）存在岩溶发育区域、土洞、地质断裂带等不良地质区域；

3）不同地质单元交界区域；

4）轨道交通线路结构有病害史的区段；

5）线路穿越大型江、河、湖水体或与其他交通基础设施（涵盖铁路、公路）交叠等区域；

6）存在与轨道交通结构相互影响的重要周边环境设施的区域。

特殊地段的结构变形更容易引起结构病害，或者该区段出现异常时将会造成更严重的问题，因此针对特殊地段的监测，监测点布设间距和监测频率应适当加密。

3.1.4　监测对象和项目

城市轨道交通运营线路结构长期监测，应根据线路结构形式、地质与环境条件，结合运营安全管理的要求确定监测项目，监测项目见表 3.1-1。

城市轨道交通运营线路结构长期监测项目　　　　　　　　　　　表 3.1-1

序号	监测对象	监测项目	监测类别
1	车站结构	竖向位移	应测
2	道床结构	竖向位移	应测
3	隧道结构	竖向位移	应测
4		水平位移	宜测
5		净空收敛	应测
6	高架结构	墩柱竖向位移	应测
7		梁体挠度	应测
8		墩柱倾斜	应测
9	路基	竖向位移	应测
10	建（构）筑物	竖向位移	应测
11		网架挠度	应测
12	支挡结构及边坡防护	桩（墙）、边坡顶部竖向位移	应测
13		桩（墙）、边坡顶部水平位移	应测
14		桩（墙）、边坡体水平位移	宜测
15	边沟及排水设施	竖向位移	宜测

3.1.5　基准网的建立与复测

1. 基准网建立与复测

线路结构长期监测工作开始前首先对既有基准点进行交接，根据交接结果、作业方法等对有必要的既有基准点进行调整和加密。

同时对整条线路涉及的既有基准点进行巡视检查，做好记录，并对存在问题的监测点必须进行修缮、补充、改正。

运营期结构长期监测考虑到监测数据的连续性、变形可对比性和监测工作的经济及合理性，应充分利用施工阶段的监测点开展延续项目的监测工作。监测基准点应尽量利用施工阶段布设的基准点，当基准点的位置或数量不能满足现场观测要求时可重新布设，其位置和数量应根据整条线路情况统筹考虑。在结构稳定性变形监测中采用的监测点应确保其可靠和稳定，基准点或监测点被破坏时应及时恢复。利用施工阶段布设的基准点时，应检查基准点的可靠性。

变形监测控制网宜由基准点和工作基点组成，竖向位移监测网宜由基准点、工作基点和变形监测点组成。全线结构竖向位移变形监测控制网宜按不低于本书第 2 章规定的二级测量技术要求施测。

2. 控制网复测

控制网的复测，原则上按原路线同精度测量。运营期结构长期变形监测期间各地应按照运营公司的相关管理办法和要求对相应的变形监测控制网进行定期复测，复测时尽可能地利用当地已经埋设好的深层基岩水准点或深桩水准点。基准网应检测内、外业成果符合精度及作业质量，应满足现行国家标准《城市轨道交通工程测量规范》GB/T 50308 一级监测控制网的有关要求，其中成果报告中，应对基准网平差成果进行精度评定及明确每个高程控制点的高程值。具体要求可参见本书第 2 章的相关内容。

3.1.6 基准点及工作基点布设

1. 竖向位移基准点及工作基点布设

（1）基准点及工作基点布设原则

根据运营期线路结构监测需要，竖向位移监测控制网包括基准点和工作基点。由于地铁长期监测对其基准点的稳定性要求严格，所以一般在线路两端均布设两处深层基岩基准点或深桩水准点，另外在线路中间处加密一深层基岩基准点或稳定基准点以增加基准网网形强度。在深层基岩基准点或深桩水准点的基础上，对控制点沿线方向进行加密布设，加密控制点布设在站台等稳定处，以满足隧道区间结构监测和附属设施监测的需要。加密后控制网的布设满足线路结构监测需要。

（2）以基准点作为起算点，均选择深层基岩基准点或深桩水准点，可选择基准点共 3 个，可分别标识为："JZJ1""JZJ2""JZJ3"。

（3）工作基点一般布设在较为稳定的车站，方便基准点和监测点联测之处。

运营期线路结构长期监测竖向位移控制网示意图如图 3.1-1 所示。

2. 水平位移基准点及工作基点布设

一般轨道交通线路每两站一区间构成一个独立的坐标系统，X 方向为线路横断面方向，Y 方向为线路轴线方向。其平面观测示意图如图 3.1-2 所示。

图 3.1-2 中黑三角位于车站范围为平面基准点。水平位移基准点布设在车站结构上，宜使用强制对中装置，测量标埋设要牢固，能够长期保存，并且不能影响列车运行安全。

运营期线路稳定性结构监测其工作基点的布设除了布设在沿线地表以外，有些城市亦可设在车站或区间地质条件比较好的部位。

3. 长期监测基准点相关规定

长期监测线路基准点由地面基准点及车站基准点组成，地面基准点宜在车辆基地或车站周边埋设深桩基准点，车站基准点宜布设在车站相对稳定的部位。

基准点的布设位置和数量按照不同基准点的形式对布点位置和布点数量进行了规定。车站基准点布设在地下车站内，布点数量不宜少于 4 个/站点，地面基准点分为车辆基地、

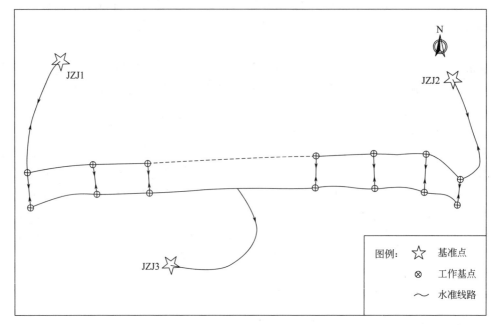

图 3.1-1　线路结构长期监测竖向位移控制网示意图

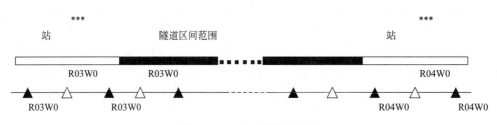

图 3.1-2　平面观测示意图

地下线路沿线地面和高架线路沿线地面，车辆基地按照每座不宜少于 4 个布设，地下线路沿线地面按照沿线里程设置，布点间距为不大于 2km；高架线路沿线地面按照沿线里程设置，布点间距不大于 5km，能够保证基准点的布设间距和复测联测的控制。

　　规定了地面基准点应与地下车站基准点组成附合线路定期进行联测工作。为了减少每次监测时从地面往地下进行高程和平面坐标传递时造成的误差累积，将地下车站的基准点作为工作基点进行区间隧道的变形监测。通过地下车站基准点与地面基准点联测能够有效掌握基准点的稳定情况，通过联测结果校准地下车站基准点，能够确保监测数据的真实可靠性。

　　长期监测基准点应符合以下规定：

　　（1）线路基准点由地面基准点及车站基准点组成，地面基准点宜在车辆基地或车站周边埋设深桩基准点，车站基准点宜布设在车站相对稳定的部位；

　　（2）其布点位置及布点数量的要求见表 3.1-2；

　　（3）地面基准点与车站基准点宜组成附合路线定期进行基准网联测工作；

　　（4）基准点布点样式按照本书附录 C 的规定执行。

序号	基准点形式	布点位置	布点数量
1	车站基准点	车站	不宜少于 4 个/站点
2	地面基准点	车辆基地	不宜少于 4 个/座
3		地下线路沿线地面	布点间距宜≤2km
4		高架线路沿线地面	布点间距宜≤5km

基准点布点位置及布点数量表　　　　　表 3.1-2

3.1.7　监测点布设

（1）车站结构监测点布设。

1）车站结构竖向位移监测点宜布设在车站侧墙结构上，布设间距不大于 50m，车站与区间衔接位置两侧应布设测点，距交接缝约 1m，左右线各布设 1 对，每座车站共布设 4 对。车站长度大于 200m 时，宜按 50m 间距增设测点。

2）车站结构水平位移监测点与竖向位移监测点对应布设，监测点数量可根据工程实际需要确定；水平位移观测点宜设置在车站结构上，采用小棱镜等固定观测标志。

3）车站结构净空收敛监测点的监测断面宜与竖向位移监测点对应布设，监测断面数量宜为 1～3 个；每个监测断面宜在地下车站顶部、底部和两侧墙上布设监测点。

4）地下车站结构变形缝开合度监测点布设在变形缝两侧道床轨道中间，每侧 1 个点，每处变形缝左右线各布设 1 对；交接处道床为特殊减振道床，差异沉降监测点应布设在结构上。

5）地下车站附属结构风道（含风井）、出入口通道和换乘通道等附属结构的竖向位移、水平位移监测点宜在结构角点布设；出入口的竖向位移、水平位移监测点应在地面出口、中部平台、下部与车站接缝两侧布设；站台层的立柱竖向位移监测点结合实际情况布设；附属结构的净空收敛监测点根据工程实际需要布设。

6）地下车站裂缝监测点的布设要求：裂缝宽度监测应根据裂缝的分布位置、走向、长度、宽度、错台等参数，分析裂缝的性质、产生的原因及发展趋势，选取应力或应力变化较大部位的裂缝或宽度较大的裂缝进行监测；裂缝宽度监测宜在裂缝的最宽处及裂缝首、末端按组布设，每组应布设 2 个监测点，并应分别布设在裂缝两侧，且其连线应垂直于裂缝。

7）车站结构与隧道交接处：对运营线路控制差异沉降尤为重要，因此，在车站结构、明挖矩形隧道与区间盾构隧道交接处、明挖结构和隧道变形缝处两侧道床轨道中间，每侧应布设 1 个监测点，距交接缝约 1m。左、右线各布设 1 对，对于地下车站每座车站共布设 4 对。

8）自动扶梯竖向位移及差异变形选择中部或中上部等代表性的部位进行监测。

9）在风亭、泵站和迂回风道等附属结构上布设不少于 1 个。

（2）隧道结构监测点布设。

1）沿地铁线路隧道结构竖向位移监测点在隧道结构上布设 1 个测点，布设间距不大于 50m；测点宜埋设在与疏散平台对应侧的隧道结构上，以便于观测；测点位置有道床竖向位移监测点与之对应。浮置板道床区段监测点布设间距宜为 25～50m，且确保每一块浮置板道床对应隧道结构上有竖向位移监测点。

隧道结构竖向位移监测点应在联络通道中部布设1个，在联络通道中和区间隧道衔接处两侧各布设1个。明挖矩形隧道、明挖U形槽结构的竖向位移监测点间距按50m进行布设。

2）沿地铁线路隧道结构水平位移监测点宜根据需要布设在隧道结构上，布设间距不大于100m，可与道床竖向位移监测点共用，监测点数量可根据工程实际需要确定。

3）沿地铁线路隧道结构净空收敛（盾构法隧道椭圆度）监测点布设在道床以及隧道结构上，宜与竖向位移监测点布设于同一断面上，布设间距不大于100m，每个净空收敛断面布设两条测线（0°～180°、90°～270°），如遇遮挡可根据隧道内限界轨旁系统布置情况适当调整。

水平方向的固定测线测点应沿隧道圆直径布设，须根据隧道半径布设在隧道结构统一高度位置，监测断面的位置应与水平位移监测断面对应。测点标志应根据监测方法的不同来布设符合相应规范要求的测点，如使用棱镜监测点时则布置在道床面上的测点应配套安装保护罩以免受破坏。拱顶、拱底的净空收敛监测点可兼做竖向位移监测点，两侧拱腰处的净空收敛监测点可兼做水平位移监测点。

采用激光扫描仪进行收敛监测时，盾构隧道宜逐环布设，矿山法隧道宜按每延米布设一个断面，结构变化处前、后均应有监测断面；也可不布设监测点，但应有精确的里程解算方法。

4）矿山法隧道的进出洞、盾构区间隧道的第一环、最后一环及联络通道位置应布设监测断面。

5）单洞双线、上下交叠等形式的隧道结构监测点宜布设在同一监测断面上。

6）隧道结构监测点布设样式按照本书附录C的规定执行。

（3）高架结构监测点布设。

墩柱竖向位移监测点应布设在沿线墩柱结构上，布点数量为每个墩柱1～2个，特殊结构形式的墩柱宜适当加密测点，测点宜埋设于离地面0.5m高度的柱身上；

梁体挠度监测点宜在梁沿上下行中心线、呈跨中对称等距布设，其中简支梁每跨布设3～5个监测点，连续梁每跨按5～15m间距等距布设监测点；

拱桥、斜拉桥、悬索桥的监测应按照现行国家标准《建筑与桥梁结构监测技术规范》GB 50982的要求执行。

（4）道床结构监测点布设。

1）竖向位移监测点宜布设在轨道中心线位置，布点间距宜为25～50m；

2）一般道床、中等减振措施的地段，160～200m的标准长度车站在地下车站站台层纵向的1/4、1/2和3/4处各布设1个监测断面，左右线上各布设一个监测点，点位可布设在道床轨道中间。当车站长度大于200m时，按50m间距增设竖向位移监测点。

3）对于采取高等减振措施、特殊减振措施（钢弹簧浮置板）的结构区段，特殊减振措施自身有一定的变形发生，除了在道床上布设监测点外，应在同一横断面的行车方向右侧盾构隧道结构上布设监测点，以便更进一步掌握隧道结构的沉降情况。

4）铺设一般道床、中等减振措施的地段，竖向位移监测点应布设在整体道床上，布设在线路中心线上的两根轨枕中间。

监测点埋设应注意：监测点位于两根轨枕中间，避开道床伸缩缝、隧道结构变形缝，避开管片接缝，监测标志避开道床上层钢筋，不影响管片上其他重要管线的通过。

5）浮置板道床区段的监测点宜布设于盾构管片、明挖区段底板等结构上，碎石道床段的监测点宜根据现场结构状况合理布设。

6）道床结构监测点布设样式按照本书附录 C 的规定执行。

（5）路基结构监测点布设。

路基竖向位移监测点的布设间距在直线地段宜小于或等于 100m，曲线地段宜适当加密，具体根据实际情况决定；路基竖向位移监测点应埋入路基原状土层，监测点布设样式按照本书附录 C 的规定执行。

（6）建（构）筑物监测点布设。

控制中心、车辆基地的重要厂房及建（构）筑物的监测点应布设于结构上，网架挠度监测点宜布设在结构柱所在断面的网架中部节点上，间隔柱跨布置。测点标志要求与符合现行行业标准《建筑变形测量规范》JGJ 8 的规定。

（7）支挡结构及边坡防护监测点布设。

支挡结构及边坡防护竖向和水平位移监测点宜设在结构顶部，布设的间距宜为 20～30m，在每一坡段均不得少于 2 个监测点；个别中间部位、阳角部位、深度变化部位、临近建（构）筑物等重要环境部位、地质条件复杂部位，应加密布设监测点；监测点布设样式按照本书附录 C 的规定执行。

（8）边沟及排水设施监测点布设。

边沟及排水设施监测点宜设置在结构顶部，布设间距宜为 20～30m。

（9）监测点的布设根据监测对象的不同，从车站结构、区间隧道结构、高架结构、道床结构、路基结构、建（构）筑物、支挡结构及边沟及排水设施 8 个监测对象展开。每个监测对象对应的不同的监测项目又从监测点的布设位置、布设间距及重点位置的布设等方面展开，符合国家现有相关标准的规定，也符合广西地区目前实际的执行情况。

相关拱桥、斜拉桥、悬索桥的监测及建（构）筑物的监测点布设没有具体写明的可参照现行国家标准《建筑与桥梁结构监测技术规范》GB 50982 和现行行业标准《建筑变形测量规范》JGJ 8 相关规定执行。

（10）当遇到下列情况时，应布置监测点：

1）小曲线段的直缓、缓圆、曲线中点、圆缓、缓直等曲线要素部位；

2）道岔区宜在道岔理论中心、道岔前端、道岔后端、辙岔理论中心等线路结构部位。具体布点如图 3.1-3～图 3.1-5 所示。

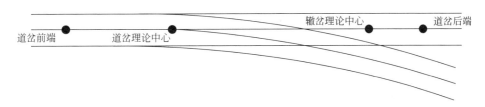

图 3.1-3　单渡线道岔竖向位移监测点示意图

3）在高低悬殊或新旧连接部位、变形缝、不同结构分界、不同支挡形式、高架疏散平台部位。

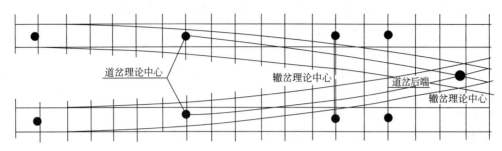

图 3.1-4　交叉渡线道岔竖向位移监测点示意图

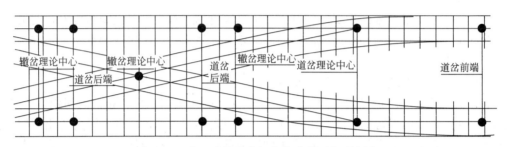

图 3.1-5　交叉渡线道岔竖向位移监测点示意图

（11）特殊地段监测点应在正常区段布点的基础上进行加密，测点数量应至少提高一倍。特殊地段的变形相对正常区段更为敏感，因此加密监测点的数量，落实监测点在特殊区段的分布，能够更为真实地反映该区域的整体变形情况。

（12）在下列位置应布设监测点或监测断面：

1）隧道结构变形缝两侧、区间与车站、主体结构与附属结构衔接处两侧。

2）线路结构的沉降缝和变形缝，区间与联络通道衔接处，附属结构与线路结构衔接处。

3）隧道结构与U形槽、高架桥梁、路基之间的过渡段等衔接处两侧。

4）地基或围岩采用加固措施的隧道区段。

5）前期建设施工阶段发生过程较大扰动（如沉降）等区段。

6）岩溶、断裂带、地裂缝等不良地质作用区段。

7）存在软土、膨胀性土、湿陷性土等特殊性岩土区段。

8）穿越河流、湖泊等地表水体及地下水压力较大的区段。

9）采用新工艺、新材料、新技术的区段。

3.1.8　初始值采集

运营期结构长期变形监测坚持"四固定"作业原则，从而保证每期观测条件相同，可增强观测成果的可比性和减少系统误差对成果质量的影响。

1. 作业前

结构长期监测进场作业前，作业人员要调查线路轨道交通隧道、车站等既有结构监测点布设情况和变形情况；逐环进行普查结构表现病害（裂缝、渗漏等），标记具体的里程（环号）及位置，绘制平面展开图。同时系统调查轨道交通结构周边环境情况，为现场结构监测点的点位布设和加密提供依据。

2. 初始状态建立

（1）在监测作业开始前，首先对既有监测点与业主单位进行交接，根据交接结果、作业方法对必要的监测点进行调整、加密等。

对监测点（含既有控制点）进行巡视检查，做好记录，并对必要的监测点进行修缮、补充、改正。

（2）为了保证数据延续性，监测开始前以最近的工作基点和基准点为起算点，构成闭合环路线或附合路线先对正线的既有监测点和其他建筑物（车辆段、变电所等）的既有监测点进行复测，与既有的各阶段监测数据衔接延续。

（3）复测时选用最近的稳定的工作基点或基准点作为起算点，构成闭合环线或附合路线，进行竖向位移监测点变形监测，水准观测过程同控制网要求。

（4）根据整条线路现场需要，或建筑物受到外部或不明原因影响时，对指定位置进行变形监测，如设施沉降异常部位、安全保护内有施工区段、结构裂缝等进行加密监测，监测记录归档到当期监测报告内。

（5）竖向位移监测网按现行国家标准《城市轨道交通工程监测测量规范》GB/T 50308 规定，变形监测作业过程按Ⅱ级几何水准要求执行。以各车站工作基点构成附合或闭合水准网进行监测。

3. 资料提交

初始值采集工作在进场后一个月内完成，完成后及时向业主提交包含竖向位移、盾构收敛、桥梁挠度、水平位移等监测成果在内的初始值成果报告。

3.1.9　监测频率

运营期轨道交通结构变形稳定情况，因地质条件，结构形式、周边环境及施工工法的不同，各地及不同区段等轨道交通线路结构达到完全稳定的持续时间有很大差异，沉降速率和最终沉降量也各不相同。因此，运营期线路结构的稳定性长期监测频率可以根据各自的实际情况确定，以能够及时、准确、系统地反映线路结构变形为确定原则。

1. 长期监测频率

长期监测频率见表 3.1-3。

长期监测频率表　　　　　　　　　　表 3.1-3

序号	监测对象	监测项目	监测频率
1	车站结构	竖向位移	第一年 1 次/3 个月,第二年 1 次/6 个月,以后不少于 1 次/1 年
2	道床结构	竖向位移	第一年 1 次/3 个月,第二年 1 次/6 个月,以后不少于 1 次/1 年
3	隧道结构	竖向位移	第一年 1 次/3 个月,第二年 1 次/6 个月,以后不少于 1 次/1 年
4		水平位移	第一年 1 次/6 个月,以后不少于 1 次/1 年
5		净空收敛	第一年 1 次/3 个月,第二年 1 次/6 个月,以后不少于 1 次/1 年
6	高架结构	墩柱竖向位移	第一年 1 次/3 个月,第二年 1 次/6 个月,以后不少于 1 次/1 年
7	高架结构	梁体挠度	第一年 1 次/3 个月,第二年 1 次/6 个月,以后不少于 1 次/1 年
8		墩柱倾斜	第一年 1 次/3 个月,第二年 1 次/6 个月,以后不少于 1 次/1 年

续表

序号	监测对象	监测项目	监测频率
9	路基	竖向位移	第一年1次/3个月,第二年1次/6个月,以后不少于1次/1年
10	建(构)筑物	竖向位移	第一年1次/6个月,以后不少于1次/1年
11		网架挠度	第一年1次/6个月,以后不少于1次/1年
12	支挡结构及边坡防护	墙(坡)顶竖向位移	第一年1次/6个月,以后不少于1次/1年
13		墙(坡)顶水平位移	第一年1次/6个月,以后不少于1次/1年
14	边沟及排水设施	竖向位移	第一年1次/6个月,以后不少于1次/1年

国家标准《城市轨道交通工程监测技术规范》GB 50911第10.2.4条规定"线路结构监测频率在线路运营第一年内宜每3个月监测1次,第二年宜每6个月监测1次,以后宜每年监测1～2次",所以针对车站结构、道床结构、隧道结构、高架结构、路基等线路结构监测对象中应测项目的监测频率按此规定执行。建(构)筑物、支挡结构、边沟及排水设施等非线路结构监测对象及线路结构监测对象中作为宜测项目的隧道结构水平位移的监测频率适当放宽。

2. 当遇到下列情况时,应提高监测和巡查频率

(1)结构地基周围岩土体以淤泥、淤泥质土或软—流塑状土等高压缩性土、软土及欠固结回填土为主的区域。

(2)存在岩溶发育区域、土洞、地质断裂带等不良地质区域。

(3)不同地质单元交界区域。

(4)轨道交通线路结构有病害史的区段。

(5)线路穿越大型江、河、湖水体或与其他交通基础设施(涵盖铁路、公路)交叠等区域。

(6)存在与轨道交通结构相互影响的重要周边环境设施的区域。

(7)监测数据异常、变化速率较大或达到预警标准。

(8)城市轨道交通结构出现裂缝、渗漏水等结构病害情况时。

(9)其他需要增加监测频率的特殊情况。

特殊地段的结构相比正常区段风险更大,更易出现结构变形过大的情况,因此监测频率需要增加。当监测数据异常,变化速率较大或达到预警标准时需要增加监测频率,其中预警的加密是现行国家标准《城市轨道交通工程监测技术规范》GB 50911的强制条款。当城市轨道交通结构出现裂缝、渗漏水和不均匀沉降等异常情况时需要对异常部位的监测点进行加密监测,能够反应结构后续的变形情况,为运营安全提供数据支持。另外还有根据经验或其他情况需要增加频率的情况,应视具体情况执行加密监测工作。

3.1.10 巡查内容及要求

现场巡视工作也是城市轨道交通运营期线路结构变形监测的重要手段,一般盾构法隧道结构变形应巡视已安装管片的变形、破损、开裂、错台、渗漏水情况等,矿山法隧道主要巡视二次衬砌结构的变形、开裂、剥离、掉块、渗漏水情况,以及隧道结构变形缝差异沉降等。轨道结构(道床)应巡视沉降、水平位移、扭曲、开裂等变形情况。此外,还应

巡视隧道装修、运营设备变形以及渗漏水情况等。

地面建筑、高架桥梁等应巡视裂缝位置、数量及宽度，混凝土剥落位置、大小和数量，设施能否正常使用等。

在开展长期监测的同时，应对结构及监测点进行巡查，巡查频率与现场监测频率一致。结构的现场巡查内容见表 3.1-4。

现场巡查内容
表 3.1-4

序号	巡查对象	现场巡查内容
1	车站结构	接缝错台、裂缝、破损、起鼓、掉块、剥落剥离、渗漏水
2	道床结构	裂缝、错台、起鼓、渗漏水
3	隧道结构	裂缝、错台、破损、起鼓、掉块、剥落剥离、渗漏水
4	高架结构	桥台、支座、墩柱裂缝、掉块、剥落剥离
5	路基	裂缝、沉陷、排水设施及防护加固设施
6	建（构）筑物	裂缝、掉块、剥落剥离
7	支挡结构及边坡防护	裂缝、渗漏水、滑坡、沉陷、坍塌
8	边沟及排水设施	边沟开裂、排水情况
9	轨道	平顺性、异物侵入、裂缝、扣件脱落
10	接触网	异物侵入、烧伤、损坏、防护罩完好情况
11	监测设施	基准点、监测点完好状况、保护情况

现场巡查的内容主要是以目测为主的表观巡查，参照现行行业标准《城市轨道交通隧道结构养护技术标准》CJJ/T 289，各对象巡查内容主要包括接缝错台、裂缝、破损、起鼓、掉块、剥落剥离、渗漏水、桥台、墩柱裂缝、滑坡、沉陷、坍塌、边沟开裂及排水等情况，并增加轨道平顺性、异物侵入、裂缝、扣件脱落，接触网异物侵入、烧伤、损坏、防护罩完好情况等，监测设施关于基准点、监测点完好状况、保护情况等。

3.2 专项监测实施

3.2.1 概述

随着城市建设快速发展及新建轨道交通线路的增加，城市轨道交通逐渐由条状形成网状，不同线路的交叉、沿线周边工程的施工，都会对既有地铁隧道结构产生不同的影响，并对隧道的安全性和稳定性会造成严重的危害，因此，各地根据当地的经验制定了相关城市轨道交通条例，将地铁保护专项监测纳入到城市管理中，保证地铁隧道建设和运营安全。

目前地铁线路周边工程施工扰动，已经成为影响地铁隧道结构安全的重要问题，地铁线路结构保护问题越来越突出，相关案例不断出现。

某地铁线路由于隧道上部堆载了 7m 高的煤炭，导致隧道管片破裂。某盾构隧道地面上方大面积堆土，堆土高度普遍为 4~5m，个别位置达到 10m，左线轨道最大沉降量为 47mm，右线轨道最大沉降量为 56mm，多处隧道管片出现裂纹及漏水，最大裂缝宽度达到 2mm。某开发商在隧道上部开挖基坑，土体卸荷回弹导致地铁隧道结构上浮。

运营线路结构变形专项监测，保护区范围内有工程建设的区段，应根据运营前、运营期结构变形监测数据对相关线路区段及其附属结构进行建设活动影响监测，线路结构不同，其监测内容与侧重点也有所区别。

其中外部因素主要是外部作业施工影响以及可能受到的火灾、地震、洪灾等灾害影响，内部因素主要是城市轨道交通结构病害的程度。

为掌握运营期城市轨道交通线路结构病害的程度，受外部作业保护区内建设施工活动影响以及可能受到的火灾、地震、洪灾等灾害影响，专项监测应根据外部作业的影响等级、结构安全控制指标、外部作业实施前开展的安全评估报告以及周边环境，结合运营安全管理的要求编制专项监测方案。重要、复杂地段的线路及附属结构监测宜采用远程自动化监测的方法，同时做好与运营前结构变形监测项目、已有监测点及数据成果的衔接。

通过专项监测可以及时获取运营期城市轨道交通线路结构病害程度及受外部作业保护区内建设施工活动对车站、隧道等结构的变形数据，其目的有：

（1）将获取的监测成果数据反馈到施工单位，可以根据监测成果数据指导外部施工，一旦遇到情况，能确保在第一时间内采取措施，做到信息化施工。

（2）将监测数据成果及时提供给业主，根据一定的监测限值作为预警预报，可以评估外部施工对轨道交通结构的影响程度，确保施工期间轨道交通线路结构车站或区间隧道结构的安全。

（3）外部施工项目现场按审批的施工组织设计进行施工时，需结合监测成果数据进行检查，确保工程施工严格按要求实施，以避免由于外部施工不规范而导致地铁结构变形过大或致使地铁事故的发生。

3.2.2 专项监测目的

城市轨道交通线路结构在运营过程中可能会存在一些病害区段，针对该病害区段仍采用一般的长期监测频率和监测项目显然已经不能满足跟踪、处理病害的要求。另外，城市轨道交通沿线高强度、高密度的物业开发，给地铁的安全带来了隐患。临近地铁的诸如基坑开挖、工程勘探及桩基础施工等外部作业可能会诱发地铁结构的内力发生改变并产生一定的位移，对地铁结构的安全产生不利影响。一旦地铁结构受外部作业影响发生安全应急情况时，势必会影响到地铁的日常运营。因此，在城市轨道交通线路结构病害段及受外部作业可能影响段实施专项监测是十分必要的。

通过对城市轨道交通工程开展专项监测，达到以下几方面目的。

1. 外部作业的眼睛——信息化施工

由于地质条件及地层结构的不均匀性、各向异性及不连续性决定了岩土体力学的复杂性，加上自然环境因素的不可控影响，必须借助监测手段及时获取相关信息，在外部作业影响期间对城市轨道交通结构进行监测，以便及时全面地反映外部作业施工期间城市轨道交通结构的变形情况，是信息化施工的主要手段，也是判断轨道交通结构安全的主要依据。通过监测成果的信息反馈，掌握城市轨道交通的实时动态变化，优化施工工艺，改进施工方法，避免由于外部作业施工不规范而导致地铁结构变形过大或致使地铁事故的发生。

2. 安全保障——确保安全运营

城市轨道交通结构病害严重时，会对城市轨道交通运营产生不良影响；外部作业容易引起城市轨道交通结构发生变形，变形过大将导致地铁事故的发生。结合不同结构病害以及外部作业影响开展针对性的专项监测，掌握城市轨道交通结构的变形情况，是确保城市轨道交通线路安全运营及其结构正常使用的一种有效手段。

3. 优化设计——优化设计参数、验证评估结果

通过在特定周期内针对特定对象开展的专项监测，了解不同病害情况下的变形情况，有助于制定针对性的治理修复方案。通过对外部作业过程中的城市轨道交通结构监测数据进行统计分析，可以用来验证评估建模计算的结果、修正设计参数，优化设计，提高设计质量。并为类似的病害治理修复设计、外部作业施工设计或评估建模参数选取积累经验。

3.2.3　一般规定

1. 开展专项监测的范围

城市轨道交通线路结构根据影响因素主要分为外部因素和内部因素，当外部因素和内部因素影响到一定程度时，都需要对城市轨道交通线路结构进行专项监测，以监控城市轨道交通结构的变形情况，确保运营安全。其中外部因素主要是外部作业施工影响以及可能受到的火灾、地震、洪灾等灾害影响，内部因素主要是城市轨道交通结构病害的程度。

（1）外部作业影响分级

城市轨道交通结构沿线的外部作业影响等级根据外部作业工程影响分区及接近程度来综合判定，在广西壮族自治区地方标准《城市轨道交通结构安全防护技术规程》DBJ/T 45-072 中，外部作业影响等级划分为特级、一级、二级、三级和四级，划分标准详见本标准附录 A。

（2）病害程度分级

城市轨道交通病害程度的判断通过健康度等级来判别，在现行行业标准《城市轨道交通隧道结构养护技术标准》CJJ/T 289 中，健康度通过病害程度、病害发展趋势、病害对运营安全的影响以及病害对隧道结构安全的影响等评定因素划分为 1 级、2 级、3 级、4 级和 5 级。级别越高，病害程度越严重。隧道健康度评定宜采用单项指标法，健康度分级详见本标准附录 B。

隧道结构健康度的评定具体又细分为初始检查、日常检查、定期检查、特殊检查、专项检查及处治后复查等多项健康度评定，具体各项目的健康度评定分级可详见现行行业标准《城市轨道交通隧道结构养护技术标准》CJJ/T 289 第 5 章"隧道结构健康度评定"。

（3）开展专项监测的情况

通过外部作业影响等级的划分和健康度的评定可以综合判定外部作业影响程度以及隧道结构的病害程度，当外部作业影响等级判定为特级、一级和二级的影响区段以及健康度评定为 3 级、4 级和 5 级的区段时，外部作业的影响以及病害的发展可能会对城市轨道交通结构产生影响，需要开展专项监测监控结构的变形情况。除隧道结构以外的车站、桥梁、建（构）筑物、支挡结构及边坡防护出现较严重病害，结构受火灾、地震、洪灾等影响较严重的地段同样需要开展专项监测。

2. 专项监测工作流程

专项监测应遵循下列工作流程：

（1）收集、分析相关资料，现场踏勘

工作实施前，应搜集下列资料：外部作业工程的工程地质条件、设计文件、施工方案、既有结构保护方案、周边环境等相关资料；既有结构现状调查、既有结构安全评估报告、长期监测成果等相关资料。对收集的资料进行分析，尤其是有关监测数据等成果的分析。现场踏勘主要对工程所在地的周边环境情况进行拍照留底，必要时进行现状调查工作，对涉及的轨道交通结构的初始状态进行拍照留底，记录结构的现状，记录结构内的渗水、开裂和破损的部位。同时记录结构内变形缝位置及电箱供电等情况，初步确定监测点的布设。

（2）编制和审查监测方案

监测方案需经过内部审核并由本单位技术负责人批准签字盖章后才能实施，必要时还需要组织进行专家论证。监测方案具体包含以下内容：工程概况；建设场地地质条件、周边环境条件及工程风险特点；监测目的和依据；监测范围和工程监测等级；监测对象及项目；基准点、监测点的布设方法与保护要求，监测点布置图；监测方法和精度；监测频率；监测控制值、预警等级、预警标准及异常情况下的监测措施；监测信息的采集、分析和处理要求；监测信息反馈制度；监测仪器设备、元器件及人员的配备；质量管理、安全管理及其他管理制度。监测方案经过修改完善后由项目技术负责人组织方案中所有人员进行监测方案交底并签字确认。交底内容包括监测等级、监测范围、监测对象、监测项目及精度、监测频率及周期、监测控制值及预警管理要求、监测初始值采集要求等内容、监测布点技术要求，监测作业实施方法及技术要求、监测信息反馈要求、工程应急预案的要求。

（3）监测基准点和监测点的埋设、验收与保护

监测点布设严格按照方案实施，保证隧道监测点的数量与质量满足监测要求。测点布设完成后需要进行监测点的验收工作，留存监测点验收记录。监测点做好保护工作，防止测点的破坏，做好监测点的点号标识标牌等工作。

（4）仪器设备校验和元器件标定，监测点初始值测定

仪器设备需经过校验无误之后才能投入到现场监测，自动化监测相关元器件、传感器等需要经过标定后才能进行自动化监测。确保仪器设备校验及元器件标定无误后进行初始值的测定。人工监测项目需要连续独立采集3次，取平均值作为初始值，自动化监测仪器需要确保自动化监测系统调试稳定后再进行初始值的测定。

（5）监测信息采集

自动化数据采集终端软件是通用的管理各种监测设备的信息系统，该系统负责配置采集设备的基本信息及采集频率，既支持定时采集，又采用主动式触发数据发送模式；既保证了数据的实时性，又保证了数据的有效性。在系统初始化的过程中，数据采集终端软件可以快速的完成设备的调试工作。人工测点数据采集采用传统的全站仪、水准仪、水位计、激光收敛仪及钢板尺等进行监测，部分测项应做好现场记录工作。

（6）监测信息处理和分析

自动化现场数据采集单元将获取的数据通过 GPRS 无线网络发送至互联网，数据接收

服务器通过设置固定 IP 和固定端口接收现场数据采集单元传输的数据。人工监测数据传输采用全站仪或水准仪自带的程序进行数据传输，传输出来的原始数据再进行计算。自动化监测数据直接发送到监控中心，软件自动对测量数据进行换算，直接输出监测物理量利用 GPRS 无线网络进行数据传输或者内部局域网方式，完成对传感器数据的采集和监控。传感器通过传感器物联网组网进入 GPRS 接入 INTERNET 网，软件可设置上线报警命令，手机短信报警能够时时掌控，PC 接入 INTERNET 网络就可进行数据采集和监控。人工监测通过原始数据的计算与处理，按照固定格式编制成监测报表，通过邮件形式发送至各相关人员。

（7）提交监测日报、警情快报、阶段性监测报告等

自动化信息反馈严格按照监测频率要求进行实时反馈，监测人员通过信息平台查询各数据累计变化量，将自动化数据按当天的频次进行汇报。其他人工监测数据在监测工作开展的当天通过电子版日报的形式发送至相关单位及人员邮箱中，并于第二天报送纸质版监测报告。若监测数据出现预警，在发现预警 4h 之内以警情快报的形式发送至相关单位及个人，并配合电话短信等形式通知相关人员。阶段性报告包括监测周报及监测月报，监测周报每周二将上周的报告以书面文字报表形式直接报送给相关，监测月报每月 5 号前将上月的报告以书面文字报表形式直接报送给相关，内容应包括近一周/月的监测数据、巡视信息及其汇总分析、风险评估预警情况、监控跟踪情况、变化趋势和存在问题等。

（8）监测工作结束后，提交监测工作总结报告及相应的成果资料。

总结报告于所有监测项目结束之后的 15～30d 内提交。总结报告内容包括：工程概况；监测目的、监测项目和技术标准；采用的仪器型号、规格和标定资料；测点布置；监测数据采集和观测方法；现场安全巡视方法；监测资料、巡视信息的分析处理；风险预警情况、监控跟踪情况及其处理；监测结果评述；现场安全巡视效果评述；超前预报效果评述；提供以下图表：①各项监测成果汇总表；②各项安全巡视信息成果表；③典型测点的时程曲线图；④沉降断面图；⑤结合工程实际情况提供其他分析图表（如等沉降值线图、测点的变化值）随施工进展（或受力变化）变化曲线等；⑥监测测点布置图。

3.2.4　专项监测对象和项目

1. 保护区范围

城市轨道交通保护区分为重点保护区和一般保护区，其范围分别为：地下车站和隧道结构外边线外侧 5m 内为重点保护区，5～50m 内为一般保护区；地面车站、高架车站以及线路轨道外边线外侧 5m 内为重点保护区，5～30m 内为一般保护区；出入口（含连通道）、通风亭、运营控制中心、变电所、冷却塔、地面站房等建（构）筑物结构外边线和车辆段、停车场用地边界外侧 5m 内为重点保护区，5～10m 内为一般保护区；城市轨道交通过江（河、湖）隧道、桥梁结构外边线外侧 50m 内为重点保护区，50～100m 内为一般保护区。具体范围宜根据本地区轨道交通保护区相关管理规定确定。

当遇特殊的工程地质或特殊的外部建设时，应适当扩大控制保护区范围。根据城市轨道交通结构的安全保护要求，结合外部建设工程影响分区与接近程度，确定外部建设活动影响等级。城市轨道交通结构安全控制指标应根据城市轨道交通结构安全保护技术要求及现行国家标准《地铁设计规范》GB 50157 确定。

2. 监测等级及监测项目

结合外部作业的工程影响分区与接近程度，参照现行行业标准《城市轨道交通结构安全防护技术规范》CJJ/T 202 的有关规定，外部建设活动影响等级划分为特级、一级、二级、三级、四级。外部建设活动影响等级为特级、一级、二级时，应对其影响的城市轨道交通结构及附属结构进行监测。根据建设活动影响监测数据，结合轨道交通结构安全控制指标，应对外部作业实行过程监控。

城市轨道交通运营线路结构专项监测项目应根据监测对象的特点、外部作业影响等级、外部作业施工特点、轨道交通安全保护的要求确定，专项监测等级、对象及项目见表 3.2-1。

专项监测等级、对象及项目 表 3.2-1

序号	监测对象	监测项目	外部作业影响等级			
			特级	一级	二级	三级
1	车站结构	结构竖向位移	应测	应测	应测	宜测
2		结构变形缝差异沉降	应测	应测	应测	宜测
3		结构水平位移	应测	宜测	可测	可测
4		结构裂缝	应测	应测	宜测	可测
5		结构变形缝开合度	应测	应测	宜测	可测
6	隧道结构	结构竖向位移	应测	应测	应测	宜测
7		结构变形缝差异沉降	应测	应测	应测	宜测
8		结构水平位移	应测	宜测	可测	可测
9		区间隧道净空收敛	应测	宜测	宜测	可测
10		结构裂缝	应测	应测	宜测	可测
11		结构变形缝开合度	应测	应测	宜测	可测
12	高架结构	桥墩结构竖向变形	应测	应测	应测	宜测
13		梁体挠度	应测	应测	应测	宜测
14		桥墩倾斜	应测	应测	应测	宜测
15		桥墩结构水平位移	应测	应测	宜测	可测
16		梁体结构水平位移	宜测	可测	可测	可测
17		结构裂缝	应测	应测	宜测	可测
18	路基结构	路基竖向位移	应测	应测	应测	宜测
19		路基水平位移	应测	宜测	可测	可测
20	建(构)筑物	结构竖向位移	应测	应测	应测	宜测
21		结构变形缝差异沉降	应测	应测	应测	宜测
22		网架挠度	应测	应测	应测	宜测
23		裂缝	应测	应测	宜测	可测
24	支挡结构及边坡防护	桩(墙)、边坡顶部竖向位移	应测	应测	宜测	可测
25		桩(墙)、边坡顶部水平位移	应测	应测	宜测	可测
26		桩(墙)、边坡体水平位移	应测	应测	宜测	可测

续表

序号	监测对象	监测项目	外部作业影响等级			
			特级	一级	二级	三级
27	边沟及排水设施	竖向位移	应测	应测	宜测	可测
28	道床结构	道床竖向位移	应测	应测	应测	宜测
29		道床裂缝	应测	应测	应测	宜测
30		道床剥离	应测	应测	应测	宜测
31	轨道	轨道静态几何形位（轨距、轨向、高低、水平）	应测	应测	宜测	可测
32		无缝线路钢轨位移	应测	应测	宜测	可测
33	附属结构	结构竖向位移	应测	应测	应测	宜测
34		结构变形缝差异沉降	应测	应测	应测	宜测
35	其他设施	刚性接触网导高及拉出值	应测	应测	宜测	可测
36		自动扶梯差异沉降	应测	应测	宜测	可测
37		人防门差异沉降	应测	应测	宜测	可测
38	周边环境	地表沉降	应测	应测	应测	宜测
39		岩、土体深层水平位移	宜测	可测	可测	可测
40		地下水位	宜测	可测	可测	可测

专项监测对象及项目参考广西地方标准《城市轨道交通运营线路结构监测技术规范》DB 45/T 2127、现行行业标准《城市轨道交通结构安全保护技术规范》CJJ/T 202 以及广西地方标准《城市轨道交通结构安全防护技术规程》DBJ/T 45-072 的规定，结合广西地区及国内其他城市专项监测的经验，为了更具操作性，按照不同的监测对象来确定监测项目。专项监测对象及项目的确定涵盖了城市轨道交通各种制式对应的监测项目、附属结构、其他设施及周边环境的相关测项，考虑到如果周边环境出现问题，将会影响城市轨道交通结构周边的应力分布，从而影响结构变形，因此将周边环境相关测项纳入进来。应测、宜测与可测的确定根据外部作业影响等级及监测对象的特点及监测项目的重要性等因素综合确定，基本符合实际情况。

城市轨道交通结构病害有多种类型，每种病害所关注的重点不一样，因此，专项监测的对象及项目应根据结构病害类型及病害发展状况确定。

3.2.5 专项监测基准网的建立与复测

1. 监测基准

（1）平面基准

平面坐标系一般应采用城市轨道交通工程坐标系，也可采用所在城市地方坐标系。变形测量主要以测定变形体的变形量为目的，当观测条件困难，难以与城市轨道交通工程坐标系或所在城市地方坐标系联测时，可采用独立坐标系。

采用独立坐标系时，一般以平行隧道轴线为 Y 轴，指向大里程（或小里程）方向，以垂直于隧道轴线方向为 X 轴，指向基坑方向。

（2）高程基准

高程基准一般应采用轨道交通工程高程控制网点，也可采用所在城市地方高程基准网点，当观测条件困难，难以与城市轨道交通工程高程控制网点或所在城市地方高程控制网联测时，也可以采用独立高程基准，即假定高程。

2. 基准网建立

（1）水平位移基准网

隧道水平位移基准网一般由基准点组、工作基点构成，每个基准点组由 4 个及以上基准点组成，布设在隧道变形影响区外。由于城市轨道交通工程隧道为狭长形，为提高基准网的网形强度，基准网一般布设 2 组及以上基准点组，分别布设在变形区的两端。水平位移基准点组布设示意图如图 3.2-1 所示。

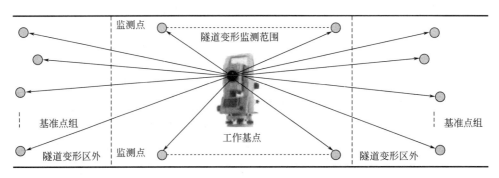

图 3.2-1　基准点组布设示意图

（2）竖向位移基准网

首先应进行资料收集与现场踏勘，调查车站附近有无外围基岩点，若有则利用基岩点作为起算点，若无则优先选取车站既有永久性结构相对稳定的点位作为基准点。

某地铁保护区竖向位移基准网由车站内 4 个基准点（JZ1，JZ2；JY3，JY4）组成，构成一条闭合往返水准线路，监测网由基准点及监测点组成，构成附合水准线路，基准网及监测网示意图如图 3.2-2 所示。

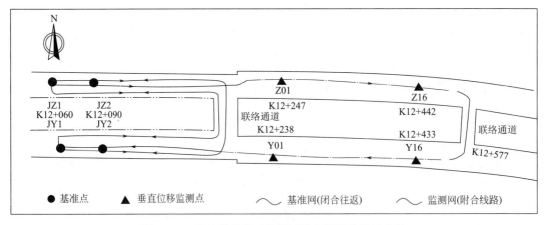

图 3.2-2　某地铁保护区基准网及监测网线路示意图

3. 基准网复测

监测期间应定期对基准网进行复测，对基准网复测成果进行分析和稳定性判定，并根据判定结果及时更新不稳定基准点高程值、坐标值，以提高监测结果的可靠性。

变形监测基准网观测线路按原线路同精度测量，具体要求可参见本书第 2 章的相关内容。

3.2.6　专项监测基准点及工作基点布设

专项监测的范围一般是外部作业影响区域的范围及结构病害发展的范围，基准点的布设位置应在受影响范围外的稳定地段。竖向位移基准点的布设数量不得少于 3 个，以检核基准点的变动情况；水平位移基准点数量不得少于 4 个，在隧道内与影响区域内的工作基点连成导线，再通过工作基点的监测反算监测点的坐标。

结合监测范围、地铁线路走向与隧道内现场环境，根据监测精度及通视条件布设 1 个或多个工作基点，工作基点应采用强制对中装置，用于安置全站仪进行数据采集。

当监测范围较短时，竖向位移监测控制网宜采用闭合水准路线形式进行现场监测，基准点可布设在影响范围以外的一侧或两侧，每次监测检核各基准点的稳定性，闭合水准路线的监测精度相对于附合水准路线的监测精度要稍高一点。当监测范围较长时，竖向位移基准点宜布设在影响范围的两侧，一般在小里程方向与大里程方向各布设 2 个基准点，采用附合水准路线的形式进行现场监测，每次监测完之后检核基准点的稳定性。

水平位移控制网一般布设在隧道影响范围以外的两侧，当采用人工监测时，一般在影响范围之外两侧各布设 2 个基准点，通过两条导线边为起算，通过附合导线形式监测各工作基点及监测点的坐标。当采用自动化监测时，一般在影响范围外的两侧各布设 3 个基准点，单条隧道布设 6 个基准点，通过架设全站仪后视多个固定的基准点的方式进行自动化监测。当隧道范围较长需要用到多台全站仪进行监测时，全站仪之间还需要布设全反射棱镜，以确保坐标系的统一。

3.2.7　专项监测监测点布设

1. 监测点布设技术要求

监测点的布设位置和数量应根据监测对象的类型和特征、风险等级、外部作业工程影响分区、监测项目、监测方法、轨道交通结构安全保护要求及工程经验等综合确定，并应满足反映监测对象变化规律和分析结构和设施安全状态的要求。

监测点的布设应能够反映结构的变形特征、不妨碍轨道交通的运营安全，并充分利用轨道交通长期结构监测点。

对于不同结构类型分界处两侧应布设监测点；旁通道、引道段、结构形式转换等特殊区段、结构存在缺陷、使用状况恶化区段以及地质条件复杂区段的监测点，宜结合现场特点布设，对于同一安全监测对象的不同安全监测项目的监测点宜同断面布置。如点位被破坏或松动后应及时进行恢复。

监测点应稳固、明显、结构合理，不易被破坏，并便于管理，应统一编号。

2. 监测点布设原则

运营期城市轨道交通线路结构存在的病害段及在受施工影响的既有隧道工法变化的部

位、车站与区间结合部位、车站与风道结合部位以及马头门处等部位均应设置变形监测断面，线路曲线段监测断面应加密布置。监测点数量应按工程结构、地层状况和周边环境综合确定。

3. 地下结构监测点布设

（1）车站、隧道结构竖向位移监测断面每 2～20m（或 1～15 环）布设一个，按照与工程影响关系近密远疏的原则布置，每个断面布设 1～2 个监测点；

（2）车站、隧道结构水平位移监测根据需要布设，宜与竖向位移监测断面一致；

（3）车站、隧道结构净空收敛监测断面每 2～20m（或 1～15 环）布设一个，按照与工程影响关系近密远疏的原则布置，每个断面布设竖向和水平两条测线，并宜与竖向位移监测断面一致；

（4）道床结构竖向位移在道床两侧各布设 1 个测点；

（5）结构变形缝差异沉降和开合度监测点应布设于结构变形缝两侧；

（6）裂缝监测应选取有代表性部位的裂缝进行监测，监测点宜在裂缝的最宽处及裂缝首、末端按组布设；

（7）轨道静态几何形位监测点的布设应按运营单位维修、养护要求等进行确定；

（8）无缝线路钢轨位移监测，当线路长度小于 150m 时，应在监测范围两端每条钢轨各布设 1 个监测点；当线路长度大于 150m 时，应在监测范围内每隔 150 m 每条钢轨各布设 1 个监测点；

（9）在结构变形和内力变化较大的关键部位应有监测断面控制；

（10）因隧道病害及不良地质等因数开展的专项监测，监测点的布设在原有常规监测点的基础上，适当增加监测点布设数量。

对车站、隧道结构竖向和水平位移和净空收敛均按照断面布设测点，当出现异常时可通过断面其他测项的数据进行综合分析，规定在两侧边墙至少各布设一个测点，确保监测点的全覆盖；规定收敛测项必须包含竖向和水平方向的两条测线，隧道竖向和水平方向的两条收敛测项应力变化较集中，若隧道收敛发生变形，这两个方向上的收敛变化值相比其他部位更为明显。

道床结构监测点至少在两侧各布设一个监测点用以监测道床作业两侧的不均匀沉降，在道床发生倾斜时能及时反映。

结构变形缝差异沉降和开合度监测点布设在结构变形缝两侧。裂缝监测点的布设应选取有代表性的部位进行监测，在裂缝最宽处用于观测裂缝的宽度发展，在裂缝的首末端用于观测裂缝的长度发展。

轨道静态几何形位监测点的布设应按运营单位维修、养护要求等确定，现场实际能观测的轨距、轨向、高低、水平等可能与运营单位维修、养护要求不一致，应听从专业人员的安排执行。

无缝线路钢轨位移的监测当监测区域小于 150m 时在每条轨道上布设一个监测点，当监测区域大于 150m 时应每隔 150m 间距布设一个监测点，考虑到监测范围较长，钢轨位移变形有影响。

4. 高架结构监测点布设

（1）高架桥桥墩及桥梁结构监测点应逐墩布设；

（2）桥梁墩柱倾斜监测点宜在墩柱的墩底和墩顶位置各布设 1 个监测点；

（3）结构裂缝参照地下结构监测点布设中的规定执行。

高架桥桥墩、桥梁结构监测点由于桥墩之间距离较远，可参照长期监测规定的布点间距及形式进行布设。梁体应力监测点应布设在应力最大的控制性部位，并应结合实际需要进行现场布设。桥梁墩柱倾斜监测点宜在每个墩柱的墩底和墩顶位置各布设 1 个监测点，通过墩顶和墩底的位移变化推算桥梁墩柱的倾斜。桥梁的结构裂缝与车站、隧道结构的裂缝类似，可参照执行。

5. 建（构）筑物及网架挠度监测点布设

建（构）筑物及网架挠度监测点布设应按照现行国家标准《建筑与桥梁结构监测技术规范》GB 50982 的要求执行。一般情况下场段内重要建（构）筑物沉降监测点一般布设于结构柱上，下列特殊部位应布设监测点：

（1）建（构）筑物四角、沿外墙每隔 10～15m 处或每隔 2～3 根柱基上，且每边不少于 3 个监测点；

（2）不同地基或基础分界处；

（3）建（构）筑物不同结构的分界处；

（4）变形缝、抗震缝或严重开裂处的两侧；

（5）新、旧建筑物或高、低建筑物的交界处的两侧；

（6）框架（排架）结构的主要柱基或纵横轴线上；

（7）受施工开挖、堆荷载和振动显著部位，基础下有暗沟、防空洞处。

网架挠度监测点使用棱镜测点安装于结构柱所在断面的网架中部节点上，抽取的断面数量不少于结构柱断面总数的 50％。当现场条件限制无法布设棱镜监测点时，也可采用反射片粘贴在网架中部节点上。

6. 路基监测点布设

路基竖向位移、水平位移监测应按监测断面布设，断面间距宜为 2～30m；每个监测断面各条轨道的路基均应布设监测点。

路基竖向位移、水平位移监测应按监测断面布设，每个监测断面上各条轨道下方的路基均应布设监测点。路基的作用是确保每条轨道不发生变形，因此，针对每个监测断面，对应轨道下方的路基均应为监测的重点。

7. 支挡结构监测点布设

（1）桩板式挡墙和锚杆挡墙监测点宜设置在对应的桩顶或立柱顶部，测点间距宜为 5～20m，重力式挡墙和扶壁式挡墙监测点宜设置在伸缩缝或沉降缝两侧；

（2）坡顶地表沉降监测点应沿坡顶边线平行布设，且不宜少于 2 排，排距宜为 3～8m；

（3）应根据边坡的地质条件、环境条件及支护形式选择有代表性的部位布设垂直于边坡边线的地表沉降监测断面，每个监测断面监测点数量不宜少于 5 个；

（4）边坡地表裂缝监测应选择典型部位的新增裂缝和原有裂缝进行监测，每一条裂缝宜在裂缝的最宽处及裂缝首末端各布设 1 组监测点；

（5）土体深层水平位移布点间距宜为 10～30m。

支挡结构的变形监测点布设参考北京市地方标准《建设工程第三方监测技术规程》

DB11/T 1626 第 4.4.2 条。坡顶地表沉降监测点与边坡处在同一滑移面，如果边坡发生变形，坡顶对应的地面监测点也会发生变形，因此，边坡的监测需要包含坡顶地表沉降监测点。坡顶对应地面的沉降监测点应按照断面进行布置，用以监测整个边坡的滑动面。边坡裂缝应选择原有裂缝和新增裂缝进行观测，地下水、渗水与降雨关系监测点位宜选取典型出水点处布设，要做到监测能反映实际变形。土体深层水平位移布设间距一般为 10～30m。

8. 地下水位监测点布设

地下水位监测点按设计要求进行布设，布设形式应符合现行国家标准《城市轨道交通工程监测技术规范》GB 50911 的要求。

地下水位监测点的布设形式，布设数量和间距、布设位置、深度等在现行国家标准《城市轨道交通工程监测技术规范》GB 50911 中已有详细规定，规定如下：

（1）地下水位观测孔应根据水文地质条件的复杂程度、降水深度、降水的影响范围和周边环境保护要求，在降水区域及影响范围内分别布设地下水位观测孔，观测孔数量应满足掌握降水区域和影响范围内地下水位动态变化的要求；

（2）当降水深度内存在 2 个以上含水层时，应分层布设地下水位观测孔观测各层地下水位变化情况；

（3）降水区靠近地表水体时，应在其附近增设地下水位观测孔，观测和分析地表水对地下水的影响。

9. 其他设施监测点布设

刚性接触网、自动扶梯及人防门等设施设备的监测点按照运营单位的要求布设。

刚性接触网、自动扶梯及人防门等设施设备属于专业的设施设备，需要在运营单位专业人员的配合下才能进行布点监测，具体监测点的布设位置、间距及布点形式需满足运营单位要求。

3.2.8 初始状态建立

1. 外部作业前现状调查

布设监测点时应同步调查监测范围内既有长期监测结构永久监测点及其变形数据，系统调查结构表观病害（裂缝、渗漏、崩角及道床脱空等），标记具体的里程（环号）及位置，绘制平面展开图。

2. 初始状态建立

对竖向位移、水平位移监测控制网及各测项初始值进行数据采集和分析，并整理形成初始状态成果报告。

3.2.9 专项监测频率

（1）专项监测的频率的要求。

安全保护专项监测的频率可参考广西壮族自治区地方标准《城市轨道交通运营线路结构监测技术规范》DB 45/T 2127 的规定。城市轨道交通既有结构变形监测频率应根据外部作业影响等级、外部作业施工方法和进度、城市轨道交通结构评估结果、监测项目、地质条件等情况和特点，并结合当地类似项目工程经验确定。外部作业为深基坑工程时，自动化监测频率不得小于表 3.2-2 中规定的频率要求。

自动化监测频率要求表　　　　　　　　　　表 3.2-2

外部作业施工工况 \ 外部作业影响等级	特级、一级作业	二级作业(包括与城市轨道交通结构距离小于 2 倍基坑深度的基坑)
保护结构施工阶段	1 次/d	1 次/d
开挖阶段	3 次/d	2 次/d
地下室回筑(地下工程实施)阶段	3 次/d	2 次/d
地下室(地下工程)完成并回填基坑后	1 次/3d	1 次/周

注：1. 人工监测频率在施工阶段宜每 1~3 天 1 次，在施工结束后宜 1 次/周。

　　2. 外部作业为盾构、顶管等显著改变地层应力状态的作业时，应加密监测频率；施工完成且监测数据趋于稳定后适当降低监测频率。

（2）当遇到下列情况时，应提高监测和现场巡查频率：

1）监测数据变化速率持续增大；

2）巡查发现异常。

以上内容的规定分别从监测数据和巡查异常两个方面要求提高监测和巡查的频率，符合实际情况。监测数据是施工的眼睛，监测数据的变化能够直接反映结构的变形情况，因此监测数据持续增大，说明结构出现了异常情况，必须引起高度重视，提高监测及巡查的频率。巡查作为监测的一种手段，能够全方位发现现场的情况，能够弥补监测数据只能反应点状的局限，如果巡查出现异常情况，同样需要引起高度重视。

（3）外部作业停工期间且监测数据相对稳定时可以适当调整监测频率。但在外部作业停工后和复工前应分别进行一次监测。

（4）外部作业施工完成后应继续开展延续监测，监测频率应根据监测数据变化情况逐步调整，不宜低于 1 次/季度，监测方式可视监测频率调整情况由自动化监测转为人工监测，变形趋于稳定时，可以结束监测工作。

以上两条对外部作业停工期间、施工完成后的延续监测等频率做了相关规定。能够为实际情况中遇到的停工及完工后监测的问题提供一定的指导，能够避免外部作业施工完成后马上停测造成的后续监测数据缺失的情况。规定延续监测应根据监测数据情况逐步调整监测频率，监测方式可视监测频率情况由自动化监测转为人工监测。规定监测数据趋于稳定时可结束监测工作。

3.2.10　专项监测巡查内容及要求

（1）专项监测的巡查不同于长期监测的巡查，尤其是针对外部作业开展的专项监测，需要在开工前、施工过程中及施工完成后对结构进行巡查，通过影像资料和相应记录保存过程资料，在出现问题时能够作为界定责任的证据。

（2）专项监测现场巡查内容见表 3.2-3。

现场巡查内容　　　　　　　　　　表 3.2-3

序号	巡查对象	现场巡查内容
1	车站结构	接缝错台、裂缝、破损、起鼓、掉块、剥落剥离、渗漏水
2	道床结构	裂缝、错台、起鼓、渗漏水

序号	巡查对象	现场巡查内容
3	隧道结构	裂缝、错台、破损、起鼓、掉块、剥落剥离、渗漏水
4	高架结构	桥台、支座、墩柱裂缝、掉块、剥落剥离
5	路基	裂缝、沉陷、排水设施及防护加固设施
6	建(构)筑物	裂缝、掉块、剥落剥离
7	支挡结构及边坡防护	裂缝、渗漏水、滑坡、沉陷、坍塌
8	边沟及排水设施	边沟开裂、排水情况
9	轨道	平顺性、异物侵入、裂缝、扣件脱落
10	接触网	异物侵入、烧伤、损坏、防护罩完好情况
11	外部作业	施工工况、支护结构情况
12	监测设施	基准点、监测点、仪器设备完好状况、保护情况

专项监测现场巡查的内容与长期监测现场巡查内容一致，主要是以目测为主的表观巡查，专项监测的巡查相比长期监测的巡查增加了外部作业的施工工况、施工是否按设计要求、支护结构情况等内容，关注外部作业的施工进度，施工是否按设计要求执行及支护结构的情况等，确保外部作业的安全施工能够保障轨道交通结构的安全。

3.3 长期监测与专项监测的对比及适用范围

3.3.1 长期监测与专项监测对比

为了到达长期监测与专项监测的目的，长期监测与专项监测的监测对象、监测频率、监测项目和监测类别当然也会根据工程需要来进行不同的设计。那么如何进行长期监测与专项监测的区分？下面介绍长期监测与专项监测的对比，详见表 3.3-1。

长期监测与专项监测的对比   表 3.3-1

对比项目	长期监测	专项监测	二者区别
监测对象	为整条运营轨道线路，包含停车场、出入场线、隧道、车站等	为某个站点、区间或者某段区域	长期监测的监测对象是整条线而专项监测的监测对象则是线上的某个点(段)
监测频率	监测频率相对较低	监测频率相对高	长期监测的监测频率一般按年度计算，专项监测则按小时计算
监测项目	监测项目少	监测项目多	长期监测的监测项目包含管片结构和轨道结构而专项监测不仅包含结构，还包含隧道内的设施设备等
监测手段	多为人工监测	多为自动化监测	专项监测因监测频率高，多为自动化监测
监测周期	监测周期长	监测周期短	只要线路运营则离不开长期监测，专项监测则只在某个较短的周期内对项目进行针对性的监测
服务对象	城市轨道交通运营管理单位	不仅限于城市轨道交通运营管理单位	长期监测服务对象为城市轨道交通运营管理单位，专项监测服务对象视工程实际情况而定，还包括外部作业等相关单位

即使长期监测与专项监测有很多不同，但他们最终都是为城市轨道交通安全服务的，所以并不相互独立。在实际工程中长期监测与专项监测手段往往同时使用，它们互相补充，监测数据互相验证，以确保隧道结构安全和车辆运营的安全。

3.3.2　适用范围及案例

1. 适用范围

长期监测适用范围较为固定，为运营线路全线监测。其监测频率、监测项目不受外部因素影响，十分固定。

专项监测适用范围极广，当运营线路受外部施工、地质病害、结构病害等因素影响而长期监测频率无法满足其变形观测要求时，专项监测均能适用。其监测频率、监测项目受外部因素影响很大，应根据不同的项目来综合确定。

2. 案例

（1）某年某月某日，某市城市轨道交通某号线运营在即，需要进行运营前安全评估，需要对城市轨道交通结构进行变形情况的监测，请问如何能够满足其安全评估要求？

答：应在运营前安全评估工作之前对线路开展长期监测工作，监测对象包含但不限于车站轨行区、区间隧道、辅助线（含出入段线、停车线、试车线以及联络线等）、车辆基地、主变电所的结构。在运营前安全评估前应对监测对象进行监测布点及采集初始值，出具初始值报告以作为运营前安全评估资料。

（2）某年某月某日，某市已运营城市轨道交通线路上方修建立交桥，涉及大量土方挖方与填方工作量，根据《城市轨道交通安全管理条例》，需要在立交桥施工过程中对影响段的城市轨道交通进行安全监测，请问如何能够满足其安全监测要求？

答：对影响段进行专项监测。由于该处城市轨道交通线路已经运营，因此，需要采用自动化监测手段来监测隧道、车站、附属结构的水平位移（测量机器人）和竖向位移（静力水准仪），并辅以人工低频率监测轨道沉降、隧道（主体、附属结构）沉降、隧道收敛以及轨距、水平等轨道几何形位监测，直至影响段范围内的项目完工。

（3）某年某月某日，某市已运营城市轨道交通线路长期监测过程中发现管片结构上浮严重，产生新的结构病害，为确保车辆运营安全，需要观测其结构变形情况，请问如何能够满足其安全监测要求？

答：对变形严重范围内的城市轨道交通结构开展专项监测，专项监测的项目视结构病害类型及病害程度进行选择，必要时可用自动化监测方式。同时对该地段长期监测项目采用加密监测点或监测频率的方式，并且根据某市的应急管理办法，立即采取应急措施，视情况对出现病害的城市轨道交通结构进行安全评估，专项监测可作为安全评估的重要数据依据。通过长期监测与专项监测相结合的方式，全面掌握城市轨道交通结构病害部位的变化及安全状况，确保城市轨道交通运营安全。

第4章 监测方法与实施

本章主要阐述城市轨道交通工程各监测项目的监测方法与实施，包括监测点的布设要求、仪器设备的选用及精度要求、采用的观测方法、监测数据处理及实施中的注意事项等内容，对各种监测方法的优缺点进行说明。

4.1 竖向位移监测方法与实施

竖向位移监测主要采用几何水准测量、电子测距三角高程测量、静力水准测量、GNSS测量、三维激光扫描、摄影测量等方法，监测精度及频率要求较高或其他特殊情况应采用自动化监测方法。本节重点介绍城市轨道交通工程竖向位移常用的方法有：几何水准测量、三角高程测量、GNSS测量及静力水准测量方法等。

4.1.1 几何水准测量

几何水准测量是用水准仪和水准尺测定地面上两点间高差的方法。在地面两点间安置水准仪，观测竖立在两点上的水准标尺，按尺上读数推算两点间的高差。通常由水准原点或任一已知高程点出发，沿选定的水准路线逐站测定各点的高程。由于不同高程的水准面不平行，沿不同路线测得的两点间高差将有差异，所以在整理几何水准测量成果时，须按所采用的正常高系统加以必要的改正，以求得正确的高程。目前，在城市轨道交通工程运营监测过程中，涉及的沉降监测一般采用几何水准测量中的 DS1 或 DS05 级数字或光学水准仪进行测量，通过计算获取变形监测点在垂直方向上的位移变化量。几何水准测量法是一种直接测高法，优点是精度高。缺点是受地形起伏的限制，外业工作量大，施测速度较慢。

1. 测点布设

（1）道床竖向位移监测点

监测点标志宜选用不锈钢或铜质材料制作，顶部立尺部位呈半球形并刻"十"字。布设于结构上的沉降监测点，均采用电钻先引孔再打入，加入植筋胶予以稳固。沉降监测点的编号采用标识牌标志于隧道壁上，编号与点位应对应，距地面约 1.5m 高。监测点埋设示意图及监测点现场照片如图 4.1-1 和图 4.1-2 所示。

（2）隧道结构竖向位移监测点

监测点标志宜选用不锈钢或铜质材料制作，测点标志埋设时应注意避开有碍设标与观测的障碍物；测点埋设完毕后，将监测点的编号采用标识牌标志于隧道壁上，编号与点位应对应，距地面约 1.5m 高。监测点埋设示意图及监测点现场照片如图 4.1-3 和图 4.1-4 所示。

（3）路基及整体道床竖向位移监测点

路基沉降监测点一般采用长度不小于 1m，直径不小于 $\phi 16$ 的钢筋，顶部采用不锈钢

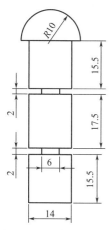

图 4.1-1　道床竖向位移
监测点埋设示意图

图 4.1-2　道床竖向位移监测点现场照片

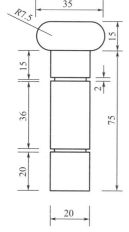

图 4.1-3　隧道结构竖向位移
监测点埋设示意图

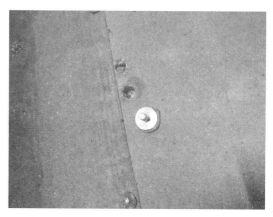

图 4.1-4　隧道结构竖向位移监测点现场照片

焊接并进行磨圆处理，通过冲击钻或锤击方式埋入路基周边原状土层，并在监测点附近的醒目位置做好点号标识。整体道床的监测点布设样式同正线道床竖向位移监测点。监测点埋设示意图及现场监测照片如图 4.1-5 和图 4.1-6 所示。

（4）建（构）筑物竖向位移监测点

对于一般性建（构）筑物，建筑物竖向位移监测点采用钻孔标芯法进行埋设，埋设时应注意避开如雨水管、窗台线、电器开关等有碍设标与观测的障碍物，并视立尺需要离开墙（柱）面和地面一定距离，一般应高于室内地坪 0.2~0.5m。一般采用 L 形观测标水平嵌入墙孔内，半球段竖直向上，钢筋露出墙面约 40mm。测点埋设完毕后，在其端头的立尺部位涂上防腐剂。当建（构）筑物结构为钢结构等无法进行钻孔埋设测点时，还可采用焊接等方式进行埋点，也可根据现场实际情况灵活采取各种布点形式。监测点埋设示意图及竖向位移现场照片如图 4.1-7 和图 4.1-8 所示。

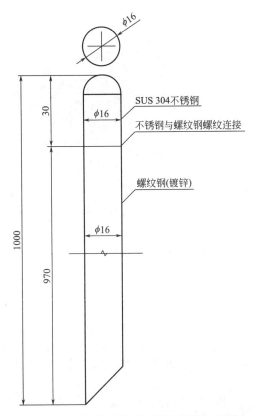

图 4.1-5 路基竖向位移监测点埋设示意图

图 4.1-6 路基竖向位移现场监测照片

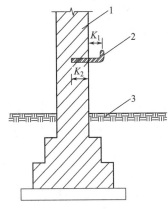

图 4.1-7 建（构）筑物竖向位移
监测点埋设示意图

1—建筑物结构；2—监测点；3—地面

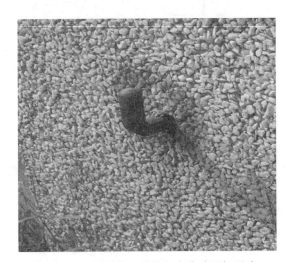

图 4.1-8 建（构）筑物竖向位移现场照片

（5）桥梁墩柱竖向位移监测点

桥梁墩身竖向位移监测点埋设方法同建（构）筑构竖向位移一样，如建（构）筑构竖向位移测点标志根据不同监测对象采用不同的埋点形式，框架、砖混结构对象采用钻孔埋入标志测点，钢结构对象采用焊接式测点，特殊装修较好的对象采用隐蔽式测点形式，或粘贴条码尺。测点埋设时应注意避开有碍设标与观测的障碍物，并视立尺需要离开墙（柱）面和地面一定距离，一般应高于室内地坪 0.2～0.5m。测点埋设完毕后，在其端头的立尺部位涂上防腐剂。监测布点现场照片如图 4.1-9 和图 4.1-10 所示。

图 4.1-9　桥梁墩柱现场照片

图 4.1-10　桥梁墩柱现场照片

（6）支挡结构竖向位移监测点

坡顶沉降和水平位移监测点埋设时先在挡土墙顶部或护坡坡顶用冲击钻钻出深约 10cm 的孔，再把强制归心监测标志放入孔内，缝隙用锚固剂填充。测点标志埋设时应注意保证与测点间的通视，测点埋设完毕后，应进行必要的保处理，并做明显标记。监测点埋设示意图及现场监测照片如图 4.1-11 和图 4.1-12 所示。

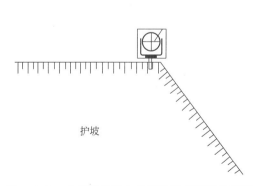

护坡

图 4.1-11　支挡结构竖向位移监测点埋设示意图

图 4.1-12　支挡结构竖向位移现场监测照片

2. 常用仪器设备

水准仪是建立水平视线测定地面两点间高差的仪器。主要部件有望远镜、管水准器

（补偿器）、基座。按读数方式分为光学水准仪和数字水准仪（又称电子水准仪）。传统的光学水准仪需要配合人工记录才能实现高差的计算，计算较繁琐。电子水准仪通过自带的电子文本记录，通过数据线的传输，配合相关计算软件可以实现监测数据的快速处理和计算。相比光学水准仪，电子水准仪具有测量精度高、操作简便、测量效率高等优点，因此，更适用于精度要求较高的城市轨道交通工程运营线路结构监测工作。目前工作中使用较多的主要有徕卡公司及天宝公司的相关产品，电子水准仪照片如图 4.1-13 所示。

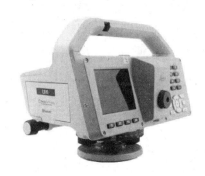

图 4.1-13　电子水准仪

3. 观测方法与实施

（1）观测方法及仪器

水准网观测采用几何水准测量方法，使用电子水准仪进行观测，采用电子水准仪自带记录程序，记录外业观测数据文件。

（2）数据观测技术要求

测量技术要求按现行国家标准《城市轨道交通工程测量规范》GB/T 50308 中垂直沉降监测Ⅲ等技术要求施测，将建筑物竖向位移监测点纳入附合或闭合路线观测，特殊情况观测条件差时采用间视法观测。

垂直沉降监测主要技术要求和监测方法如表 4.1-1 所示。

<table>
<tr><td colspan="5">垂直沉降监测主要技术要求和监测方法　　　　　　　　　　表 4.1-1</td></tr>
<tr><td>等级</td><td>高程中误差（mm）</td><td>相邻变形点高差中误差（mm）</td><td>往返较差，附合或环线闭合差（mm）</td><td>主要监测方法</td></tr>
<tr><td>Ⅱ</td><td>±0.5</td><td>±0.3</td><td>$\pm 0.30\sqrt{n}$</td><td>二等水准测量</td></tr>
</table>

注：表中 n 为测站数。

水准测量采用附合水准路线，由基准点出发，观测各监测点后，附合到另一个基准点上，采用后-前-前-后的观测顺序，每一侧段保证为偶数站。中间设置转点时保证前后视距等长，量好两变形点至镜点位置，并用油漆标记，以便每次监测基本保证仪器处于同一位置。观测时前后视距差不大于 0.5m，累积视距差不大于 1.5m，视线距离地面最低高度不小于 0.55m。

使用电子水准仪观测时：

往返测奇数站观测标尺顺序为：后-前-前-后。

往返测偶数站观测标尺顺序为：前-后-后-前。

（3）观测注意事项

观测注意事项如下：

1）对使用的电子水准仪、条码水准尺应在项目开始前和结束后进行检验，项目进行中也应定期进行检验。当观测成果异常，经分析与仪器有关时，应及时对仪器进行检验与校正；

2）观测应做到三固定，即固定人员、固定仪器、固定测站；

3）观测前应正确设定记录文件的存贮位置、方式，对电子水准仪的各项控制限差参数进行检查设定，确保附合观测要求；

4）应在标尺分划线成像稳定的条件下进行观测；

5）仪器温度与外界温度一致时才能开始观测；

6）数字水准仪应避免望远镜直对太阳，避免视线被遮挡，仪器应在生产厂家规定的范围内工作，振动源造成的振动消失后，才能启动测量键，当地面振动较大时，应随时增加重复测量次数；

7）每测段往测和返测的测站数均应为偶数，否则应加入标尺零点差改正；

8）由往测转向返测时，两标尺应互换位置，并应重新整置仪器；

9）完成闭合或附合路线时，应注意电子记录的闭合或附合差情况，确认合格后方可完成测量工作，否则应查找原因直至返工重测合格。

4. 数据处理

（1）数据计算整理

观测记录采用电子水准仪自带记录程序进行，观测完成后形成原始电子观测文件，通过数据传输处理软件传输至计算机，检查合格后使用专用水准网平差软件进行严密平差，得出各点高程值。

平差计算要求如下：

1）应使用稳定的基准点为起算，并检核独立闭合差及与 2 个以上的基准点相互附合差满足精度要求条件，确保起算数据的准确；

2）使用商用测量控制网平差软件，平差前应检核观测数据，观测数据准确可靠，检核合格后按严密平差的方法进行计算；

3）平差后数据取位应精确到 0.1mm。

（2）数据统计制表

通过变形观测点各期高程值计算各期阶段沉降量、阶段变形速率、累计沉降量等数据，统计预警点信息，填入监测数据报表。绘制时间—沉降量曲线图。为下一步数据分析提供依据。

4.1.2　三角高程测量

三角高程是指通过观测两个控制点的水平距离和天顶距（或高度角）求定两点间高差的方法。其观测方法简单，受地形条件限制小，是测定测点高程的基本方法。三角高程测量方法宜在平面控制点的基础上布设成三角高程网或高程导线，主要适用于隧道全站仪竖向位移自动化监测，当支挡结构边坡坡度较大不适于水准测量时也可采用此方法进行竖向位移监测。三角高层测量是一种间接测高法，优点是不受地形起伏的限制，且施测速度较快。缺点是精度较低，且每次测量都要量取仪器高、棱镜高；操作麻烦且增加了误差来源。

1. 测点布设

三角高程测量监测点一般采用冲击钻成孔，采用膨胀螺栓固定 L 形棱镜，测点一般布设在隧道拱顶，拱腰及道床位置，测点数量视具体要求确定。基准点布设在施工影响范围之外的管片结构上，同样采用冲击钻成孔，然后用水泥或锚固剂固定强制对中杆，最后用圆棱镜插在对中杆上并用胶水固定防止圆棱镜旋转移动。

2. 常用仪器设备

三角高法常用仪器设备为全站仪，全站仪是一种集光、机、电为一体的高技术测量仪器，是集水平角、垂直角、距离（斜距、平距）、高差测量功能于一体的测绘仪器系统，徕卡全站仪如图 4.1-14 所示。

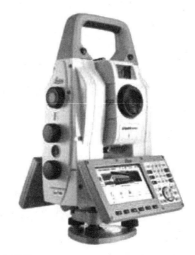

图 4.1-14　徕卡全站仪

3. 三角高程的观测方法分类与实施

三角高程测量主要为单向观测法和对向观测法两种观测方法。

（1）单向观测法

单向观测法是最基本最简单的三角高程测量方法，它直接在已知点对待测点进行观测，然后加上大气折光和地球曲率改正，得到待测点的高程。

如图 4.1-15 所示，测量 A、B 之间的高差 h_{AB}，在 A 点架设仪器，B 点架设棱镜。量取仪器高为 i，棱镜高度为 t，望远镜瞄准目标棱镜，测水平视线夹角为 α，若 A、B 的水平距离为 D，则 B 点高程计算方法如下：

$$h_{AB} = D\tan(\alpha + f) + i - t \tag{4.1-1}$$

$$H_B = H_A + D\tan(\alpha + f) + i - t \tag{4.1-2}$$

其中，$f = (1-k)\rho S\cos\alpha_V / 2R_m$

式中　f——地球曲率与大气折光对垂直角改正值（″）；

　　　k——当地的大气折光系数；

　　　R_m——地球平均曲率半径；

　　　ρ——弧与度的换算常数，206265″；

　　　S——经气象改正、加（乘）常数改正后的斜距（m）；

α_V——垂直角观测值。

（2）对向观测法

对向观测法是目前使用较多的一种方法。对向观测法同样要求在 A 点设站进行观测，不同的是在此同时，还在 B 点设站，在 A 架设棱镜进行对向观测。从而就可以得到两个观测量。

$$h_{AB}=D_{往}\tan\alpha_{往}+i_{往}-t_{往}+C_{往}+r_{往} \qquad (4.1-3)$$

反觇：

$$h_{BA}=D_{反}\tan\alpha_{返}+i_{返}-t_{返}+C_{返}+r_{返} \qquad (4.1-4)$$

式中　C——地球曲率改正；

　　　r——大气折光改正。

对两次观测所得高差结果取平均值，就可以得到 A、B 两点之间的高差值。由于是同时进行的对向观测，而观测的路径也是一样的，因而，可以认为在观测过程中，地球曲率和大气折光对往返两次的影响相同。所以在对向观测法中可以将它们消除掉。

与单向观测法相比，对向观测法不用考虑地球曲率和大气折光的影响，具有明显的优势，而且所测的高差也相比单向观测法精确。三角高程测量示意图如图 4.1-15 所示。

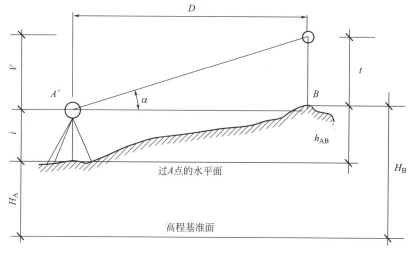

图 4.1-15　三角高程测量示意图

4. 数据处理

目前隧道内常用的三角高程测量法通常是将全站仪像水准仪一样任意置点，而不是将它置在已知高程点上，同时又在不量取仪器高和棱镜高的情况下，利用三角高程测量原理测出待测点的高程，施测的速度也更快。由图 4.1-15 可知：

$$H_B=H_A+D\tan\alpha+i-t \qquad (4.1-5)$$

式（4.1-5）除了 $D\tan\alpha$ 即 V 的值可以用仪器直接测出外，i、t 都是未知的。但是有一点可以确定，即仪器一旦置好，i 值也将随之不变，同时选取跟踪杆作为反射棱镜，假定 t 值也固定不变。从式（4.1-5）可知：

$$H_A+i-t=H_B-D\tan\alpha=W \qquad (4.1-6)$$

由式（4.1-6）可知，基于上面的假设，H_A+i-t 在任一测站上也是固定不变的，而且可以计算出它的值 W，W 为固定高程值（m）。

操作过程如下：

（1）仪器任一置点，但所选点位要求能和已知高程点通视。

（2）用仪器照准已知高程点，测出 V 的值，并计算 W 的值（此时与仪器高程测定有关的常数如测站点高程，仪器高，棱镜高均为任一值，施测前不必设定）。

（3）将仪器测站点高程重新设定为 W，仪器高和棱镜高设为 0 即可。

（4）照准待测点测出其高程。

将全站仪任一置点，同时不量取仪器高、棱镜高，测出的结果从理论上分析比传统的三角高程测量精度更高，因为它减少了误差来源。整个过程不必用钢尺量取仪器高、棱镜高，也就减少了这方面造成的误差。同时在实际测量中，棱镜高还可以根据实际情况改变，只要记录下相对于初值 t 增大或减小的数值，就可在测量的基础上计算出待测点的实际高程。

4.1.3　GNSS 高程测量

GNSS 全球导航卫星系统定位是利用一组卫星的伪距、星历、卫星发射时间等观测测量，同时还须知道用户钟差。全球导航卫星系统是能在地球表面或近地空间的任何地点为用户提供全天候的三维坐标合速度以及时间信息的空基无线电导航定位系统。GNSS 拟合高程测量，GNSS 方法的优点是监测精度高；缺点是适用范围小，受干扰影响多，测点埋设比较麻烦，成本较高，仅适用于开阔地区的三等及以下等级竖向位移监测。

1. 测点布设

GNSS 水准点可采用不小于顶面 12cm×12cm，底面 20cm×20cm，高 60cm 的水泥桩标石。尽可能采用强制对中装置。标石埋设后，应进行灌水处理，并至少应经过三天以后，方可进行观测。

2. 常用仪器设备

GNSS 高程测量是利用 GNSS 接收机接收全球定位系统卫星信号，并确定地面空间位置及高程，如图 4.1-16 所示。

图 4..1-16　GNSS 接收机

3. GNSS 观测要求

GNSS 拟合高程测量应在测区周围和测区内进行水准点联测，且联测水准点的等级应高于 GNSS 拟合高程测量的精度等级，联测的水准点应在测区范围内均匀分布，外围水准点连成的多边形应包含整个测区。

GNSS 接收机采用双频接收机，标称精度应达到或优于 $5mm+1\times10^{-6}\times D$；GNSS 同步观测接收机数应不少于 4 台。GNSS 观测应符合表 4.1-2 的规定。

GNSS 观测要求　　　　　　　　　　　　　　表 4.1-2

项目	等级	
	一等	二等
接收机类型	双频	双频或单频
仪器标称精度	$5mm+2\times10^{-6}\times D$	$5mm+5\times10^{-6}\times D$
观测量	载波相位	载波相位
卫星高度角(°)	≥15	≥15
同步观测接收机台数(台)	≥3	≥3
有效观测卫星数(颗)	≥4	≥4
每站独立设站数	≥2	≥2
观测时段长度(min)	≥120	≥60
数据采样间隔(s)	10~30	10~30
点位几何图形强度因子(PDOP)	≤6	≤6

注：D 为相邻控制点间的距离（km）。

4. 数据处理

GNSS 基线解算应符合以下要求：基线解算应采用经有关部门鉴定通过的专用软件或随接收机配备的商用软件；应采用双差相差相位观测值，以 2h 时段数据为一单元，按单基线或多基线模式解算，并采用双差固定解作为最终结果。当跨越距离大于 500m 时，应采用精密星历进行解算；当跨越距离大于 1500m 时，应按多基线模式进行解算；基线解算的起算点坐标，宜优先选用国家或其他高等控制网点的坐标成果，亦可采用单点定位结果，其观测时间应不少于 2h。若要求观测精度达到三等以上，起算点坐标应采用 IGS 测站或连续运行参考站的坐标。

GNSS 基线解算的质量检核按有关规定执行。其中，重复基线的大地高高差互差应不大于 $2\sqrt{2}\sigma$。

GNSS 网平差应以稳定点为起算点，起算点的三维坐标可在 CGC2000 坐标系、WGS-84 坐标系或国际地球参考框架（ITRF）中表示。

4.1.4　静力水准测量

静力水准测量一般用于专项监测，一般在地铁隧道及车站内使用较多。优点是监测精度高，监测频率高，监测频率最快可达几秒钟一次。缺点是安装较为繁琐，各种零部件较多，系统调试相对困难。

1. 测点布设

静力水准监测网一般由基准点、监测点、转点组成，宜布设成附合水准线路。基准点应采用人工水准测量法定期联测，修正静力水准基准点的稳定性。若静力水准路线较长，可分级布设，各级间通过转点连接。监测点的布设结合工程监测需求和相关技术规范执行。

静力水准仪的安装宜符合下列要求：

（1）根据工程测点布置要求合理选定监测点及基准点，一般安装在距车站底板或隧道底部 300～500mm 位置处，安装时需在侧墙或侧壁混凝土表面钻孔打锚栓或在钢结构表面焊接固定支架，然后在支架上安装底座和仪器，再在仪器外部安装保护罩。将连通管沿各测点布好。

（2）将各液位计固定至相应监测点及基准点，并调整各液位计的相对高度，并通过连通管将所有液位计连通。任取一个液位计上的排气孔向液位计内灌入测试液。各液位计的浮标至全量程的中间值时即可。连接好各液位计的电源线及总线数据线并护套好。

（3）记录并保存好各监测点及基准点液位计的电子编号。连接好相应检测仪表并校零、保存。

（4）在上述各步检测、调试无误后，锁好各测点的密封箱，即可长期运行监测。

静力水准仪工作期间易受外界影响，工作环境要求较高，主要安装注意事项有：仪器固定支架要稳固且易于防护；连通管中的气泡对测量精度影响大，连通管安装过程、安装后应排尽管中气泡。当现场环境恶劣时，应增设必要的保温与安全防护措施，以保证静力水准系统测量精度和安全造成的运行，并定期检查仪器和连通管接头处是否存在漏液等情况。

基准点及测点均埋设静力水准传感器，基准点选择在离监测区域约 50m 外的位置，以保证基准点的稳固，并与隧道内铺轨基标控制网定期联测。静力水准仪的监测点布点间距一般为 2～20m，布点间距视穿越工程的实际情况进行调整，一般由穿越中心往两侧间距逐渐增大，布点范围要包含施工影响的区域。当地铁隧道内高差较大时，还需要设置转点进行高程的传递。

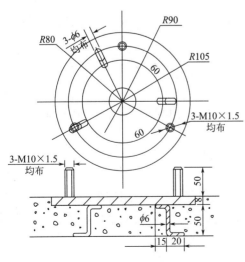

图 4.1-17　静力水准安装示意图

安装形式如图 4.1-17～图 4.1-21 所示，安装埋设步骤如下：①检查各测墩顶面水平及高程是否符合设计要求；②检查测墩预埋钢板及三根安装仪器螺杆是否符合设计要求；③预先用水和蒸馏水冲洗仪器主体容器及塑料连通管；④将仪器主体安装在测墩钢板上，用水准器在主体顶盖表面垂直交替放置，调节螺杆螺丝使仪器表面水平及高程满足要求；⑤将仪器及连通管系统连接好，从末端仪器徐徐注入 SG 溶液，排除管中所有气泡。连通管需有槽架保护；⑥将浮子放于主体容器内；⑦将装有电容传感器的顶盖板装在主体容器上。

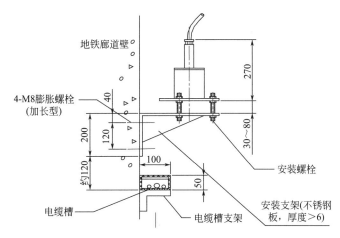

图 4.1-18　地铁壁静力水准安装示意图

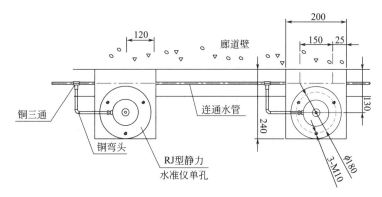

图 4.1-19　地铁壁静力水准管路安装示意图

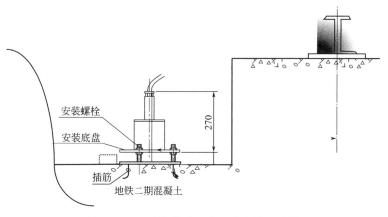

图 4.1-20　地铁基础静力水准安装示意图

　　仪器及静力水准管路安装完毕后，用专用的 3 芯屏蔽电缆与电容传感器焊接，并进行绝缘处理。3 芯屏蔽电缆的红芯接测量模块的信号接线端口，白、黄芯接激励（桥压）接线端口。当容器液位上升时，电容比测值应变小，否则将白、黄芯接线位置互换。

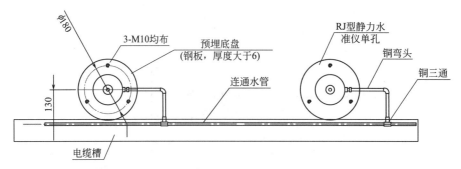

图 4.1-21　地铁基础静力水准管路安装示意图

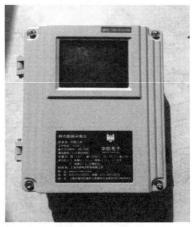

图 4.1-22　测点及采集单元埋设实景图

数据采集单元布置在区间隧道结构侧壁，安装位置要考虑仪器接入，DAU 维护方便，一般在观测站中高度不宜超过 1.6m，用 4 个地脚螺栓连接，安装后机箱平整，仪器进线整齐、标识明确，信号线、通信线、电源线与 DAU 接线端子的接头均用镀银冷压接头，以保证可靠性。将机箱的接地端子连接到观测站地线上。

测点及采集单元埋设实景图如图 4.1-22 所示。

静力水准在埋设前，要求对每一条测线支架应安装在同一水平面上，高度互差不得超过 5mm，如不能埋设在同一水平面应加设转点；管路连接密封性好，管路无压折，管内无气泡；管路、通信线、电缆连接不影响地铁设施安全，仪器安装不得侵限，以保证运营安全，埋设完成后，定期对监测设备及元器件进行检查和维修。项目完成后，隧道内所有仪器设备均清出现场。

2. 常用仪器设备

静力水准采用电容式静力水准仪进行监测。如图 4.1-23 所示，仪器由主体容器、连通管（内部构建连接管道）、电容传感器（已在图上细分）等部分组成。当仪器主体安装墩发生高程变化时，主体容体相对于位置产生液面变化，引起装有中间极的浮子与固定在容器顶的一组电容极板间的相对位置发生变化，通过测量装置测出电容比的变化即可计算得出测点的相对沉陷。

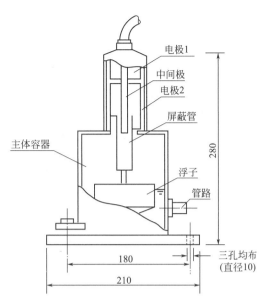

图 4.1-23 静力水准的构造图

静力水准监测系统由静力水准仪及安装架、液体连通管及固定配件、通气连通管及固定配件、干燥管、液体等组成。静力水准仪是测量两点间或多点间相对高差变化的精密仪器，主要用于城市轨道交通结构竖向位移和倾斜的监测。静力水准系统一般安装在城市轨道交通结构侧墙或侧壁上，采用一体化模块重点测量单元采集数据，通过有线或无线通信与计算机连接，从而实现自动化观测。静力水准监测系统如图 4.1-24 所示。

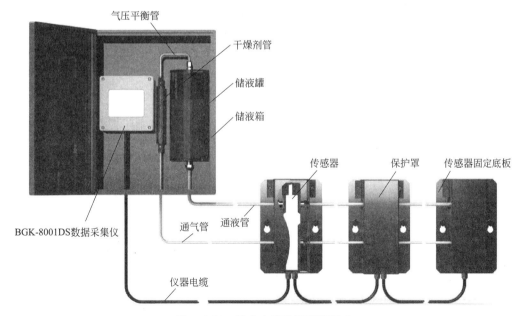

图 4.1-24 静力水准监测系统组成

静力水准监测系统宜选用高灵敏度、高精度、高稳定性的静力水准仪，测试时间段短，数据同时性佳，测量结果受人员影响小。静力水准仪内置智能检测电路，直接输出数字测值，可远距离传输，不失真，适应长时间观测和自动化监测。静力水准监测系统监测精度优于±0.2mm，在竖向位移监测方面有很大的优势，属于高精度在线变形监测系统。

目前我国静力水准仪制造技术相对成熟，推广应用的静力水准仪类型主要有：振弘式、电容式、光电式、压差式、磁致伸缩液位计式等，如图4.1-25所示。在城市轨道交通监测领域，静力水准仪可选用振弘式、电容式或液压式类型，量程根据工程项目需求确定，分辨率不宜低于0.01mm，精度不宜低于±0.2mm。

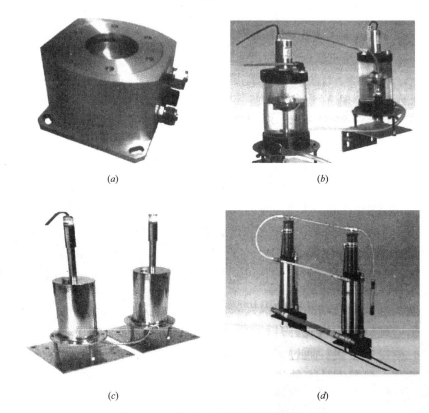

图 4.1-25　静力水准仪传感器类型示意图
（a）压差式静力水准仪　（b）磁致伸缩液位计式静力水准仪
（c）电容式静力水准仪　（d）振弘式静力水准仪

3. 静力水准设备技术指标及成果计算原理

监测系统采用分布式监测系统。系统由传感器、数据采集单元（DAU）、计算机、数据采集管理软件构成。各测量控制单元（DAU）对所辖的仪器按照监控主机的命令或设定的时间自动测量，并转换为数字量，暂存于DAU中，并根据系统监控主机的命令向主机传送所测数据。监控主机根据一定的判据对实测数据进行检查和在线监控。传感器电容式静力水准仪组成，静力式水准仪传感器主要技术指标见表4.1-3。

静力式水准仪传感器主要技术指标　　　　　　　　　　表 4.1-3

序号	项目	指标或限差
1	测量范围	25mm
2	最小分辨率	0.01mm

序号	项目	指标或限差
3	测点误差	$<0.5\%F\cdot S$
4	使用环境条温度	$-20\sim70℃$

仪器由主体容器、连通管、电容传感器等部分组成。依据连通管的原理，当仪器主体安装墩发生高程变化时，主体容器相对位置产生液面变化，引起装有中间极的浮子与固定在容器顶的一组电容极板间的相对位置发生变化，用电容传感器测量每个测点容器内液面的相对变化，再通过计算求得各点相对于基点的相对沉陷量。

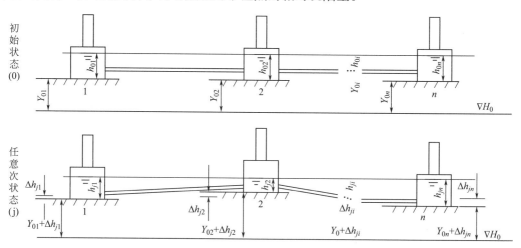

图 4.1-26　静力水准测量原理示意图

如图 4.1-26 所示，设共布设有 n 个测点，1 号点为相对基准点，初始状态时各测量安装高程相对于（基准）参考高程面 ∇H_0 间的距离则为：Y_{01}、$Y_{02}\cdots\cdots Y_{0i}\cdots\cdots Y_{0n}$（$i$ 为测点代号 $i=0,1\cdots\cdots n$）；各测点安装高程与液面间的距离则为 h_{01}、h_{02}、$h_{0i}\cdots\cdots h_{0n}$ 则有：

$$Y_{01}+h_{01}=Y_{02}+h_{02}=\cdots\cdots Y_{0i}+h_{0i}=\cdots\cdots Y_{0n}+h_{0n} \tag{4.1-7}$$

当发生不均匀沉陷后，设备测点安装高程相对于基准参考高程面 ∇H_0 的变化量为：Δh_{j1}、$\Delta h_{j2}\cdots\cdots\Delta h_{ji}\cdots\cdots\Delta h_{jn}$（$j$ 为测次代号，$j=1,2,3\cdots\cdots$）；各测点容器内液面相对于安装高程的距离为 h_{j1}、$h_{j2}\cdots\cdots h_{ji}\cdots\cdots h_{jn}$。由图 4.1-26 可得：

$$(Y_{01}+\Delta h_{j1})+h_{j1}=(Y_{02}+\Delta h_{j2})+h_{j2}$$
$$=(Y_{0i}+\Delta h_{ji})+h_{ji}$$
$$=(Y_{0n}+\Delta h_{jn})+h_{jn} \tag{4.1-8}$$

则 j 次测量 i 点相对于基准点 1 的相对沉陷量 H_{i1}

$$H_{i1}=\Delta h_{ji}-\Delta h_{j1} \tag{4.1-9}$$

由式（4.1-8）可得：

$$\Delta h_{j1}-\Delta h_{ji}=(Y_{0i}+h_{ji})-(Y_{01}+h_{j1})$$
$$=(Y_{0i}-Y_{01})+(h_{ji}-h_{j1}) \tag{4.1-10}$$

由式（4.1-7）可得：$(Y_{0i}-Y_{01})=-(h_{0i}+h_{01})$ $\tag{4.1-11}$

将式（4.1-11）代入式（4.1-10）得：

$$H_{i1} = (h_{ji} - h_{j1}) - (h_{0i} - h_{01}) \tag{4.1-12}$$

即只要用电容传感器测得任意时刻各测点容器内液面相对于该点安装高程的距离 h_{ji}（含 h_{j1} 及首次的 h_{0i}），则可求得该时刻各点相对于基准点 1 的相对高程差。如把任意点 g（$1, 2 \cdots\cdots i, n$）作为相对基准点，将 f 测次作为参考测次，则按式（4.1-12）同样可求出任意测点相对 g 测点（以 f 测次为基准值）的相对高程差 H_{ij}：

$$H_{ig} = (h_{ij} - h_{ig}) - (h_{fj} - h_{fg}) \tag{4.1-13}$$

现场设置智能型数据采集单元，内置智能数据采集模块，防雷隔离电源模块，纳入静力水准传感器。现场设置通信模块，无线通信模块，DAU 数据采集单元、智能数据采集模块、防雷隔离电源模块、通信模块和防雷净化电源构成一个完整的分布式数据采集系统。现场数据采集单元，与监控计算机通信方式为 RS 485 现场总线方式，即安装在地铁隧道内部的数据采集单元 DAU 通过双绞屏蔽电缆及 NDA3100 通信模块及 CDMA 无线传输模块与现场机房的监控主机相连接。

信息管理系统由台式计算机及数据采集管理软件组成。台式计算机用作监控主机，实现远程在线监测并用于监测数据的处理和监测成果的输出等功能。

安装完毕后，根据项目要求设置静力水准仪的数据采集频率，采集数据通过有线或无线传输实时入库。

通过数据处理软件对采集的数据进行整理、分析，生成本期各点沉降量变化曲线图及累计历时曲线图，成果可以通过计算机/移动客户端进行实时在线发布、查询、分析、多维展示、预警预报。

4.2 水平位移监测方法与实施

水平位移监测方法可视监测点的分布情况，采用交会测量、导线测量、极坐标法、三维激光扫描、摄影测量等方法；根据工程需要对水平位移监测精度及频率要求较高或其他特殊情况应采用自动化监测方法。本节重点介绍在城市轨道交通工程运营监测使用较多的导线测量法、极坐标法、前方交会法、GNSS 水平测量及测量机器人测量。

4.2.1 导线测量法

导线测量法的优点是监测精度高，将监测点纳入导线主路线上，对于长距离隧道比较适用。缺点是监测速度慢，每一站都需要架设全站仪进行测量，前后视还需要配合摆觇牌进行定向，需要多人配合才能完成。

1. 测点布设

（1）隧道水平位移监测点

测点布置要保证监测点应与控制点通视良好，无遮挡物及不受旁折光影响部位。结构水平位移测点布设在整体道床上，与道床沉降监测点共用。测点标志埋设时应注意避开有碍设标与观测的障碍物；测点埋设完毕后，将监测点的编号采用标识牌标志于隧道壁上，编号与点位应对应，距地面约 1.5m 高。

（2）支挡结构水平位移监测点

坡顶沉降和水平位移监测点埋设时先在挡土墙顶部或护坡坡顶用冲击钻钻出深约

10cm 的孔，再把强制归心监测标志放入孔内，缝隙用锚固剂填充。测点标志埋设时应注意保证与测点间的通视，测点埋设完毕后，应进行必要的保护处理，并做明显标记。测点埋设示意图同本章第 4.1.1 节。

（3）建筑物结构水平位移监测点

测点布置要保证顶部及底部测点均应与控制点通视良好，无遮挡物及不受旁折光影响部位。对需要观测的建（构）物水平位移测点标志埋设圆棱镜或粘贴 60mm×60mm 反射片标志。测点标志埋设时应注意避开有碍设标与观测的障碍物；棱镜或反射片标志应面向基准点；棱镜或反射片标志应埋设或粘贴牢固；测点埋设完毕后，应在附近做明显标记。埋设形式如图 4.2-1 所示。

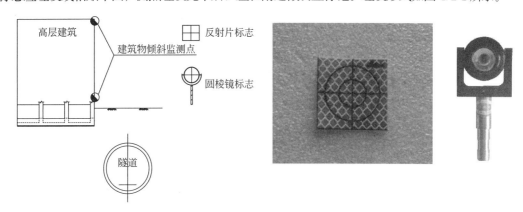

图 4.2-1　建筑物水平位移标志埋设形式图

（4）**桥梁结构水平位移监测点**

水平位移测点标志埋设圆棱镜或粘贴 60mm×60mm 反射片标志。测点埋设的方法是：棱镜标志埋设预先在桥梁墩柱上钻孔，然后将棱镜标志预埋件放入，孔洞与测点标志杆四周空隙用水泥砂浆或锚固剂填实。反射片测点标志埋设先清理干净墩柱表面，再使用胶粘剂粘贴反射片测点。测点标志埋设时应注意避开有碍设标与观测的障碍物；棱镜或反射片标志应面向基准点；棱镜或反射片标志应埋设或粘贴牢固；测点埋设完毕后，应在附近做明显标记。

桥墩水平位移监测点标志埋设形式见图 4.2-2。

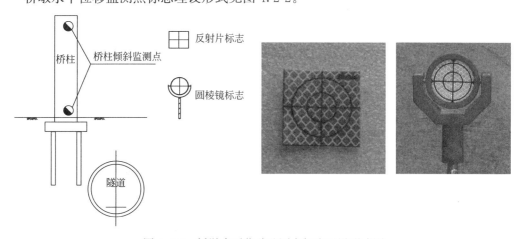

图 4.2-2　桥墩水平位移监测点标志埋设形式图

（5）路基结构水平位移监测点

路基结构水平位移一般现场实施较少，如果有穿越或临近工程影响场段路基的情况时，路基水平位移监测应按监测断面布设，断面间距宜为 2～30m；每个监测断面各条轨道的路基均应布设监测点。测点布设样式同本章第 4.1.1 节。

2. 常用仪器设备

导线法测量多采用全站仪进行监测，具体见本章第 4.1.2 节。

3. 观测方法

（1）观测仪器

平面基准点采用导线测量，方向法观测，监测仪器使用全站仪。

（2）观测主要技术指标

使用全站仪按现行国家标准《城市轨道交通工程测量规范》GB/T 50308 中Ⅱ等水平位移监测控制网技术要求施测。水平位移监测控制网主要技术要求见表 4.2-1。

水平位移监测控制网主要技术要求　　表 4.2-1

等级	相邻基准点的点位中误差（mm）	平均边长（m）	测角中误差（″）	最弱边相对中误差	全站仪标称精度	水平角测回数	距离观测测回数	
							往测	返测
Ⅰ	±0.5	150	±1.0	1/120000	$±1″$，$±(1mm+1×10^{-6}×D)$	9	4	4
Ⅱ	±3.0	150	±1.8	1/70000	$±2″$，$±(2mm+2×10^{-6}×D)$	9	3	3
Ⅲ	±6.0	150	±2.5	1/40000	$±2″$，$±(2mm+2×10^{-6}×D)$	6	3	3

按Ⅱ等导线要求施测，角度观测 6 测回，其中以单测回测左角，双测回测右角，取平均值。每 3 个测回重新对中整平仪器，以减少对中误差的影响。边长对向观测取中数，并加气象和投影改正。

工作基点在主网的基础上分别从两个不同测站上各测两测回，取其平均坐标，作为理论值。观测时每测回同一方向不调焦，即同一方向盘左盘右一次读完，再换另一方向，以减少因视差造成的照准误差。

施工过程中，对控制网的几何关系每 1～3 月检测 1 次。

（3）观测注意事项

平面监测控制网观测主要注意事项：

1）对使用的全站仪、觇牌应在项目开始前和结束后进行检验，项目进行中也应定期进行检验，尤其是照准部水准管及电子气泡补偿的检验与校正；

2）观测应做到三固定，即固定人员、固定仪器、固定测站；

3）仪器、觇牌应安置稳固严格对中整平；

4）在目标成像清晰稳定的条件下进行观测；

5）仪器温度与外界温度一致时才能开始观测；

6）应尽量避免受外界干扰影响观测精度，严格按精度要求控制各项限差。

导线法平面基准点布设于车站道床结构上，一般每个车站布设不少于 4 个，上下行各两个基准点，并能够与相邻点通视。

以两个车站和一个区间为一个监测单元，使基准点和区间的监测点形成附合导线进行监测，测相应的边和角。即从车站一基准边出发，经区间水平位移监测点，闭合于另一站的基准边，测设成附合导线：基准边—监测点—基准边。引测示意图形见图 4.2-3。支挡结构水平位移监测方法类似，不方便监测的测点采用支导线进行测量，引测的示意图形见图 4.2-4。

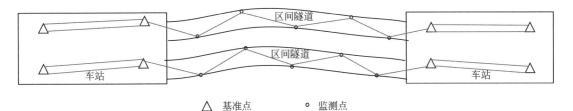

△ 基准点　　　　　◦ 监测点

图 4.2-3　隧道水平位移基准点引测示意图

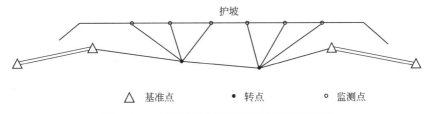

△ 基准点　　　● 转点　　　◦ 监测点

图 4.2-4　支挡结构水平位移基准点引测示意图

4. 数据处理

平面控制网数据处理采用测量控制网平差软件按严密平差方法计算。主要数据处理原理：

采用导线测量计算各点坐标公式如下：

$$x_i = x_{i-1} + D_i \cos\alpha_i$$
$$y_i = y_{i-1} + D_i \sin\alpha_i$$

$$(4.2-1)$$

闭合差计算及分配：

（1）角度闭合差的计算与调整。由于观测角不可避免地含有误差，致使实测的内角之和不等于理论值，而产生角度闭合差：

$$f_\beta = \alpha_{始} + \sum \beta_{左} - n \cdot 180° - \alpha_{终}$$

$$(4.2-2)$$

导线角度闭合差超过容许值，则说明所测角度不符合要求，应重新检测角度。若不超过，可将闭合差反符号平均分配到各观测角中。根据起始边的已知坐标方位角及改正角推算其他各导线边的坐标方位角。

（2）坐标闭合差调整及坐标计算。闭合导线纵、横坐标增量代数和的理论值应为零，实际上由于量边的误差和角度闭合差调整后的残余误差，往往不等于零，而产生纵坐标增量闭合差与横坐标增量闭合差，即：

$$f_x = \sum \Delta x_测 - (x_始 - x_终)$$
$$f_y = \sum \Delta y_测 - (y_始 - y_终)$$

$$(4.2\text{-}3)$$

导线全长闭合差为：

$$f_D = \sqrt{f_x^2 + f_y^2} \tag{4.2-4}$$

导线全长相对误差为：

$$K = \frac{f_D}{\sum D} = \frac{1}{\sum D / f_D} \tag{4.2-5}$$

坐标增量改正数计算：

$$V_{xi} = -\frac{f_x}{\sum D} D_i$$
$$V_{yi} = -\frac{f_y}{\sum D} D_i$$

$$(4.2\text{-}6)$$

各点坐标推算：

$$x_前 = x_后 + \Delta x_改$$
$$y_前 = y_后 + \Delta y_改$$

$$(4.2\text{-}7)$$

式（4.2-3）～式（4.2-7）中
$\Delta x_测$——测点 x 坐标的增量；
$\Delta y_测$——测点 y 坐标的增量；
$x_始$——起始测点 x 坐标；
$x_终$——终点测点 x 坐标；
$y_始$——起始测点 y 坐标；
$y_终$——终点测点 y 坐标；
D——导线长度（m）。

4.2.2 极坐标

极坐标法的优点：使用方便，尤其是利用全站仪进行测量，可以直接测得坐标，简单快速。极坐标法的缺点：精度较低，适用于精度不是很高的水平位移监测工作。

1. 测点布设

极坐标法测点布设方法同本章第 4.2.1 节。

2. 常用仪器设备

极坐标法测量水平位移常用仪器设备为全站仪，具体见本章第 4.1.2 节。

3. 观测方法

水平位移观测通过控制网测量将坐标点引测至待测物附近，之后用极坐标法进行观测。极坐标法通过在已知点设站，在监测点上架设觇牌进行观测。测量使用高精度全站仪进行测量。使用全站仪按方向法观测，测定观测点三维坐标，水平角观测采用方向法，边长采用电磁波测距。观测主要技术指标及观测注意事项同本章第 4.2.1 节。

4. 数据处理

极坐标测量是通过使用全站仪在已知点或测定的点设站，观测设站点至监测点的角度、距离，计算测定监测点坐标的方法。

极坐标法每周期各变形点的坐标计算公式如下：

$$\left.\begin{array}{l} X_P = D_P \cdot \cos H_{ZP} + X^0 \\ Y_P = D_P \cdot \sin H_{ZP} + Y^0 \\ Z_P = \Delta h_P + Z^0 \end{array}\right\} \tag{4.2-8}$$

式中　X^0、Y^0、Z^0——监测站的坐标值；

$\quad\quad\quad D_P$——测站点至 P 点的距离；

$\quad\quad\quad H_{ZP}$——方位角测量值；

$\quad\quad\quad \Delta h_P$——$P$ 点与已知点的高差。

若以变形点第一周期的坐标值（X_P^1，Y_P^1，Z_P^1）作为初始值，则各变形点相对于第一周期的变形量为：

$$\left.\begin{array}{l} \Delta X_P = X_P - X_P^1 \\ \Delta Y_P = Y_P - Y_P^1 \\ \Delta Z_P = Z_P - Z_P^1 \end{array}\right\} \tag{4.2-9}$$

式中　ΔX、ΔY、ΔZ——为监测点的坐标变化值。

使用各期顶部、底部变形观测点二维平面坐标值，计算建（构）物顶部及底部测点投影至垂直于基坑或隧道方向的矢量位移。

对差异沉降法推算或极坐标法测定的水平位移量、倾斜量统计各期阶段变化量、阶段变化速率、累计变化量等数据，填入监测报表。并绘制时间、水平位移量曲线。为下一步数据分析提供依据。

4.2.3　前方交会法

前方交会法相对于其他水平位移观测的方法如视准线法、小角度法等具有以下优点：

（1）基点布置有较大灵活性。前方交会法的工作基点一般位于面向测点并可以适当远离变形体，而视准线法等方法的工作基点必须设置在位于变形体附近并且必须基本与测点在同一轴线上，所以前方交会法工作基点的选择更具灵活性。特别是当变形体附近难以找到合适的工作基点时，前方交会法更能显出其优点。

（2）前方交会法能同时观测 2 个方向的位移。

（3）观测耗时少。当测点较多，并分布在多条直线上时，前方交会法的耗时较视准线等方法少。前方交会法的缺点：前方交会法由于受测角误差、测边误差、交会角及图形结构、基线长度、外界条件的变化等因素影响，精度较低。另外，其观测工作量较大，计算过程较复杂，故不单独使用，而是常作为备用手段或配合其他方法使用。特别的，对于边长交会法，由于测距仪的测距精度包含固定误差和比例误差，当距离增加时其误差也会增大。在选择工作基点时，除要满足通视和工作基点的稳定性外，还必须考虑工作基点与测点间的视距不要过长。

1. 测点布设

前方交会法测点布设方法同本章第 4.2.1 节。

2．常用仪器设备

前方交会法测量水平位移常用仪器设备为全站仪，具体见本章第 4.1.2 节。

3．观测方法

如图 4.2-5 所示，A、B 点为基准点。P 为位移监测点，通过测量 α 和 β，即可求出 P 点坐标。观测主要技术指标及观测注意事项同本章第 4.2.1 节。

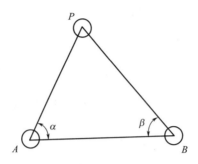

图 4.2-5　前方交会示意图

4．数据处理

$$X_P = \left[x_A \mathrm{ctan}\beta + x_B \mathrm{ctan}\alpha + (y_B - y_A)\right] / (\mathrm{ctan}\alpha + \mathrm{ctan}\beta) \qquad (4.2\text{-}10)$$

$$y_P = \left[y_A \mathrm{ctan}\beta + y_B \mathrm{ctan}\alpha - (x_B - x_A)\right] / (\mathrm{ctan}\alpha + \mathrm{ctan}\beta) \qquad (4.2\text{-}11)$$

4.2.4　GNSS 水平测量

在测定大型工程建（构）筑物或大型边坡的水平位移时，如监测点满足 GNSS 观测条件，也可用 GNSS 方法进行监测。GNSS 方法优点是监测精度高；缺点是适用范围小，受干扰影响多，测点埋设比较麻烦，成本较高。当需要进行长期监测或针对有地质灾害的边坡监测时通常配合自动化监测使用。

1．测点布设

GNSS 法测点布设方法同本章第 4.2.1 节，采用 GNSS 网方法布设水平位移监测点时，监测点的位置选择应考虑测点应有两个以上方向通视，通视条件好，方便联测，同时应顾及便于安置 GNSS 接受设备和周边障碍物的高度角不宜超过 15°；建筑上的监测点应选在便于联测的楼顶承重柱上；监测点附近不应有大面积的水域或电磁反射（或吸引）强烈的物体；离电视台、电台、微波站等大功率无线电发射源的距离不应小于 200m，离高压输电线和微波无线电信号传输通道的距离不应小于 50m。

2．常用仪器设备

GNSS 法测量是利用 GNSS 接收机接受全球定位系统卫星信号，并确定地面空间位置及高程，常用仪器为 GNSS 接收机。

3．观测方法

观测方法同本章第 4.1.3 节 GNSS 高程测量法的观测方法。

4．数据处理

数据处理同本章第 4.1.3 节 GNSS 高程测量法的数据处理方法。

4.2.5 测量机器人测量

测量机器人用于变形监测可以实现监测过程全自动化，具有以下明显的特点和优势：

（1）无人值守，完全自动。系统能对各个监测点进行全自动（定时或连续）长期监测，无论酷暑严冬、刮风下雨、白天黑夜从不间断，不丢失信息。

（2）监测精度高。系统能以目前大地测量方法所能达到最高精度—毫米级精度测定监测点的位移。如此高的精度对尽早发现异常，分析变形规律，及时进行预警和预报非常必要。

（3）实时处理，可视化显示。系统经计算机采集的数据是实时处理和可视化显示的监测点三维坐标测量的结果实时处理，而不是多少个小时的数据处理结果。这保证及时反映现场情况，便于分析变化趋势，能给决策提供科学依据。

（4）可靠性高，运行成本低。系统构成主要由全站仪、计算机和它们之间的通信、供电电缆组成。控制软件可以按无人值守长期连续工作方式运行，还可以按半自动、人工操作方式运行。系统维护比较方便，运行成本较低。仪器可自动处理停电后续测、数据永久存储等。

（5）变形点增减灵活，成本低廉。监测项目的加减，变形点的取舍，监测重点和频率的改变可根据需要随时灵活处置。该监测法的缺点是维修调试比较麻烦，需要相关单位配合请点下隧道作业才能完成。

1. 测点布设

监测网一般由基准点、工作基点（全站仪设站点）、监测点组成，受限于城市轨道交通线路狭长环境，监测网尤其区间隧道监测网相对复杂，开展自动化监测工作前，应根据工程现场环境、监测范围与精度要求来设计监测网的网形。

基准点作为变形监测的起始依据，是保证自动化监测精度的关键因数，其稳定性至关重要。由于基准网位于狭长变形区外两侧，相比一般监测基准网形，自动化监测基准网网形较弱，为提高监测精度，一般采用布设基准点组的方式，1 个基准点组由至少 3 个基准点组成，宜布设在变形区域外围 80～120m 相对稳定的位置。

工作基点用于安置全站仪，为减小外部环境的干扰，一般在地铁侧墙/侧壁上安装稳定坚固的强制对中支架或强制对中墩，且不得妨碍地铁运营。工作基点一般布设在变形区内，为保证测量精度，应综合考虑监测范围、现场环境、观测视线、结构变形等因数，确定全站仪的布设位置，如竖向位移监测精度需优于±1mm，则仪器观测视线距离宜控制在100m 内。同时为避免变形区内工作基点位移对监测精度带来的影响，宜采用边角空间后方交会方法，来实时更新工作基点的坐标。若工程监测范围较大，需要多台全站仪联合组网观测时，相邻测站宜设置 2 个以上公共棱镜进行联测，保证有 2 个以上的重叠观测目标，用于监测基准的传递。

根据现场环境与工程监测需求，监测点的布设应能全面客观反映城市轨道交通结构变形，可参照相关技术规范执行，如轨道交通敷设方式为隧道，一般每 5～10m 布设 1 个断面，每个断面上固定安装 2～6 个观测棱镜作为监测点，监测棱镜可位于隧道拱顶、腰部、底部、道床等位置。此外，监测点布设时应注意测量机器人的有效视场问题，布设前应做点位位置设计。测量机器人三维变形测量现场照片如图 4.2-6、观测点安装现场照片如

图 4.2-7 所示。

图 4.2-6 测量机器人三维变形测量现场照片   图 4.2-7 观测点安装现场图片

2. 常用仪器设备

测量机器人由智能型全站仪及安装支架、棱镜、监控计算机、通信与供电装置、数据采集控制软件、数据处理与成果管理软件等组成，属于高精度在线监测系统。智能型全站仪是一种能代替人工进行自动搜索、跟踪、辨识和精确照准目标并获取角度、距离、三维坐标以及影像等信息的测量装置，其通过 CCD 影像传感器对测量目标进行快速识别，自动完成照准、读数等操作。全站仪自动化监测系统是目前应用较为广泛的高精度三维监测系统，快速高效，成果精度高，能够实现轨道交通结构的实时三维变形监测，目前已广泛应用于城市轨道交通结构安全监测，监测项目包括竖向位移、水平位移、隧道收敛、隧道断面变形、垂直度（倾斜）等。

为保证监测精度与效率，自动化监测系统宜选用高精度、稳定可靠、抗干扰性强的全站仪，且具有电机驱动、自动照准功能，最远观测点的观测精度应低于 $\pm1mm$，单次自动照准时间不宜大于 10s，原则上测角精度不得低于 $\pm1''$，测距精度在棱镜标准测量模式下不得低于 $\pm(1mm+1\times10^{-6}\times D)$。目前城市轨道交通结构监测使用较多的全站仪有 Leica TM30/TM50，Trimble S9，Leica MS60/TS60 等，如图 4.2-8 所示。采用的监测系统有 Leica Geomos 监测系统、Trimble ADMS 形变监测系统，以及国内有关单位自主研发的监测系统等。

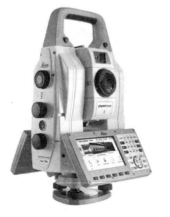

图 4.2-8 全站仪

徕卡公司推出的 TCA 系列全站仪，是采用电机驱动和软件控制的 TPS（Total station Positioning system）系统，它是智能型全站仪结合激光、通信及 CCD 技术，集自动目标识别、自动照准、自动测角、自动测距、自动跟踪目标、遥控、自动记录数据于一体的测量系统。它以其独特的智能化、自动化性能应用于既有轨道交通变形监测中，可轻松获取变形观测数据，及时进行监测预报。采用该仪器组建的地铁自动变形监测系统由系统硬件和系统软件两部分构成。如图 4.2-9 所示。

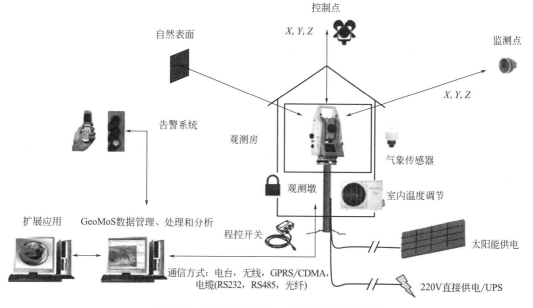

图 4.2-9　测量机器人的自动化监测系统组成

　　（1）系统的硬件构成。测量机器人变形监测系统组成：监测站、控制计算机房、基准点、变形点和自动化全站仪。

　　1）监测站：根据现场条件，选择自动变形监测系统监测站。该站需建观测墩或固定支架，安置测量机器人。为了仪器防护、保温等需要，并保证有较好的通视条件，最好专门设计、建造观测房等。

　　2）控制计算机房：控制计算机房一般选设在办公区附近，有较好的供电等条件。机房内的计算机通过通信电缆或数据电台和监测站全站仪相连。在控制机房能实时了解监测站全站仪的运行情况。另外，通过埋设于机房与监测站的专用电缆给全站仪供电并通信。

　　3）基准点：在变形区以外，需建至少三个稳定的基准点。

　　4）变形点：根据实际需要，在变形体上选择若干变形监测点，每个监测点上安置有对准监测站的单棱镜。

　　5）自动化全站仪：徕卡 TCA 全站仪有电机驱动，在望远镜中安有同轴自动目标识别装置 ATR（Automatic Target Recognition），能自动瞄准普通棱镜进行测量。可采用电子气泡精确整平仪器，并采用图形和数字形式显示垂直轴的纵、横向倾斜量，只需将仪器整平至 $10''$ 即可，有纵、横轴自动补偿器，提高了仪器整平精度。数据可用通信电缆或数据电台与计算机连接由计算机存贮同时由计算机在线控制全站仪。

（2）系统的软件构成。配套测量机器人自动变形监测系统用于控制测量机器人进行自动变形监测以及对监测所采集的数据进行管理与处理的软件。该系统将自动测量、实时显示测量成果、实时显示变形趋势等功能合为一体。

3. 数据解算原理

自动化监测系统远程控制全站仪进行基准点、工作基点、监测点的实时数据采集、传输和入库，数据采集软件应具有项目、测点、观测时间、观测频率等管理功能，并能通过有线或无线通信给全站仪发送控制指令，宜能自动剔除粗差，对未观测的方向自动补测，对观测数据进行观测限差检查，对超限的观测数据进行自动重测等功能。数据采集频率根据工程需求设置，测量技术要求参照相关技术规范执行。

为了充分发挥 TS60 智能全站仪的优越性，减少作业人员的工作量，测距时不进行温度和气压的测定，直接得到变形点的三维坐标。采用极坐标法进行施测，然后对施测结果进行差分处理。即：按极坐标的方法测量测站点（基准点）至其他基准点和变形点的斜距、水平角和垂直角，将测站点至具有代表性气象条件的基准点测量值与其基准值（基准网的测量值）相比，求得差值。由于变形观测采用同样的仪器和作业方法，并且基准点均埋设在稳定地段，认为基准点是稳定的，故将这一差值认为是受外界条件影响的结果。每站观测可以在短时间内完成，并且是基准点和变形点同时观测，可以认为外界条件对基准点和变形点的影响是相关的，可把基准点的差异加到变形点的观测值上进行差分处理，计算变形点的三维位移量。

（1）距离的差分改正

在极坐标变形监测系统中，必须考虑大气条件的变化对距离测量的影响。一般情况下，为了准确求得距离的大气折射率改正，需要测定大气中的气象元素。但是，如果利用监测站与各基准点间的已知距离信息，可实现无需测定气象元素，而得到距离的实时差分改正。

设监测站至某基准点的已知斜距为 d_J^0，在变形监测过程中，某一时刻实测的斜距为 d_J'，两者间的差异可以认为是因气象条件变化引起的，按式（4.2-12）可求出气象改正比例系数 Δd：

$$\Delta d = \frac{d_J' - d_J^0}{d_J'} \tag{4.2-12}$$

如果同一时刻测得某变形点的斜距为 d_P'，那么经气象差分改正后的真实斜距为：

$$d_P = d_P' - \Delta d \cdot d_P' \tag{4.2-13}$$

为了保证距离气象改正比例系数 Δd 的可靠性和准确性，可取多个基准点测定的距离气象改正比例系数 Δd 的中数用于变形点距离测量的差分气象改正，但要特别注意"代表性"问题。

（2）球气差的改正

为了准确测定变形点的三维坐标，在极坐标的单向测量中，必须考虑球气差对高差测量的影响。监测站与各基准点之间经精密水准测量，高差 Δh^0 是已知的。如上述的距离测量一样，如果某一时刻测得监测站与某基准点间的单向三角高差 h_J 为：

$$h_J = d_J \cdot \sin\alpha + i_J - a_J \tag{4.2-14}$$

式中 α——垂直角（°）；

i_J——仪器高（m）；

a_J——棱镜高（m）。

那么，根据式（4.2-15）可求出球气差改正系数 c：

$$c = \frac{\Delta h^0 - h_J}{d_J^2 \cdot \cos^2 \alpha}$$

(4.2-15)

因监测站至基准点的视线范围覆盖整个变形监测区，故取多个基准点按式（4.2-15）求得球气差改正系数 c 的中数，能较好地得到变形监测区域的大气垂直折光模型。

在每周期变形点的监测过程中，由于测量时间较短，可以认为 c 值对基准点与变形点的影响是相同的，故按式（4.2-16）可求出变形点与监测站之间经球气差改正的三角高：

$$\Delta h_P = d_P \cdot \sin\alpha + c \cdot d_P^2 \cdot \cos^2\alpha + i_P - a_P$$

(4.2-16)

求得监测站与各变形点间的斜距 d_P 和高差 Δh_P 后，按式（4.2-17）可求出监测站至变形点间的平距 D_P：

$$D_P = \sqrt{d_P^2 - \Delta h_P^2}$$

(4.2-17)

（3）方位角的差分改正

在长期的变形监测过程中，难以保证仪器的绝对稳定。因水平度盘零方向的变化和大气水平折光等因素的影响，需考虑水平方位角差分改正。在实际变形监测中，所求的变形量一般是相对第一周期而言的，故可把基准点第一次测量的方位角 H_{ZJ}^0 作为基准方位角，其他周期对基准点测量的方位角 H_{ZJ}' 与基准方位角相比，有一差异 ΔH_Z：

$$\Delta H_Z = H_{ZJ}' - H_{ZJ}^0$$

(4.2-18)

这一差异主要是因仪器不稳定引起的水平度盘零方向的变化、大气水平折光等对方位角的影响而引起的。此差异对变形点的测量有同等的影响，故在变形点每周期的方位角测量值 H_{ZP}' 中，实时加入由同期基准点求得的 ΔH_Z 改正值，可准确求得变形点的方位角 H_{ZP}：

$$H_{ZP} = H_{ZP}' - \Delta H_Z$$

(4.2-19)

（4）变形点三维坐标和变形量的计算

综合以上各项差分改正，按极坐标计算公式可准确求得每周期各变形点的三维坐标，计算公式同式（4.2-8）、式（4.2-9）。

4. 成果处理

数据处理软件入库的观测数据进行预处理、检验、解算，应进行基准网稳定性判断，对异常观测值及时补测。目前随着云技术和移动互联网技术的发展，监测成果可以通过移动客户端进行实时在线发布、查询、分析、多维展示、预警预报，极大地提高了地铁监护管理效率。

4.3　净空收敛监测方法与实施

净空收敛监测方法有监测特定位置的净空相对变形时，宜采用收敛计、全站仪、激光测距仪观测；监测净空断面的综合变形时，宜采用全站仪扫描法；监测连续范围的净空断面收敛变形时，宜采用激光扫描仪法。本节重点介绍日常监测中使用较多的收敛计法、全站仪法及激光测距仪法。

4.3.1 收敛计

收敛计是利用机械传递位移的方法，将两个基准点间的相对位移转变为位移计的两次读数差。它具有操作简便、测量精度高、体积小、质量轻、密封性好等特点，适用于量测隧道、巷道、峒室及其他工程围岩周边任意方向两点间的距离微小变化。收敛计监测的缺点是监测速度慢，通常需要两人配合才能完成日常监测，且监测的精度与操作人员的熟练程度有关，偶然误差较大。在隧道内还需要攀爬才能进行监测，现场执行起来比较麻烦，当测点数量较多时需要花费大量时间，效率较低。

1. 测点布设

净空收敛采用接触量测方法时，测点用工厂加工的测头焊接在型钢拱架上，喷射混凝土前，将塑料袋或废旧的水泥袋缠绕在测头上，待喷射混凝土喷射完毕后，解开塑料袋或水泥袋，及时清理其表面混凝土形成凹槽并用锚固剂对测点尾端进一步加固，以防止爆破和出渣时对测点的破坏。随后，用自喷漆做好标记，既使得测试时方便寻找，又可以警示施工单位注意，以达到保护作用。对于矿山法隧道，除了采用焊接方式外，还可以采用钻孔埋设的方法，在已喷锚支护的初支结构上或者隧道管片结构上布设弯钩。隧道收敛监测点照片如图 4.3-1 所示，钢尺收敛计如图 4.3-2 所示。

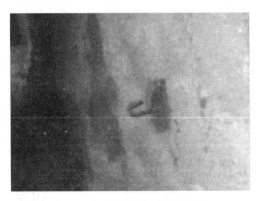

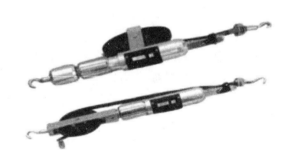

图 4.3-1　隧道收敛监测点照片　　　　　　　图 4.3-2　钢尺收敛计

2. 常用仪器设备

收敛计的本质是钢尺和数显游标卡尺的结合体，将两个基准点间的距离通过钢尺读数（大数）经温度及尺长改正后加上小于一定量的小数（通过数显读数）得到最后精确距离值，两次读数差即为变形量。

3. 观测方法

收敛计测量一般分为五个步骤。第一，检查预埋测点有无损坏、松动，并将测点灰尘擦净。第二，打开收敛计钢尺摇把，拉出尺头挂钩放入测点孔内，将收敛计拉至另一测点，将尺架挂钩挂入测点孔内，选择合适的尺孔，将尺孔销插入与联尺架固定。第三，调整调节螺母，仔细观察，使观测窗口上的刻线对在张力窗口内标尺上的两条白线之间（每次应一致）。第四，记下钢尺在联尺架端时的基线长度与数显读数。每次基线应重复测三次取平均值。当三次读数极差大于 2mm 时，应重新测试。第五，记录数据、时间、温度、尺孔位置和测点编号。

4. 数据处理

现场监测的数据取平均值即为本次测量的数据，与初始值对比计算出净空收敛的变化量，当本次数值减去初始值为正时，表示扩张，当数值为负时，表示收缩。

4.3.2　全站仪

全站仪测量法测净空收敛为非接触式测量方法。全站仪法监测收敛的优点是精度高，通过坐标的反算能够精确算出两点之间的实际距离。全站仪监测的缺点是监测速度慢，而且计算较为繁琐，无法直接显示两点之间的实际距离，现场监测完成之后数据处理的工作量大。

1. 测点布设

在隧道侧壁或盾构管片上采用钻孔布设 L 形棱镜的方式进行布点，一般布设在隧道拱腰位置，两侧对称布设。也可采用布设反射片的方式直接粘贴在隧道拱腰两侧位置。L 形棱镜和反射片如图 4.3-3 所示。

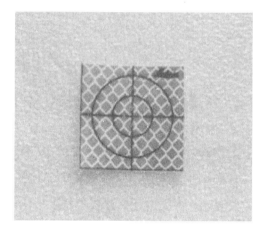

图 4.3-3　L 形棱镜和反射片照片

2. 常用仪器设备

此法常用仪器设备为全站仪，具体见本章第 4.1.2 节。

3. 观测方法

采用全站仪测收敛方法与隧道内测水平位移的方法一致，可视现场情况采用导线法或极坐标法测量拱腰两侧测点的坐标值。

4. 数据处理

通过全站仪的方法测得拱腰两侧 A、B 两点的坐标值，然后通过平面坐标值的反算计算出 A、B 两点的距离。通过距离值的变化来计算收敛变化值。

4.3.3　手持激光测距仪

手持激光测距仪是直接对目标进行距离测量的仪器，具有测距快、体积小、性能可靠等优点。与收敛计法及全站仪法相比，在收敛的监测中能够节省大量的时间，大大提高监测效率。手持激光测距仪的缺点主要表现在监测精度方面不是特别高，手持激光测距仪的监测精度只能到 1mm。但是由于每次隧道布设的测点都是固定的，只要经过多次监测取平均值能够减小误差从而弥补精度低的缺陷，因此，目前隧道内收敛监测使用最为广泛的是手持激光测距仪法。

1. 测点布设

目前使用较多的是采用强制对中装置布设于道床位置及拱腰位置，分别测定隧道竖直方向的收敛变化和水平方向的收敛变化。竖直方向的收敛测点可与道床沉降监测点及水平位移监测点共用，顶部采用特制的强制对中装置，可以实现沉降、水平位移及收敛监测的一点三用。需要注意在布设监测点的时候必须要使测距仪的激光对准光滑的隧道面，不能对准隧道内的孔洞及管线等部位。竖向和水平方向的隧道收敛监测点照片如图 4.3-4 所示。

图 4.3-4　隧道收敛监测点照片

2. 常用仪器

手持激光测距仪是利用光学原理进行距离测量的仪器。工作时向目标射出一束激光，由光电元件接收目标反射的激光束，由相位延迟推算激光束从发射到接收的时间差，计算出仪器到目标点的距离，如图 4.3-5 所示。

3. 观测方法

采用手持激光测距仪量取隧道竖向距离和水平距离的方法进行隧道收敛监测。一般配合特制的底座卡扣，将激光测距仪固定在底座上，强制对中装置在每次监测时采用卡扣固定。一般盾构隧道在激光对侧的位置不再粘贴光滑的反射片，但是要注意避开隧道内的孔洞和各类管线。当布设在不光滑的隧道面时，应在对侧位置布设光滑的反射片，以确保测量的准确性。一般每次监测不少于 3 次，取平均值作为当次的测量值，监测数据一般采用人工记录。现场监测照片如图 4.3-6 所示。

图 4.3-5　手持激光测距仪

4. 数据处理

第一次监测的数值取 3 次平均值作为初始值，后续每次监测减去初始值即为收敛的变化量，然后将累计变化量绘制出曲线图。

图 4.3-6　手持激光测距仪现场监测照片

4.4　深层水平位移监测

受基坑施工开挖影响，土体应力释放引起向基坑的水平位移。对土体水平位移进行监测可分析土体水平位移与围护桩（墙）变形的协同性，分析是否产生过大位移或出现滑移面，以便及时采取措施，保证施工安全。

4.4.1　深层水平位移监测点布设要求

1. 岩土体深层水平位移监测点布设要求

（1）测点布置原则

测点布置于主体基坑四周土体内，一般在临近重要建（构）筑物或管线时进行布设。同一孔测点间距 0.5m。

（2）测点埋设方法

在土体中制作土体测斜孔，利用测斜仪进行观测。测斜管采用钻机成孔吊装埋入的方式。钻机开孔时应确保孔位地下无管线，钻孔孔径比所选测斜管大 5～10cm，在土质较差地层钻孔须用泥浆护壁。管底低于基坑最大开挖深度 3～8m，硬质基底取小值，偏软基底取大值。当通过平面测量的方法，将管顶作为位移计算的基准位置时，管底应超过围护结构底部不少于 1m。成孔后，用管盖密封管底，接头处牢固固定、密封后下放测斜管，安放就位后立即调整方向，使一对导槽垂直于测量面（即平行于位移方向），盖上顶盖，保持测斜管内部底干净、通畅和平直。管顶应高于地面 10～50cm。最后进行钻孔和测斜管之间的回填。回填宜用中粗砂缓慢进行，注意采取措施避免塞孔使回填料无法下降形成空洞。回填后通过灌水检查和间隔一定时间后检查，在发现回填料下沉时，再次进行回填。回填工作完成后在测斜管口制作小窨井，并加井盖。

2. 围护结构深层水平位移监测点布设要求

（1）测点布置原则

测点布置于主体基坑阳角、基坑短边中点及受力复杂情况，一般在临近重要建（构）

筑物或管线时进行布设。测点间距宜按 15～30m 设置。

（2）测点埋设方法

测斜管通过直接绑扎固定在围护桩钢筋笼上，钢筋笼入槽（孔）后，浇筑混凝土。现场安装效果如图 4.4-1、图 4.4-2 所示。

图 4.4-1　测斜管埋设现场实景图　　　　　图 4.4-2　测斜管现场实景图

（3）埋设技术要求

支护结构测斜管埋设与安装应遵守下列原则：

1）管底宜与钢筋笼底部持平或略低于钢筋笼底部，顶部达到地面（或导墙顶）。

2）测斜管与支护结构的钢筋笼绑扎埋设，绑扎间距不宜大于 1.5m。

3）测斜管的上下管间应对接良好，无缝隙，接头处牢固固定、密封。

4）管绑扎时应调正方向，使管内的一对测槽垂直于测量面（即平行于位移方向）。

5）封好底部和顶部，保持测斜管的干净、通畅和平直。

6）做好清晰的标示和可靠的保护措施。

4.4.2　深层水平位移监测仪器设备

监测仪器采用测斜仪以及配套 PVC 测斜管，测斜仪见图 4.4-3、测斜管见图 4.4-4。

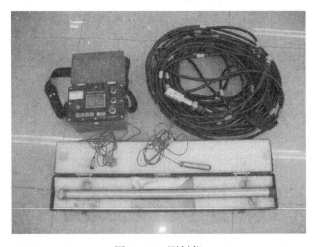

图 4.4-3　测斜仪

图 4.4-4 测斜管

测斜仪是通过测量测斜管轴线与铅垂线之间夹角变化量，来监测围护墙体、土体深层侧向位移的高精度仪器。

测斜仪分为固定式和活动式两种，按与垂线夹角监测范围不同又分为垂直向测斜仪和水平向测斜仪。固定式是将测头固定埋设在结构物内部的固定点上；活动式即先埋设带导槽的测斜管，间隔一定时间将测头放入管内沿导槽滑动测定斜度变化，计算水平位移。

按传感器形式分类可细分为：滑动电阻式、电阻应变片式、振弦式及伺服加速度计式四种。

活动式测斜仪系统组成：由探头、测读仪、电缆和测斜管四部分组成。

（1）探头：装有重力式测斜传感器。

（2）测读仪：测读仪是二次仪表，需和探头配套使用。

（3）电缆：连接探头和测读仪的电缆起向探头供给电源和给测读仪传递监测信号的作用，同时也起到收放探头和测量探头所在测点与孔口距离。

（4）测斜管：测斜管一般由塑料管或铝合金管制成。常用直径为 50～75mm，长度每节 2～4m，测斜管内有两对相互垂直的纵向导槽。测量时，测头导轮在导槽内可上下自由滑动。

4.4.3　监测方法

测斜管应在工程开挖前 15～30d 埋设完毕，在开挖前的 3～5d 内复测 2～3 次，待判明测斜管已处于稳定状态后，取其平均值作为初始值，开始正式测试工作。每次监测时，将探头导轮对准与所测位移方向一致的槽口，缓缓放至管底。待探头与管内温度基本一致、显示仪读数稳定后开始监测。一般以管口作为确定测点位置的基准点，每次测试时管口基准点必须是同一位置，按探头电缆上的刻度分划，均速提升。每隔 500mm 读数一次，并做记录。待探头提升至管口处。旋转 180°后，再按上述方法测量测，以消除测斜仪自身的误差，观测方法如下：

（1）用模拟测头检查测斜管导槽。

（2）使测斜仪测读器处于工作状态，将测头导轮插入测斜管导槽内，缓慢地下放至管底，然后由管底自下而上沿导槽全长每隔 0.5m 读一次数据，记录测点深度和读数。测读完毕后，将测头旋转 180°插入同一对导槽内，以上述方法再测一次，深点深度同第一次相同。

（3）每一深度的正反两读数的绝对值宜相同，当读数有异常时应及时补测。

观测注意事项如下：

（1）初始值测定：测斜管应在测试前 5d 装设完毕，在 3~5d 内用测斜仪对同一测斜管做 3 次重复测量，判明处于稳定状态后，以 3 次测量的算术平均值作为侧向位移计算的基准值。

（2）观测技术要求：测斜探头放入测斜管底应等候 5min，以便探头适应管内水温，观测时应注意仪器探头和电缆线的密封性，以防探头数据传输部分进水。测斜观测时每 0.5m 标记一定要卡在相同位置，每次读数一定要等候电压值稳定才能读数，确保读数准确性。

4.4.4 数据处理

深层水平位移计算时，应确定固定起算点，固定起算点可设在测斜管的顶部或底部；当测斜管底部未进入稳定岩土体或已发生位移时，应以管顶为超算点，并应测量管顶的平面坐标进行水平位移修正。

测斜管一般按 0.5m 长度分为若干个量测段，在测斜管某一深度位置测得的是两对导轮之间的倾角，可按下面介绍计算各量 i 测段水平位移值：

1. 数据计算整理

首先，必须设定好基准点，围护桩桩体变形观测的基准点一般设在测斜管的底部。当被测桩体产生变形时，测斜管轴线产生挠度，用测斜仪确定测斜管轴线各段的倾角，便可计算出桩体的水平位移（图 4.4-5）。

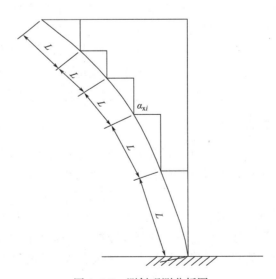

图 4.4-5 测斜观测分析图

设基准点为 O 点，坐标为 (X_0, Y_0)，于是测斜管轴线各测点的平面坐标由下列两式确定：

$$X_j = X_0 + \sum_{i=1}^{j} L \sin\alpha_{xi} = X_0 + L \cdot f \cdot \sum_{i=1}^{j} \Delta\varepsilon_{xi} \qquad (4.4\text{-}1)$$

$$Y_j = Y_0 + \sum_{i=1}^{j} L \sin\alpha_{yi} = Y_0 + L \cdot f \cdot \sum_{i=1}^{j} \Delta\varepsilon_{yi} \qquad (4.4\text{-}2)$$

式中　i——测点序号，$i=1, 2, \cdots\cdots, j$；

　　　L——测斜仪标距或测点间距（m）；

　　　f——测斜仪率定常数；

　$\Delta\varepsilon_{xi}$——X 方向第 i 段正、反测应变读数差之半；

　$\Delta\varepsilon_{yi}$——Y 方向第 i 段正、反测应变读数差之半。

　　为消除量测装置零漂移引起的误差，每一测段两个方向的倾角都应进行正、反两次量测，即：

$$\Delta\varepsilon_{xi} = \frac{(\varepsilon_x^+)_i - (\varepsilon_x^-)_i}{2} \qquad (4.4\text{-}3)$$

$$\Delta\varepsilon_{yi} = \frac{(\varepsilon_y^+)_i - (\varepsilon_y^-)_i}{2} \qquad (4.4\text{-}4)$$

　　当 $\Delta\varepsilon_{xi}$ 或 $\Delta\varepsilon_{yi} > 0$ 时，表示向 X 轴或 Y 轴正向倾斜，当 $\Delta\varepsilon_{xi}$ 或 $\Delta\varepsilon_{yi} < 0$ 时，表示向 X 轴或 Y 轴负向倾斜，由上面公式可计算出测斜管轴线各测点水平位置，比较不同测次各测点水平坐标，便可知道桩体的水平位移量。

　　实际处理时采用测斜仪随机自带的软件，将数据导入电脑中软件数据库，测斜数据处理如图 4.4-6 所示。

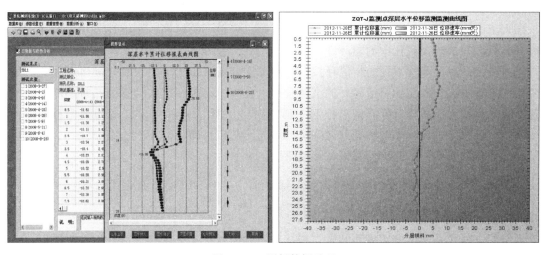

图 4.4-6　测斜数据处理

2. 数据统计制表

　　通过变形观测点各期高程值计算各期阶段沉降量、阶段变形速率、累计沉降量等数据，统计预警点信息，填入监测数据报表。绘制深度～位移量曲线图。为下一步数据分析提供依据。

4.5　土体分层竖向位移监测

由于基坑在开挖后上部土体开挖卸载，深层土体应力释放向上隆起，另外，由于基坑内土体开挖后，支护内外的压力差使其底部产生侧向位移，导致靠近支护结构内侧的土体向上隆起，严重时会产生塑性破坏，并引起周边环境对象的破坏。因而有必要对土体分层竖向位移进行监测，以便进行分析并采取措施保证工程安全。

4.5.1　测点布置

施工监测土体分层竖向位移监测孔应布置在有代表性的部位，数量视情况确定，并形成监测剖面，同一监测孔的测点宜沿竖向布置在各土层内，数量与深度应根据具体情况确定，在厚度较大土层中应适当加密。具体布设原则为：

分层垂直位移监测孔应布置在邻近保护对象处，竖向监测点（磁环）宜布置在土层分界面上，在厚度较大土层中部应适当加密，监测孔深度宜大于 2.5 倍基坑开挖深度，且不应小于基坑支护结构以下 5~10m。

4.5.2　测点埋设方法

沉降管与磁环的埋设。

方法一：用钻机在预定孔位上钻孔，孔深由沉降管长度而定，孔径以能恰好放入磁环为佳。然后放入沉降管，沉降管连接时要用内接头或套接式螺纹，使外壳光滑，不影响磁环的上、下移动。在沉降管和孔壁间用膨润土球充填并捣实，至底部第一个磁环的标高再用专用工具将磁环套在沉降管外送至填充的黏土面上，施加一定压力，使磁环上的三个铁爪插入土中，然后再用膨润土球充填并捣实至第二个磁环的标高，按上述方法安装第二个磁环，直至完成整个钻孔中的磁环埋设。

方法二：在沉降管下孔前将磁环按设计距离安装在沉降管上，磁环之间可利用沉降管外接头进行隔离，成孔后将带磁环的沉降管插入孔内。磁环在接头处遇阻后被迫随沉降管送至设计标高。然后将沉降管向上拔起 1m，这样可使磁环上、下各 1m 范围内移动时不受阻，然后用细砂在沉降管和孔壁之间进行填充至管口标高。

土体分层竖向位移监测点埋设见图 4.5-1。

4.5.3　常用仪器设备

（1）分层沉降仪用途及原理

分层沉降仪是通过电感探测装置，根据电磁频率的变化来观测埋设在土体不同深度内的磁环的确切位置，再由其所在位置深度的变化计算出地层不同标高处的沉降变化情况。分层沉降仪可用来监测由开挖引起的周围深层土体的垂直位移（沉降或隆起）。

（2）分层沉降测量系统

由三部分构成：第一部分为埋入地下的材料部分，由沉降导管、底盖和沉降磁环等组成；第二部分为地面测试仪器—分层沉降仪，由测头、测量电缆、接收系统和绕线盘等组成；第三部分为管口水准测量，由水准仪、标尺、脚架、尺垫等组成。

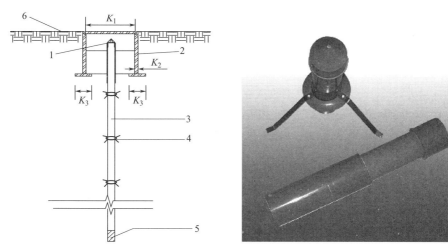

图 4.5-1　土体分层竖向位移监测点埋设

1—分层沉降管保护盖；2—保护井；3—分层沉降管；4—磁环；5—分层沉降管底封堵端；6—地表；

K_1—保护井盖直径；K_2—保护井井壁厚度；K_3—井底垫圈宽度

分层竖向位移仪器见图 4.5-2。

图 4.5-2　分层竖向位移仪器

4.5.4　观测方法及数据采集

1. 测试方法

监测时应先用水准仪测出沉降管的管口高程，然后将分层沉降仪的探头缓缓放入沉降管中。当接收仪发生蜂鸣或指针偏转最大时，就是磁环的位置。捕捉响第一声时测量电缆在管口处的深度尺寸，每个磁环有两次响声，两次响声间的间距十几厘米。这样由上向下地测量到孔底，称为进程测读。当从该沉降管内收回测量电缆时，测头再次通过土层中的磁环，接收系统的蜂鸣器会再次发出蜂鸣声。此时，读出测量电缆在管口处的深度尺寸，如此测量到孔口，称为回程测读。磁环距管口深度取进、回程测读数平均数。

2. 注意事项

（1）深层土体垂直位移的初始值应在分层标埋设稳定后进行，一般不少于一周。每次监测分层沉降仪应进行进、回两次测试，两次测试误差值不大于 1.0mm，对于同一个工程应固定监测仪器和人员，以保证监测精度。

（2）管口要做好防护墩台或井盖，盖好盖子，防止沉降管损坏和杂物掉入管内。

4.5.5　成果数据计算及整理

通过管顶高程、测取的孔内各磁环至管口的距离，即可计算每个磁环的高程和埋深。通过与初始高程以及上次高程对比即可得出各磁环的累计沉降量和阶段沉降量。

分层沉降标（磁环）位置应以绝对高程表示，计算式如下：

$$D_c = H_c - h_c$$

式中　D_c——分层沉降标（磁环）绝对高程（m）；

　　　H_c——沉降管管口绝对高程（m）；

　　　h_c——分层沉降标（磁环）距管口的距离（m）。

本次垂直位移量：$\Delta h_c^i = D_c^i - D_c^{i-1}$

和累计垂直位移量：$\Delta h_c = D_c^i - D_c^0$

式中　D_c^i——第 i 次磁环绝对高程（m）；

　　　D_c^{i-1}——第 $i-1$ 次磁环绝对高程（m）；

　　　D_c^0——磁环初始绝对高程（m）；

　　　Δh_c^i——本次垂直位移（mm）；

　　　Δh_c——累计垂直位移（mm）。

4.6　地下水位监测

地下水位监测宜通过钻孔设置水位观测管，采用水位计进行量测，并配合水准测量，确定地下水位高程，通过各观测期水位管内水面高程的变化，监测地下水位的变化量。

4.6.1　测点布设

水位管采用 ϕ65mmPVC 塑料管，水位管底部设 1m 沉淀段，沉淀段以上为滤水段，滤水段管壁设 6～8 列 6mm 孔径的滤水孔，滤水段外壁用 3～5 层纱网包裹，绑扎牢固。在监测对象设计位置处使用钻机钻孔（孔径 100mm）至设计深度，用水冲洗沉渣。冲洗完成后，将制作好的水位管下入孔中。钻孔与管间用砂子回填至过滤段，再用黏土填充。水位管管口应高出地面 100mm 以上并安装管口盖以防地表水及杂物进入管内。

4.6.2　常用仪器设备

钢尺水位仪（钢尺量距读数精度为 1mm）、电子水准仪。

4.6.3　观测方法

（1）松开钢尺水位计绕线盘后面制动螺丝，使绕线盘能自由转动，按下电源按钮（电源指示灯亮），把测头放入水位管内，手拿钢尺电缆，让水位测头在管内缓慢向下移动，当测头触点接触到水面时，水位仪接收系统便会发出蜂鸣声，此时读出钢尺电缆在管口处的读数，即为水位管内水面至管口的距离。

（2）使用电子水准仪观测出水位管管口处的高程。

（3）通过水位管管口处高程及水位管内水面至管口的距离计算出水位管内水面高程。

4.6.4　数据处理

由下式计算水位管内水面高程：

$$D_s = H_s - h_s$$

式中　D_s——水位管内水面高程（m）；

　　　H_s——水位管管口高程（m）；

　　　h_s——水位管内水面至管口的距离（m）。

若初始观测水位高程为 D_s^0，当期（第 i 次）观测水位高程为 D_s^i，上期（$i-1$ 次）观测水位高程 D_s^{i-1}，则当期水位变化量为：

$$\Delta h_s^i = D_s^i - D_s^{i-1}$$

4.7　结构应力监测

城市轨道交通工程中的结构应力监测主要包含地下结构工程支护结构及主体结构在运营过程中的监测。

4.7.1　测点布设

结构应力应变监测点宜布设在主体结构中部或应力变化较大部位。

4.7.2　常用仪器设备

钢弦式应变传感器量程大、精度高、非线性范围大，且自身防护破损能力好，便于长期观测，是结构应变测量较理想的传感元件。对于已建成的结构，测定应力需要埋设混凝土表面应变计。可选用的 NVS 系列振弦式应变计主要技术参数如表 4.7-1。

NVS 系列振弦式应变计主要技术参数　　　　　　表 4.7-1

名称	主要技术指标	图片
NVS 系列振弦式应变计	标距 L,150mm； 端部直径 D,19mm； 应变测量范围,3000$\mu\varepsilon$ 分辨力 0.5～1.0$\mu\varepsilon$； 精度≤0.25(0.1 可选)%F.S； 温度测量范围−20～+60℃； 温度测量精度,±0.5℃； 绝缘电阻,≥50MΩ； 仪器频率范围 400～1400(指示仪用 B 挡)	

85

4.7.3 观测方法

观测方法为将频率读数仪与应变计线缆连接，用频率读数仪读取。NVS 型振弦式应变计仪器电缆为 4 芯屏蔽电缆，其中红、黑色芯线接振弦式传感器线圈芯线，分别接入指示仪的（C+）和（C—）接线柱；仪器电缆的白、绿芯线接温度传感器芯线，分别接入指示仪的（R+）和（R—）接线柱用便携式钢弦频率指示仪进行测量。

4.7.4 数据处理

1. 数据计算整理

钢弦式应变传感器测试原理：采用一根定长的钢弦张拉于两固定块之间，这两个固定块体与混凝土主体紧密接触。混凝土的变形引起两固定块间的相对移动，改变了钢弦内的拉力。钢弦拉力的变化通过钢弦共振频率的变化量测。激励和输入传感器的频率是通过位于钢弦附近的电磁线圈完成的，再通过数据记录仪同振弦应变传感器连接，提供必要的电压脉冲来采集钢弦频率并转换成微应变单位测读出来。最后再经数据整理得到结构应力（应变）。

振弦式仪器的量测量采用频率模数 F 来度量，其定义为：

$$F = \frac{f^2}{1000}$$

式中　f——振弦式仪器中钢丝的自振频率。

振弦式应变计的应变量与频率模数和温度的关系如下：

（1）当外界温度恒定，应变计仅受到轴向变形时，其应变量 ε 与输出的频率模数的变化量 ΔF 具有如下线性关系：

$$\varepsilon' = k \times \Delta F \quad \Delta F = F - F_0$$

式中　k——应变计的最小读数（10^{-6}），由厂家所附卡片给出；

　　ΔF——实时测量的应变计输出值相对于基准值的变化量（kHz^2）；

　　F——实时测量的应变计输出值（kHz^2）；

　　F_0——应变计的基准值（kHz^2）。

（2）当应变计不受外力作用时仪器前后两安装座的标距不变，若温度增加 ΔT 时，应变计有一个输出量 $\Delta \varepsilon'$，这个输出量仅仅是由温度变化而造成的，因此在计算时应给以扣除。

通过实验可知：$\Delta F'$ 与 ΔT 具有下列线性关系：

$$k \times \Delta F' = -b \times \Delta T, \ \Delta T = T - T_0$$

式中　b——应变计的温度修正系数（$10^{-6}/℃$），由厂家所附卡片给出；

　　ΔT——温度实时测量值相对于基准值的变化量（℃）；

　　T——温度的实时测量值（℃）；

　　T_0——温度的基准值（℃）。

（3）安装在混凝土表面的应变计，受到的是变形和温度的双重作用，因此，应变计一般计算公式为：

$$\varepsilon = k \times F - F + b \times T - T$$

式中 ε——被测混凝土的应变量（10^{-6}）。

2. 数据统计制表

通过应变观测点各期应变值计算各期阶段变化量、阶段变化速率、累计变化量等数据，统计预警点信息，填入监测数据报表。绘制时间—应变量曲线图。为下一步数据分析提供依据。

4.8 挠度监测

挠度监测宜采用 0.5″～1″级的全站仪进行三角高程测量；宜在监测对象上固定小棱镜，采用中间设站、不量仪器高的前后视观测方法，通过观测监测点与后视点之间的高差变化量来推算监测对象的挠度值。

4.8.1 测点布设

梁体挠度监测点采用 L 形小棱镜或反射片（如图 4.8-1 所示）固定在梁体下端，梁体挠度监测点宜在梁沿上下行中心线、呈跨中对称等距布设，其中简支梁每跨布设 3～5 个监测点，连续梁每跨按 5～15m 间距等距布设监测点。

图 4.8-1 梁体挠度监测点

4.8.2 常用仪器设备

测角精度为 0.5″～1″级的全站仪，具体见本章第 4.1.2 节。

4.8.3 观测方法

（1）设站：观测前安置脚架，从仪器箱中取出仪器用连接螺旋架到架头上，旋紧连接螺旋后在测站上对中、整平仪器；打开仪器，设置温度、大气压、作业文件；后视棱镜在另一个工作基点上对中、整平，设置测站。前视棱镜在第三个工作基点上对中、整平；测站设置完成后，测量检核前视工作基点的坐标（含高程值）。

（2）测量监测点：瞄准网架结构监测点上布设的棱镜，按照"前后视观测方法"开始观测网架结构监测点。

（3）检核闭合差：依次完成各测站，再次检核前视工作基点的坐标（含高程值），若仪器发生倾斜、移位等，则要重测。

（4）仪器装箱：松开连接螺旋，从脚架架头取下仪器，放入仪器箱、固定、关箱。

4.8.4 数据处理

使用全站仪进行三角高程测量观测监测点与后视点之间的高差变化量来推算监测对象的挠度值。

4.9 倾斜监测

使用全站仪、水准仪及倾斜仪进行周边建（构）筑物、桥梁墩柱等特定位置的倾斜监测，主要方法有投点法、差异沉降法及倾斜仪法。

4.9.1 投点法

投点法是倾斜监测的常用方法，适用于高耸建（构）筑物的倾斜测量。

1. 测点布设

（1）建（构）筑物倾斜

建（构）筑物倾斜采用全站仪配合反射片技术进行监测时，监测点布设在建筑物外立面并应顶部与底部对应布设，如图 4.9-1 所示。

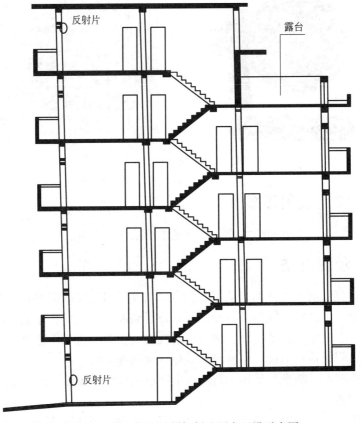

图 4.9-1　建（构）筑物倾斜监测点埋设示意图

（2）桥墩倾斜测点布设

在桥墩上部和下部各布设一个测点，根据方案拟定位置设置反射贴片，测点埋设如图 4.9-2 所示。

2. 常用仪器设备

埋设示意图 投点法常用仪器设备为全站仪，具体见第 4.3.2 节。

3. 观测方法

全站仪投点法采用测角精度 1″或以上全站仪，在两个基本垂直的方向上进行投点作业。分别测出两个方向上的偏移量，然后用矢量相加的方法即可得到整个建筑物的偏移值。

4. 数据处理

如图 4.9-3 所示，$ABCD$ 为一建筑物底部，$A'B'C'D'$ 为其顶部，为了观测 AA' 的倾斜，在 A' 处设置明显标志，并测定其高度 h，分别在 BA、DA 的延长线上距 A 点（1.5～2）h 的地方设置测站 M、N。同时在测站 M、N 安置全站仪，用正倒镜取中法将 A' 投影到地面的 A''，量取倾斜量 K，并在两个互为垂直的方向上分别量取 ΔX，ΔY。于是倾斜方向为：

$$\alpha = \text{arc tan} \Delta X / \Delta Y$$

倾斜值大小为：

$$i = k / h$$

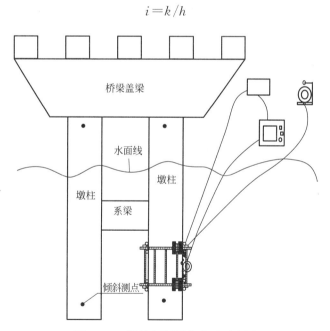

图 4.9-2　墩柱倾斜测点布置示意图

4.9.2　差异沉降法

差异沉降法是先用精密水准测量测定基础两端点的差异沉降量，再按宽度和高度，推算上部的倾斜值，适用于基础边长较大的建（构）筑物。

1. 测点布设

采用间接测量法测量建（构）筑物倾斜时，建（构）筑物倾斜监测点采用建筑物竖向

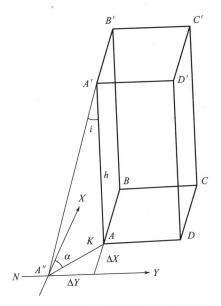

图 4.9-3　全站仪投点法计算示意图

位移监测点。

2. 常用仪器设备

差异沉降法常用仪器设备为水准仪，具体见本章第 4.1.1 节。

3. 观测方法

差异沉降法观测方法同本章第 4.1.1 节观测方法。

4. 数据处理

施工影响前由监测基点通过水准测量监测出建筑物沉降监测点的初始高程 H_0，在施工过程中测出的高程为 H_n。则高差 $\Delta H = H_n - H_0$ 即为建筑物沉降值。

如图 4.9-4 所示，根据建筑物相临两点的沉降值，在计算建筑物沉降差 Δs，按公式 $\tan\theta = \Delta s / b$ 进行倾斜计算。

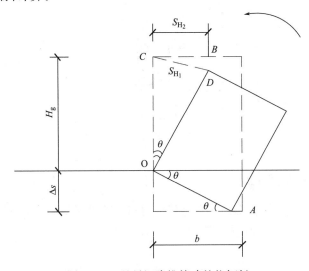

图 4.9-4　差异沉降推算建筑物倾斜

顶部水平位移采用计算公式：

$$S_{H_2} = H_g \times \Delta s / b$$

式中　θ——为所求建筑物水位移产生的倾斜角；

　　　b——建筑物宽度；

　　　Δs——建筑物的差异沉降。

4.9.3　倾斜仪法

当有重要建（构）筑物需要连续进行倾斜观测时，可采用倾斜仪进行。

1. 测点布设

建筑主体结构倾斜观测点布置，一般不少于3个垂向观测剖面，每个剖面一般不少于3个观测点，设在主体结构顶部、中部和底部。倾斜仪安装时，先打磨设计安装部位，使其平整；将倾斜仪的安装底座固定在其上，然后将倾斜仪固定在底座上；调整底座上的螺钉，首先使倾斜仪的轴线安装垂直，之后调整底座上的螺钉，调整倾斜仪使其基准值接近出厂时的零点，或自立倾斜量的正负变化范围值。安装好后，将仪器编号和设计位置做好记录存档，并严格保护好仪器引出线。

2. 常用仪器设备

倾斜仪最基本的类型有水管式倾斜仪、固定摆倾斜仪和气泡倾斜仪。

3. 观测方法

在基坑或隧道结构开挖前测定初始值，在施工过程中可采用定时观测或跟踪观测。观测时将读数仪与倾斜仪正确连接在一起（注意连接线颜色应一致），进行读数。

4. 数据处理

倾斜仪可直接对测量的倾斜值进行读数，单位为"度"。

4.10　裂缝监测

基坑或隧道施工过程中，可能会对周边的建（构）筑物、桥梁、既有隧道结构等造成影响而产生裂缝。工程施工前应对周边环境监测对象的裂缝情况进行普查，在施工过程中对已有裂缝进行监测。裂缝监测通常使用钢尺、游标卡尺或裂缝测宽仪。

4.10.1　钢直尺法

裂缝监测应监测裂缝的位置、走向、长度、宽度，必要时尚应监燃裂缝深度。对于数量少、方便量测的裂缝，宜采用钢尺进行直接量测裂缝长度和宽度。

1. 测点布设

工程施工前，记录监测对象已有裂缝的分布位置和数量，并对监测裂缝进行统一编号，记录各裂缝的位置、走向、长度、宽度、深度以及初测日期。长期观测时，可以埋入或镶嵌金属标识，短期监测可以在观测部位粘贴标识，如石膏饼等。监测标志应具有可供量测的明晰端面或中心。

2. 常用仪器设备

钢尺法直接采用钢直尺对裂缝的长度和宽度进行测量。

3. 观测方法

对于数量少、方便量测的裂缝，使用钢尺直接测量裂缝长度、宽度。如有粘贴标识，可用钢尺测量标识宽度。

4. 数据处理

裂缝宽度（长度）单次变化量计算公式如下：

$$\Delta L = L_j - L_{j-1} \tag{4.10-1}$$

式中　ΔL——第 i 条裂缝第 j 次测量时裂缝宽度（长度）单次变化量（mm）；

　　L_j——第 i 条裂缝第 j 次测量时裂缝对应的宽度（长度）（mm）；

　　L_{j-1}——第 i 条裂缝第 $j-1$ 次测量时裂缝对应的宽度（长度）（mm）。

裂缝的累计宽度（长度）计算公式如下：

$$\Delta L_累 = L_j - L_0 \tag{4.10-2}$$

式中　$\Delta L_累$——裂缝的累计宽度（长度）（mm）；

　　L_0——裂缝初始宽度（长度）（mm）。

4.10.2　游标卡尺法

对于数量少、方便量测的裂缝，亦可采用游标卡尺进行量测裂缝宽度。

1. 测点布设

测点埋设同本章第 4.10.1 节布设方法。

2. 常用仪器设备

游标卡尺是一种测量长度、内外径、深度的量具，如图 4.10-1 所示。

图 4.10-1　游标卡尺

3. 观测方法

对于数量少、方便量测的裂缝，使用游标卡尺直接测量裂缝长度、宽度，或采用游标卡尺对在裂缝两侧贴、埋监测标识进行持续观测。

4. 数据处理

数据处理同本章第 4.10.1 节。

4.10.3　裂缝测宽仪法

裂缝测宽仪用于桥梁、隧道、墙体、混凝土路面、金属表面等裂缝宽度的量测，尤其用于量测混凝土结构中裂缝宽度和表面微观缺陷。

1. 测点布设

记录已有裂缝的分布位置和数量，并对监测裂缝进行统一编号，对裂缝测宽位置做好标记，记录各裂缝的位置、走向、长度、宽度以及初测日期。

2. 常用仪器设备

对于裂缝宽度，可直接采用裂缝监测仪进行智能判读，即将彩色图像采集探头对准裂缝，测量程序自动扫描捕获裂缝并在显示屏上实时显示裂缝的宽度数值，同时也可以对需要的裂缝拍照，如图 4.10-2 所示。

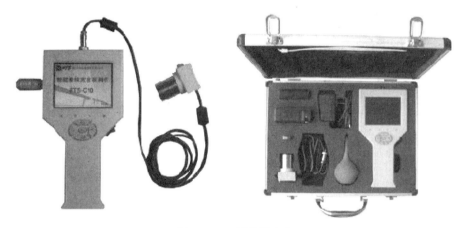

图 4.10-2　裂缝测宽仪

3. 观测方法

裂缝测宽仪在使用时用电缆连接显示屏和测量探头，打开电源开关，将测量探头的两只脚放置在裂缝上，在显示屏上可看到被放大的裂缝图像。稍微转动摄像头使裂缝图像与刻度尺垂直，根据裂缝图像所占刻度线长度，读取裂缝宽度值。

4. 数据处理

数据处理同钢尺测量数据处理方法。

4.11　轨道静态几何形位监测

使用轨距尺、弦线及钢板尺作为检测工具，按工务维修检测方法进行轨距、轨顶水平以及轨道平顺度量测。

4.11.1　轨距、轨顶水平测量

1. 常用仪器设备

轨距及水平传统测量所使用的仪器为轨距尺，如图 4.11-1 所示。轨向测量使用弦线及钢板尺作为检测工具，一般使用 10m 弦测量。随着电子技术的发展，可利用轨道检查仪完成轨距、轨顶水平和轨向的测量工作，轨道检查仪类型主要有 GJY-H-1，GJY-H-1、GJY-H-2、GJY-H-3、GJY-H-4 (5)、GJY-T-4 等。

2. 观测方法

轨距与水平检查使用轨距尺，一般每 6.25m 检查一处。检查轨距时，道尺必须与线路中线垂直，现场操作时道尺垂直于任一边钢轨；检查水平时，水平差的符号，在直线地段，以顺计算里程方向，以左股钢轨为基本股，对面股低于基本股时的水平差符号为

图 4.11-1 轨距尺现场照片

"＋"号，反之为"－"号；曲线地段以曲线内股钢轨为基本股，外股钢轨顶面与内股钢轨顶面的高差比曲线超高大时用"＋"号，反之为"－"号。

3. 数据处理

轨距与水平在钢轨长度的同一处所同步进行检测，按先轨距后水平的顺序，口述与标准尺寸的偏差，并在线路检查记录簿上，按线路里程（股道）、轨号、检查部位记录轨距、水平的偏差值。

4.11.2 轨道平顺度

1. 常用仪器设备

轨道平顺度测量所用设备同轨距测量。

2. 观测方法

静轨向和高低轨向测量使用弦线及钢板尺作为检测工具，使用 10m 弦测量轨道在水平面上的平顺性。具体操作参照如下步骤：在轨向检查时，首先目测找出两股钢轨的轨向不良处，用石笔做出标记。将 10m 弦绳两端贴靠在钢轨内侧踏面下 16mm 处，测量弦绳至轨向不良处钢轨作用边的最大矢度值。若轨向是向轨道内侧凹入的，则应在 10m 弦绳的两端垫以同样高度的垫墩，使弦绳两端垫离轨头内侧，量取弦绳至轨向不良处钢轨作用边的最小矢度值。用垫墩高度减量取得最小矢度的差，即为该处轨向的最大凹矢度值。这种情况下，也可以检查相对股钢轨的外凸矢度值。

高低检查时，先俯身目测下腭圆弧的延长线，从纵向上找出线路高低不良的位置，用石笔做出标记。在钢轨顶面垫以同样高度的垫墩，将 10m 弦绳拉紧后两端紧贴垫墩上表面，量取弦绳至轨顶面的矢度。用垫墩高度减量取的矢度之差，即为该处线路的高低偏差值。

3. 数据处理

轨向、高低偏差值的确定，是以检查出的最大偏差值作为该线路单位长度（每千米或每股道）的偏差值，并在记录上标注最大偏差值出现的处所。

偏差值大于零，符号为"＋"，线路向上凸起；偏差值小于零，符号为"－"，线路向下凹陷。

4.12 无缝线路钢轨位移监测

无缝线路锁定轨温指的是把长轨条扣接于轨枕时的轨温，即锁定时的轨温。锁定轨温不是一直不变的，无缝线路的不均匀爬行，即长钢轨被局部的压缩或拉伸会改变无缝线路纵向力的分布，相对地改变长钢轨的锁定轨温。如果实际锁定轨温比原锁定轨温高很多，在冬季由于气温降低，钢轨内部温度拉力增大，可能发生断轨，反之可能发生胀轨。因此，掌握无缝线路的位移量即实际锁定轨温的变化规律，对保证无缝线路的运营安全具有重要意义。

4.12.1 监测原理

观测桩法原理：对于某一特定长度为 L 的钢轨，当轨温变化幅度为 Δt 时，其自由伸缩 ΔL 为 $\Delta L = aL\Delta t$。无缝线路长轨条，因中间接头被焊接，钢轨两端被扣件及防爬设备扣紧，不能自由伸缩。当轨温升高 Δt 时，相当于被压缩了一个 ΔL。

4.12.2 常用仪器设备

常用设备有准直仪、JZWY-3 无缝线路（长钢轨）位移观测仪、PXY-1 型钢轨位移观测仪。

4.12.3 观测方法

在无缝线路长轨条铺设锁定之前，在线路两侧同样里程处按照一定的原则布设观测点，称为位移观测桩。长钢轨可能由于各种原因发生纵向位移，因此，可利用位移观测桩对长钢轨位移量进行测量，利用长钢轨位移量掌握温度力分布、实际锁定轨温及其变化规律。位移观测桩法是当前我国规范所规定必须采用的检测无缝线路温度力分布和锁定轨温变化的重要手段。观测桩法的应用优势对于工务维修部门来讲，观测桩法具有明显的优势：

（1）理论简单易懂，适合一线职工学习应用。

（2）观测仪也较为简便。作为主要观测仪器的准直仪，相当于一个简化的经纬仪，稍有测量常识的人均可操作。

（3）计算分析简单，即使不懂其原理，也可根据位移量对无缝线路实际锁定轨温进行分析，找出存在的问题，确定无缝线路状态，为养护维修提供依据，非常适合一线使用。

4.13 爆破振动监测

4.13.1 监测原理

爆破振动监测系统由速度传感器或者加速度传感器、数据采集仪及数据分析软件组成，速度传感器或加速度传感器可采用垂直、水平单向传感器或三矢量一体传感器。

爆破振动监测采用爆破测振仪进行监测。利用拾振器将振动信号转换成电信号，经过振动测试仪放大、记录振动波形，再用计算机中的分析软件对振动信号进行分析处理。

L20-N 爆破测振仪工作原理如图 4.13-1 所示。

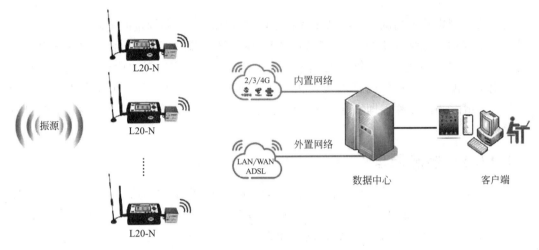

图 4.13-1　L20-N 爆破测振仪工作原理

4.13.2　监测适用范围及技术指标要求

适用于钻爆法施工时，对爆破振动影响范围内的设施设备、建（构）筑物、桥梁等高风险环境进行爆破振动速度或加速度监测。

评估爆破对不同类型建（构）筑物、设施设备和其他保护对象的振动影响，应采用不同的安全判据和允许标准。地面建筑物、电站（厂）中心控制室设备、隧道与巷道、岩石高边坡和新浇大体积混凝土的爆破振动判据，采用保护对象所在地基础质点峰值振动速度和主振频率。

4.13.3　测点布设

爆破振动监测点应布置在受施工影响较敏感的部位，对于部分敏感建筑物，如医院、古建筑等应优先布置监测点，并采取其他相应的监测措施和保护措施。监测建（构）筑物不同高度的振动时，应从基础到顶部的不同高度部位布设监测点；需获取爆破振动传播规律时，测点至爆源的距离按近密远疏的规律布设。

对于距离隧道上方 10m 内无人房屋、钢筋混凝土非重点建筑、下穿建筑物、下穿桥台等；采用高于国家标准，但不产生结构破坏的爆破地震控制，对下穿建筑物的人员进行临时疏散，由于含有一定的风险性，所以必须保证一定的爆破监测点的密度。

爆破振动监测传感器的安装应与被测对象之间牢固粘结，并使传感器的定位方向与所测量的方向一致。被测对象为混凝土或坚硬岩石时，宜采用环氧砂浆、环氧树脂、石膏或其他高强度胶粘剂将传感器固定在混凝土或坚硬岩石表面，也可预埋固定螺栓，将传感器底面与预埋螺栓紧固相连；被测对象为土体时，可先将表面松土夯实，再将传感器直接埋入夯实土体中，并使传感器与土体紧密接触。最后应按监测设计要求布设监测点，统一编号并绘制测点布置图。

4.13.4　常用仪器设备

爆破测试仪主要由现场采集记录仪、速度或加速度传感器及分析处理软件组成，如图 4.13-2 所示。仪器通过信号接口与传感器直接相连，放置于振动测试点，采集现场振动信号进行转换并保存。爆破后通过通信接口与计算机连接，通过分析处理软件读取记录仪内保存的数据，并显示特征参数，对数据参数进行分析并最终打印数据成果。在城市轨道交通监测中，爆破振动仪主要应用于岩质基坑或矿山法隧道开挖的爆破振动监测。

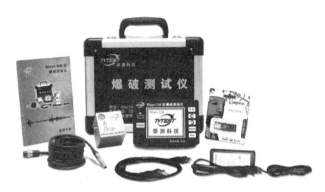

图 4.13-2　爆破测试仪

4.13.5　数据处理

爆破振动监测仪自动记录测点振动速度的水平径向分量 VR、水平切向分量 VT 和垂直分量 V，对监测传感器记录的波形进行频谱分析，找到各个方向振动波形中最大振幅、频率和所处时刻。通过与监测对象的允许质点振动速度 v_{max} 对比，评价爆破对建筑物的安全影响。

爆破振动安全允许距离，按式（4.13-1）计算。

$$R = (K/v)^{1/\alpha} \times Q^{1/3} \qquad (4.13-1)$$

式中　R——爆破振动安全允许距离（m）；

　　　Q——炸药量，齐发爆破为总药量，延时爆破为最大单段药量（kg）；

　　　v——保护对象所在地安全允许质点振速（cm/sK）；

　K，α——与爆破点地形、地质条件有关的系数和衰减系数，应通过现场试验确定；在无试验数据的条件下，可参考表 4.13-1 选取。

爆区不同岩性的 K、α 值　　　　　　　　　　　表 4.13-1

岩性	K	α
坚硬岩石	50～150	1.3～1.5
中硬岩石	150～250	1.5～1.8
软岩石	250～350	1.6～2.0

高耸建（构）筑物拆除爆破的振动安全允许距离包括建（构）筑物塌落触地振动安全距离和爆破振动安全距离。

第5章 现场安全巡查

5.1 长期监测的安全巡查与实施

在开展长期监测的同时，应对结构及监测点进行巡查，巡查频率与现场监测频率一致。

5.1.1 安全巡查范围

巡查范围应包含城市轨道交通规划控制区、保护区内的城市轨道交通设施及对结构安全有影响的施工。

城市轨道交通的规划红线中线两侧各 60m 范围为规划控制区。城市轨道交通保护区分为重点保护区和一般保护区，其范围分别为：（1）地下车站、高车站和隧道结构外边线外侧 5m 内为重点保护区，5～50m 内为一般保护区；（2）地面车站、高架车站和高架线路结构外边线以及地面线路轨道外边线外侧 5m 内为重点保护区，5～30m 内为一般保护区；（3）出入口（含连通道）、通风亭、控制中心、变电所、冷却塔、地面站房等建（构）筑物结构外边线和车辆段、停车场用地边界外侧 5m 内为重点保护区，5～10m 内为一般保护区；（4）城市轨道交通过江（河、湖）隧道、桥梁结构外边线外侧 50m 内为重点保护区，50～100m 内为一般保护区。

城市轨道交通规划控制区和保护区内对结构安全有影响的施工范围为：（1）新建、改建、扩建或者拆除建（构）筑物；（2）地面堆载、基坑开挖、爆破、桩基础施工、顶进、灌浆、锚杆、钻探；地基加固、打井、喷锚；（3）敷设或者搭架管线、吊装等架空作业；（4）修建塘堰（围堰）、开挖河道水渠；（5）在过江（河、湖）隧道周围实施河道疏浚、清淤、吹填、采石、采砂、船舶下锚停靠等活动；（6）跨越或者穿越城市轨道交通设施的施工作业；（7）电焊、气焊和使用明火等具有火灾危险作业；（8）大面积增加或者减少载荷以及其他可能危害城市轨道交通设施安全的作业活动；（9）危害城市轨道交通设施安全的行为：1）损毁城市轨道交通设施；2）在高架线路、桥梁上钻孔打眼，私搭电线及其他承力绳索、设置附着物；3）在地面轨道线路上擅自开设平交道口、平交过道；4）其他危害城市轨道交通设施安全的行为。

城市轨道交通规划控制区和保护区内外部施工对车站、区间隧道、场段、主变电所等结构设施安全有影响的范围巡查。

5.1.2 安全巡查内容

开展长期监测，对城市轨道交通运营设备设施状态安全巡查的主要对象有车站结构、隧道、高架结构，路基、建（构）筑物、轨道、接触网等。

（1）车站结构：主要包括对地下车站的主体结构和出入口、疏散通道、风亭和风道等附属结构进行检查，查看是否有异常的结构接缝错台、裂缝、破损、起鼓、掉块、剥落剥离、渗漏水。

（2）隧道结构：对隧道的主体结构、附属结构进行全面细致的巡查，主体结构主要检查行车隧道；附属结构主要检查联络通道、中间风井、风道。检查是否有异常裂缝、错台、破损、起鼓、掉块、剥落剥离、渗漏水。

（3）高架结构：主要对桥梁桥面系、梁、桥墩、基础及其附属设施的外观进行全面细致的检查。桥台、支座、墩柱裂缝、掉块、剥落剥离。

（4）路基基础：路基与涵洞的日常检查主要包括对路基本体、排水沟、边坡防护加固设施、涵洞等设施的外观及使用状态检查。

（5）建（构）筑物：主要检查房屋建筑、涵洞等主体结构是否有明显新增裂缝、掉块、剥落剥离等。

（6）道床结构：检查整体道床是否有明显开裂缝、错台、下沉、起鼓、渗漏水，碎石道床是否饱满、下沉、起鼓，翻浆冒泥。

（7）支挡结构及边坡防护：检查挡墙支护结构及坡面防护是否裂缝、渗漏水、滑坡、沉陷、坍塌等现象。

（8）边沟及排水设施：检查边沟及排水设施是否有开裂、影响排水情况的情况。

（9）轨道：检查轨道平顺性、完整性，主要通过检查线路几何尺寸高低、方向、轨距、轨距变化率、曲线正矢等确定轨道是否有明显病害，影响轨道平顺性，检查轨道连接零件是否齐全、有效，保障轨道强度。

（10）接触网：主要检查接触网有无异物侵入限界或妨碍受电弓、受电靴运行情况的障碍；接触网设备、零部件、附属设施等有无烧伤和损坏；绝缘部件（包括隔离开关、避雷器）有无破损和闪络，并记录避雷器计数器动作情况；设备柜门完好并锁闭、各线缆应固定和连接牢固；回流装置、单向导通装置、可视化直流验电接地装置、杂散装置的固定和连接是否齐全、完好；各种标识是否齐全、完整；有无因塌方、鸟窝、落物、其他施工等损伤接触网或危及供电行车安全的现象。

（11）监测设施：主要检查既有永久基准点、监测点完好状况、保护情况。

5.1.3 安全巡查周期及频率

很多轨道交通工程事故都是在监测工作正常进行的情况下发生的。在监测点的数量有限，均分布于常见的重要位置的情况下，有时仅通过监测数据并不能准确掌握结构的整体变形情况。现场安全巡查往往能更及时地发现事故的前兆，便于及时采取措施，降低事故的响应，保障轨道交通安全运营，也是轨道交通工程监测的重要工作之一。现场巡查包括对轨道交通结构设施及沿线保护区内的建（构）筑物、桥梁等的巡查，巡查频率与现场监测频率一致。

在开展变形监测过程中遇到下列情况时，应提高巡查频率，确保轨道交通结构安全：

（1）当出现下列情况时，应将城市轨道交通对应的区域列为特殊地段，特殊地段的巡查周期及频率应适当加密；

（2）结构地基周围岩土体以淤泥、淤泥质土或软—流塑状土等高压缩性土、软土及欠固结回填土为主的区域；

（3）存在岩溶发育区域、土洞、地质断裂带等不良地质区域；

（4）不同地质单元交界区域；

（5）轨道交通线路结构有病害史的区段；

（6）线路穿越大型江、河、湖水体或与其他交通基础设施（涵盖铁路、公路）交叠等区域；

（7）存在与城市轨道交通结构相互影响的重要周边环境设施的区域。

（8）监测数据异常、变化速率较大或达到预警标准；

（9）城市轨道交通结构出现裂缝、渗漏水等结构病害情况时；

（10）其他需要增加巡查频率的特殊情况。

5.1.4　安全巡查方式

1. 人工巡视

（1）运营城市轨道交通结构巡检频率不宜低于每月1次，有外部作业时应加密巡检，加密巡查范围应包括正对范围及两端外扩50～80m；从频率上基本保证了地铁保护区内一旦出现新的未批先建项目，能够第一时间查处，保证地铁运营及结构设施的安全。

（2）人工巡检时，宜配备照（摄）相机、照明设备、记录表格等作业工具，巡检中发现的严重影响行车安全及其他专业设备正常运行的，应立即组织处理，并做好记录。

（3）人工巡查时，宜配备GNSS卫星定位设备、照（摄）像设备。巡查人员应采用填表、拍照或摄像等方式将观测到的有关信息和现象进行记录；巡查发现未经批准的外部作业或发现地形地貌变化时，应立即上报，并现场测绘其位置、高度、范围，并应计算其与轨道交通结构的空间相对位置关系。

（4）采用基于地面激光扫描或摄影测量等方法形成的隧道表观影像进行室内巡检时，识别出新的病害时应进行现场确认和处置。

2. 无人机摄影巡查

（1）无人机的使用应符合《民用无人驾驶航空器系统空中交通管理办法》（MD-TM-2016-004）的要求，驾驶员应符合相关资质要求，无人机航空器最大起飞重量小于或等于7kg，飞行前应完成对民用无人驾驶航空器系统的检查；飞行区域应在机场净空保护区和军事禁区以外，在驾驶人员的视距范围内且天气条件不影响持续可见的昼间飞行，飞行速度不大于120km/h。

（2）民用无人驾驶航空器系统使用的无线电频率不得对航空无线电频率造成干扰。

（3）无人机摄影宜形成沿线数字正射影像图（DOM）或数字高程模型（DEM），DEM或DOM的精度和分辨率应满足地形地貌变化点识别和违规作业识别的要求，利用其良好的机动性、操作性和图像识别技术对地铁保护区环境进行巡查。

（4）无人机航测技术可实现地铁保护区沿线地表标高变化情况、新增施工项目情况、地表堆载方量变化情况的巡查，高效解决人工巡查工作量大，巡查范围广，巡查成本高、效率低等问题，为地铁运营监护管理部门，每年节省大量的人力、物力，减少运营成本，提高巡检工作效率。

（5）无人机测绘及安全巡查数据处理算法：地铁隧道边线提取算法、地铁保护区边线提取算法、地表点高差计算算法。开发自动化程度高的数据处理系统，自动量化分析地铁保护区内地表高程变化、邻近项目进展情况等，形成立体化的三维坐标可视化数据，对地铁隧道的结构变形分析有一定的参考价值。

（6）发现影响城市轨道交通结构安全的风险点后，应进行现场巡查和处置。

3. 卫星影像等遥感影像巡查

（1）影像分辨率应满足控制保护区内地形地貌变化点识别和违规作业识别的要求，宜优于 2.1m。

（2）地形地貌变化点识别和违规作业识别与影像成像的时间差不宜大于 10 天。

（3）发现影响城市轨道交通结构安全的风险点后，应进行现场巡查和处置。

（4）卫星影像的更新周期不能满足巡查频率要求时，采用人工巡查方法及时补测。

5.1.5　安全巡查要求

（1）长期监测安全巡查工作实施前，应搜集建设期的施工过程相关资料，分析原有变形情况并结合结构现状和工作实际，按照现行国家标准《城市轨道交通工程监测技术规范》GB 50911 的要求制定工作流程和监测方案。安全巡查工作应由专业的安全巡视人员完成，安全巡视人员采用目测、拍照（摄像）、仪器测量等方式进行安全巡查并填写现场巡查报表。现场巡查报表应按时反馈给相关单位。

（2）长期监测安全巡查时，当发现城市轨道交通结构存在安全隐患时，应立即按规定流程通知相关单位，及时处置。

（3）长期监测安全巡查时，应做好巡查记录，留好影像、图片、记录，做好资料存档工作。现场巡查表格式按照本书附录 F 的规定执行，并及时整理备案。

（4）长期监测安全巡查应结合区段地质、长期监测数据情况，综合评定城市轨道交通结构安全状况。

（5）长期监测安全巡查宜根据城市轨道交通结构外部环境变化情况，相应细化安全巡查频率。

（6）长期监测安全巡查按巡查目的宜分为：长期监测工前巡查、长期监测常规巡查、长期监测加密巡查。

1）长期监测工前巡查

工前巡查应在开展长期监测工作前完成，由安全巡视人员对城市轨道交通结构进行巡查并填写现场巡查报表，巡查报表应包括下列内容：

① 现场安全巡查中采用的巡查设备、方法；

② 巡查记录表、城市轨道交通结构病害照片；

③ 统计分析病害类型、分布位置、严重程度；

④ 对监测和巡查工作的建议。

2）长期监测常规巡查

常规巡查频率与现场监测频率一致，由安全巡视人员对城市轨道交通运营线路结构及监测设施进行巡查并填写现场巡查报表，巡查报表应包括下列内容：

① 现场安全巡查中采用的巡查设备、方法；

② 现场安全巡查的巡查范围和巡查日期；

③ 对比工前现场巡查报表分析城市轨道交通结构病害发展状况；

④ 统计分析病害类型、分布位置、严重程度；

⑤ 对城市轨道交通结构安全状态的评述；

⑥ 基准点、监测点完好状况、保护情况；

⑦ 对监测和巡查工作的建议。

3）长期监测加密巡查

当城市轨道交通结构出现符合本书第 3.1.9 节规定的需提高巡查频率，或因极端事件、突发事件使城市轨道交通结构受破坏，采取维修、更换等措施后，应进行加密巡查，巡查范围应包括城市轨道交通结构调整巡查频率区段、应急处治后对应位置两端外扩 50～80m，巡查频率同加密监测频率一致，由安全巡视人员对城市轨道交通结构及监测设施进行加密巡查并填写现场巡查报表，巡查报表应包括下列内容：

① 现场安全巡查中采用的巡查设备、方法；

② 现场安全巡查的巡查范围和巡查日期；

③ 城市轨道交通结构处治位置照片及安全状态的评述；

④ 基准点、监测点完好状况、保护情况；

⑤ 对监测和巡查工作的建议。

5.2　专项监测的安全巡查与实施

在开展专项监测的同时，宜对结构及监测点进行巡查。专项监测应在外部作业开工前进行初始巡查，在施工过程中进行过程巡查，完工后进行工后巡查，并结合影像数据做好相应记录。

5.2.1　安全巡查适用范围

城市轨道交通运营单位对重点保护区内外部作业实施过程进行专项监测巡查，确保实施过程严格执行专项安全防护方案。

外部作业建设单位应组织落实城市轨道交通既有结构专项安全防护方案，对外部作业实施过程进行监督检查，制止施工单位危及城市轨道交通既有结构安全的违规行为。

（1）城市轨道交通既有结构侧方的重大影响基坑卸载作业。

（2）城市轨道交通结构正上方的基坑工程卸载作业。

（3）城市轨道交通结构邻近的基坑工程卸载作业。

（4）城市轨道交通控制保护区内的建（构）筑物拆除作业。

（5）城市轨道交通控制保护区范围内弃土堆载、重型机械停放等显著增加既有结构周边地层应力的作业。

（6）城市轨道交通控制保护区范围内的高层建筑。

（7）城市轨道交通控制保护区范围内的道路设计与施工对轨道交通结构安全的不利影响：

1）施工过程堆载、卸载和施工荷载等引起的轨道交通结构附加应力及变形。

2）道路长期使用期间（车辆动荷载）的地基变形引起的轨道交通结构附加应力及变形。

（8）城市轨道交通控制保护区内的爆破作业。

（9）城市轨道交通控制保护区内的水下爆破作业。

（10）浅基础施工对轨道交通结构安全的不利影响。

（11）基底压力、基础侧向压力等引起的轨道交通结构受力状态变化。

（12）施工及长期使用期间的地基变形引起的轨道交通结构附加应力及变形。

（13）既有结构非常接近判别区上方的钻探施工作业。

（14）城市轨道交通控制保护区内的冻结法作业。

（15）城市轨道交通轨行区地面结构和高架结构的正上方外部高空作业吊重作业。

（16）城市轨道交通控制保护区内的高压旋喷、后注浆等带压力地基改良作业。

（17）城市轨道交通控制保护区内的锚杆（索）施工作业。

（18）城市轨道交通控制保护区内船只的抛锚、拖锚作业。

（19）城市轨道交通控制保护区内的航道、内湖的清淤疏浚作业。

（20）城市轨道交通轨行区地面结构和高架结构的正上方外部高空作业吊重作业

5.2.2 安全巡查范围

按照外部施工对城市轨道交通车站、区间隧道、场段、主变电所等结构设施安全有影响的范围巡查。

5.2.3 安全巡查内容

开展专项监测，对城市轨道交通运营设备设施状态安全巡查的主要对象有车站结构、隧道、高架结构，路基、建（构）筑物、轨道、接触网等，与长期安全巡查对象、内容基本一致。此外，针对开展专项安全巡查的原因，需对城市轨道交通外部环境、施工工况等进行巡查。专项监测的巡查包含结构及监测点的巡查、开工前初始巡查、施工过程中巡查及完工后巡查。

1. 在开展专项监测的同时宜对结构及监测点进行巡查

规定巡查的频率与监测的频率保持一致，符合实际情况，巡查作为监测的一种手段，能够全面排查现场情况，能够发现其他仅凭监测数据无法反映的问题。

2. 外部作业开工前初始巡查

在外部作业开工前，应对轨道交通结构表现病害进行初始状态普查，编制初始状态普查报告，并经外部作业过程建设、轨道交通经营单位的确认。

对施工区域与轨道交通结构边线的间距小于5m的外部作业工程，应在施工前进行现场实际工程影响相对位置关系测量。

3. 外部作业施工过程中巡查

在外部作业施工过程中，安全巡视巡查应包括外部作业工程施工现场巡查、城市轨道交通设施安全巡查、城市轨道交通设施沿线地面环境安全巡查。重点应对安全监控范围内的城市轨道交通设施的结构、轨道、接触网、管线等实施详细的安全巡查，并结合影像数据做好相应记录。

（1）城市轨道交通设施安全巡查

1）城市轨道交通结构监测人员应按照轨道交通结构监测频率中的人工监测频率对轨

道交通结构进行巡视检查，具体巡视检查内容包括轨道交通结构密闭、完整状态。密闭状态检查应记录渗漏出现的位置、程度及发展趋势；完整状态检查应记录结构损伤出现的位置、程度及发展趋势，包括变形缝开合度及错台、结构裂缝、管片错台及接缝张开、道床离缝等。

2）结构巡检应查明并以展开图记录结构病害类型、位置、程度及其变化情况。

3）渗漏病害检查应查明渗漏位置、范围及特征，盾构隧道需明确至接缝、环缝或注浆孔具体位置，滴漏应确定滴漏频率。

4）结构开裂应记录位置、走向、长度宽度等，盾构隧道重点关注拱顶及两侧，对需要观测的裂缝进行统一编号，拍照时宜在合适位置放置有刻划的直尺等装置，以反映裂缝尺寸。结构接缝应测定接缝宽度和错台，对需要观测的接缝进行统一编号，拍照时宜在合适位置放置有刻划的直尺等，以反映接缝宽度或错台量。

5）结构损伤应记录位置、面积和程度等，盾构隧道重点关注两侧腰间压损性损伤。结构与道床剥离应记录剥离里程、长度、脱开量、冒泥（砂）与翻浆等。

6）轨道巡检应查明轨道轨距、轨顶水平、轨道平顺度（轨向）等几何形位，按工务维修轨道检测方法进行量测。接触网巡检应保证接触悬挂能稳固地处在规定空间的位置上，按供电维修接触网检测方法进行量测。

（2）外部作业工程施工现场巡查

1）外部作业施工过程中，每天应由外部作业监测人员对轨道交通安全保护区范围内的外部作业进行巡视检查，以临近轨道交通结构区域为巡视检查重点，巡视检查内容应满足外部作业检测相关规范的相应要求。

2）外部作业施工现场巡查应关注施工时序与要点是否与经审批的施工组织设计方案一致，以外部作业工程与轨道交通线路展开图集影像资料记录项目施工工况。

3）轨道交通设施沿线地面环境巡查

轨道交通设施沿线地面环境巡查主要是对沿线周边环境的巡查。主要观察周边路面或地表的裂缝、沉陷、隆起、冒浆的位置、范围等情况，路面或地表的超载情况；周边地下管线的沉陷、漏水或喷水、漏气等情况。

沿线河流湖泊的水位变化情况，水面出现漩涡、气泡及其位置、范围，堤坡裂缝宽度、深度、数量及发展趋势。暴雨或持续降雨后的周边环境巡查情况。

4. 外部作业完工后巡查

在外部作业完工后，应对轨道交通结构表现病害进行完工后的状态检查，与初始状态普查结构进行比对，有病害的采取相关措施。并对在外部作业施工过程中，针对外部作业工程施工现场巡查、轨道交通设施安全巡查、轨道交通设施沿线地面环境安全巡查中出现的问题在工后是否还存在，若存在进行跟踪解决，并采取有效措施消除。

5.2.4 安全巡查周期及频率

（1）在外部施工或地质条件变化影响范围内的既有轨道交通隧道内布设地铁隧道（车站）结构竖向位移、地铁隧道（车站）结构水平位移、隧道结构净空收敛、轨道结构竖向位移、轨道几何形位等监测项目，尤其是轨道结构布设静力水准仪等自动化监测设施，并对结构渗漏水、裂纹、掉块、错台、轨道几何尺寸超限、接触网导高或拉出值超限、消防及排水管道断裂、其他设备设施的正常使用，严重者还会影响到电客车的正常运营等情况进行巡查，及时掌握既有轨道交通隧道结构、轨道结构的变形变化情况，表 5.2-1 为专项监测项目安全巡查周期及频率表。

专项监测项目安全巡查周期及频率表　　　　　　　表 5.2-1

现场巡视频率	现场巡视周期
在实施人工监测的同时进行巡查	同人工监测周期

（2）在监测过程中遇到下列特殊、周边环境变化情况时，确保轨道交通结构安全，既有地铁隧道监测巡查频率调整，原则上当出现下列情况之一时，应加强监测，提高人工监测巡查的频率，并及时向业主及产权单位报告监测结果：

1）监测数据异常或变化速率较大；

2）盾构隧道发生较大错台、裂缝或渗漏水；

3）邻近工程施工、超载、振动等周边环境条件较大改变；

4）根据当地工程经验判断，出现其他必须进行警情报送的情况；

5）存在勘察未发现的不良地质条件，并影响工程安全；

6）地下管线、道路及地表等周边环境发生较大变形；

7）工程出现异常；

8）工程事故后重新组织施工；

9）暴雨或长时间连续降雨；

10）邻近工程施工、超载、振动等周边环境条件较大改变；

11）周边地表出现突然沉降或较严重的突发裂缝、坍塌；

12）根据当地工程经验判断，出现其他必须进行警情报送的情况。

5.2.5　安全巡查方式

专项监测的安全巡查方式可参照本书第 5.1.4 节。

5.2.6　安全巡查要求

专项监测安全巡查要求除应满足本书第 5.1.5 节相关要求外，还应满足以下要求：

（1）专项监测安全巡查应结合外部作业工程施工情况、专项监测数据情况，综合评定城市轨道交通结构安全状况。

（2）专项监测安全巡查应根据外部作业工程施工工序对城市轨道交通结构影响程度，相应细化安全巡查频率。

（3）专项监测安全巡查工作宜采用新型技术手段，如无人机、GNSS 卫星定位设备等技术，提高巡查工作准确性和效率。

第6章　监测项目控制值、预警及消警

城市轨道交通工程监测项目控制值是为运营期城市轨道交通线路结构病害段及受外部可能影响段的安全管理提供标准，是确保城市轨道交通工程运营安全和环境安全所采取的监测工作目标允许变形的具体量化，是表征工程"安全-不安全"的界限。

监测项目控制值按监测项目的类别分类长期监测控制值和专项监测控制值。长期监测控制值应综合城市轨道交通既有结构特点、运营安全要求、建设期变形情况及当地工程经验等因素确定。专项监测控制值应根据城市轨道交通结构沿线的外部作业影响等级、轨道交通结构设计容许变形量、自身结构特点和情况、安全管理和运营要求，结合当地工程经验，在现状调查的基础上，并考虑轨道交通结构已有的变形量，通过综合分析及安全评估确定。监测项目控制值按监测项目的性质分为变形监测控制值和力学监测控制值，变形监测控制值应包括变形监测数据的累计变化值和变化速率值，力学监测控制值宜包括力学监测数据的最大值或最小值。

依据《建设工程安全生产管理条例》《南宁轨道交通工程监测管理办法》等，为加强城市轨道交通工程监测管理，保障城市轨道交通线路结构安全及运营安全，防止重大安全生产事故的发生以及更好地规范和协调各有关单位在工程监测中的工作准则与关系，必须制定预警、报警管理办法，明确城市轨道交通运营过程中预警、响应、消警等环节的具体实施细则。

城市轨道交通工程监测预警等级分为黄色预警、橙色预警和红色预警三个等级，运营单位根据监测预警等级和预警标准建立预警管理机制，预警管理机制包括不同预警等级的警情报送对象、时间、方式和流程等。当监测数据达到预警标准时，需进行警情报送。

城市轨道交通工程运营单位及监测管理和实施单位需结合当地轨道交通工程运营实际情况，建立消警机制以及消警的动态管理台账。

6.1　监测项目控制值

6.1.1　概述

在工程监测中，每一项监测的项目都应根据工程的实际情况、周边环境和设计计算书事先确定相应的监控报警值，用以判断支护结构的受力情况、位移是否超过允许的范围，进而判断结构的安全性，并采取有效及时的处理措施。监测项目控制值的大小直接影响结构自身和周边环境的安全，因此，合理确定监测项目控制值是一项十分重要的工作。

6.1.2　长期监测项目控制值

长期监测控制值应综合城市轨道交通既有结构特点、运营安全要求、建设期变形情况及当地工程经验等因数确定，监测控制值可按各城市运营管理部门发布的相关标准执行。当无标准时可参考表6.1-1确定。

长期监测控制值
表 6.1-1

序号	监测对象	监测项目		控制指标	
				单次控制值	累计控制值
1	车站结构	竖向位移		+3mm，−5mm	+5mm，−10mm
2	隧道结构	竖向位移		+3mm，−5mm	+5mm，−10mm
3		水平位移		±4mm	±10mm
4		净空收敛		±5mm	±10mm
5		隧道差异沉降		—	0.04%LS
6		变形缝差异沉降		—	4mm
7	高架结构	墩柱竖向位移		±5mm	±10mm
8		墩柱差异沉降（横桥向）		—	0.001L
9		墩柱差异沉降（顺桥向）		—	10mm
10		梁体跨中竖向挠度	L≤30m	—	L/2000
			30m<L≤60m	—	L/1500
			60m<L≤80m	—	L/1200
			L>80m	—	L/1000
11		墩柱倾斜		—	3‰且墩顶偏移量≤20mm
12	路基	竖向位移		±10mm	±20mm
13	建（构）筑物	竖向位移		±5mm	±10mm
14		建（构）筑物差异沉降		—	0.001L
15		结构变形缝		—	4mm
16		网架挠度		—	小于设计值的1.15
17	道床结构 支挡结构 及边坡防护	地下道床竖向位移		+3mm，−5mm	+5mm，−10mm
18		地面整体道床竖向位移		±5mm	±10mm
19		地面有砟道床竖向位移		±10mm	±20mm
20	支挡结构 及边坡防护	墙（坡）顶竖向位移		±10mm	±30mm
21		墙（坡）顶水平位移		±10mm	±30mm
22	边沟及排水设施	竖向位移		±10mm	±20mm

　　由本书第3.1.9节可知，长期监测频率周期较长，变化速率控制值无法达到控制要求，表6.1-1中提出单次控制值概念：每次监测周期内的阶段变化控制值。对每次监测周期内的阶段变化量提出控制要求，更好地为保证运营线路安全提供技术支持。

6.1.3 专项监测项目控制值

　　专项监测控制值根据城市轨道交通结构的监测项目控制值、监测预警等级应根据外部作业影响等级、轨道交通结构设计容许变形量、自身特点和情况、安全管理和运营，结合当地工程经验，在现状调查的基础上，并考虑轨道交通结构已有的变形量，通过综合分析及安全评估确定。

专项监测区分车站结构、隧道结构、高架结构、路基结构、建（构）筑物、支挡结构、道床轨道、附属结构、其他设施、周边环境等不同结构各项目控制值，监测控制值可按各城市运营管理部门发布的相关标准执行。当无标准时可参考表 6.1-2 确定。

专项监测控制值   表 6.1-2

序号	监测项目		控制指标	
			变化速率	累计控制值
1	车站结构	结构竖向位移	1mm/d	＋5mm，－10mm
2		结构变形缝差异沉降	1mm/d	4mm
3		结构水平位移	1mm/d	±10mm
4		结构裂缝	—	0.3mm
5		结构变形缝开合度	—	2mm
6	隧道结构	结构竖向位移	1mm/d	＋5mm，－10mm
7		结构变形缝差异沉降	1mm/d	4mm
8		结构水平位移	1mm/d	±10mm
9		区间隧道净空收敛	2mm/d	±10mm
10		结构裂缝	—	0.3mm
11		结构变形缝开合度	—	2mm
12	高架结构	桥墩结构竖向变形	1mm/d	±10mm
13		梁体跨中竖向挠度（GB 50157） $L \leqslant 30m$	—	$L/2000$
14		$30m < L \leqslant 60m$	—	$L/1500$
15		$60m < L \leqslant 80m$	—	$L/1200$
16		$L > 80m$	—	$L/1000$
17		桥墩倾斜	—	3‰且墩顶偏移量
18				不大于20mm
19		桥墩结构水平位移（横桥向）	—	$\pm 2\sqrt{L}$ (mm)
20		桥墩结构水平位移（顺桥向）	—	$\pm 2\sqrt{L}$ (mm)
21		结构裂缝 墩柱（广州）	—	0.25mm（水中）0.4mm（一般环境）
		梁体	—	0.2mm
22	路基结构	整体道床竖向位移	1.5mm/d	10～20mm
23		碎石道床竖向位移	1.5mm/d	20～30mm
24	建（构）筑物	结构竖向位移	1mm/d	±10mm
25		差异沉降	—	$0.001L$
26		结构变形缝差异沉降	—	4mm
27		网架挠度	—	小于设计值的1.15
28		裂缝宽度	—	0.3mm

续表

序号	监测项目			控制指标	
				变化速率	累计控制值
29	支挡结构	结构竖向位移		2mm/d	30mm
30		结构水平位移		2mm/d	20mm
31	道床	地下道床竖向位移		1mm/d	+5mm，−10mm
32		地面整体道床竖向位移		1mm/d	±10mm
33		道床裂缝宽度		—	0.3mm
34	轨道	轨道静态几何尺寸（《普速铁路线路修理规则》TG/GW 102—2019）	轨距	—	−4mm，+7mm
35			高低	—	6mm
36			轨向	—	6mm
37			水平	—	6mm
38			三角坑	—	5mm
39		无缝线路钢轨位移		—	20mm
40	附属结构	结构竖向位移			±10mm
41		结构变形缝差异沉降			4mm
42		人防门差异沉降			1mm

6.2 预警

6.2.1 预警概述及分类

本书中所制定的预警、报警管理办法是结合现场监测数据、巡视信息，通过核查、综合分析和专家咨询等，由运营单位及时判定出工程风险大小，确定相应预警级别。各城市可根据自身条件制定相应预警等级。

一般可将预警分为监测预警、巡视预警和综合预警三类。

监测预警是依据运营过程中监测点的实际监测值与运营单位提出的监测控制指标值（包括变形量、变化速率"双控值"）进行对比，确定监测对象（工程本体、周围岩土体或周边环境）不安全程度的预警。

巡视预警是运营过程中通过现场巡视和分析，对结构自身或周边环境因存在安全隐患或处于不安全状态而进行的预警。

综合预警是通过进一步分析监测预警和巡视预警的级别、数量及分布范围、事故发展等情况，综合判定出风险工程的不安全状态而进行的预警。综合预警宜通过现场核查、会商和专家论证等确定。

6.2.2 预警依据及等级

预警按照级别从低到高分为黄色、橙色和红色三级预警，预警级别应由运营单位根据相关技术要求和相关管理办法而制定。

1. 监测预警

城市轨道交通结构的监测项目控制值、监测预警等级应根据外部作业影响等级、轨道交通结构设计容许变形量、自身特点和情况、安全管理和运营要求，结合当地工程经验，在现状调查的基础上，并考虑轨道交通结构已有的变形量，通过综合分析及安全评估确定。

监测可分为长期监测和专项监测，监测控制值应综合城市轨道交通既有结构特点、运营安全要求、建设期变形情况及当地工程经验等因素确定。

长期监测预警分级标准见表6.2-1；专项监测数据预警分级标准见表6.2-2。

长期监测数据预警分级标准表　　　　　　　　表6.2-1

预警级别	预警状态描述
黄色预警	控制值的60%≤累计变化量＜控制值的80%
橙色预警	控制值的80%≤累计变化量＜控制值的100%； 或单次变化量≥单次控制值
红色预警	累计变化量≥控制值的100%

专项监测数据预警分级标准表　　　　　　　　表6.2-2

预警级别	预警状态描述
黄色预警	累计控制值的60%≤累计变化量＜累计控制值的80%； 或变形速率≥速率控制值的100%
橙色预警	累计控制值的80%≤累计变化量＜累计控制值的100%； 或同一测点连续两天变形速率≥速率控制值的100%
红色预警	累计变化量≥控制值的100%； 或变形速率出现急剧增长时

2. 巡视预警

巡视预警应根据结构特点、地质情况、运营要求、风险等级预判等制定具体的巡视内容及出现风险时对应的预警等级。巡视过程中出现下列警情之一时，应根据警情紧急程度、发展趋势和造成后果的严重程度按预警管理制度进行巡视预警及报送：

（1）主体结构出现明显变形、较大裂缝、断裂、较严重渗漏水，支护结构出现明显沉降、隆起、变位或脱落、锚杆出现松弛或拔出等。

（2）隧道结构出现涌砂、涌土、管涌、较严重渗漏水、突水，滑移、坍塌及较大隆起等。

（3）周边地表出现突然明显沉降或较严重的突发裂缝、坍塌或地面冒浆、泡沫等。建（构）筑物、桥梁等周边环境出现不正常状态或结构安全的过大沉降、倾斜、裂缝等。周边地下管线变形突然明显增大或出现裂缝、泄漏等。

（4）下穿江河湖等水系的隧道，水面出现漩涡、气泡、堤坡开裂。其他轨道交通线路、铁路、公路隧道结构开裂、剥落，道床结构开裂，变形缝开合、错台等。长期监测巡查预警分级标准见表6.2-3。

监测巡查预警分级标准表　表 6.2-3

预警级别	预警状态描述
黄色预警	开裂宽度<0.2mm,裂缝有潮湿的情况
橙色预警	开裂宽度 0.7mm≥δ≥0.2mm;裂缝有发展,但速度不快;同时有滴漏
红色预警	开裂宽度>0.7mm,裂缝发展速度较快;同时有严重的线漏

3. 综合预警

综合预警级别参考以下规定：

黄色综合预警：当某控制指标预警达红色且巡视检查发现自身结构或周边环境出现异常（较大渗漏、建筑物差异沉降等），经综合技术分析，达到黄色综合预警条件，发布黄色综合预警。

橙色综合预警：当某控制指标预警达红色，巡视检查发现自身结构或周边环境出现严重异常（产生塌方、大面积渗漏、建筑物差异沉降产生裂纹等），经综合技术分析，达到黄色综合预警条件，且可能引起的后果大于"非常严重的"时，发布橙色综合预警。

红色综合预警：当某风险工程经综合技术分析，已达到橙色综合预警条件，且发生事故的可能性大于"频繁的"或可能引起的后果大于"灾难性的"时，发布红色综合预警。

6.2.3 预警发布

（1）监测预警由信息平台依据设定的预警标准及上传数据进行比对后，由监测单位向运营单位申请，经批准后由运营单位在相应信息平台进行发布。

（2）巡视预警根据现场风险状况经运营单位核实后，将相关信息上传至信息平台，由信息平台发布。一方发布预警后，其他单位不再针对同一工程部位发布同一类别、同一等级的巡视预警。

（3）综合预警由运营单位依据监测数据、现场巡视信息及风险状况评价，同时参考相关方提出的综合预警建议，经综合判定后可由信息平台进行发布。

（4）出现风险事件后，不再对发生风险事件的工程部位发布巡视预警或综合预警，但可就风险事件可能引发的次生灾害、邻近部位可能导致的风险状况发布预警。

（5）巡视预警和综合预警均通过信息平台发布。发布时，发布单位应明确发布预警的具体部位、现场风险状况、初步原因分析、可能诱发的风险事件、处置建议等，并附相关工程部位的现场照片。

（6）巡视预警、综合预警发布的时限要求如下：

1）巡视预警应在巡视当天通过信息平台发布。

2）黄色综合预警应在现场情况确认后 12h 内通过信息平台发布。

3）橙色综合预警应在现场情况确认后 6h 内通过信息平台发布。

4）红色综合预警应在现场情况确认后 2h 内通过信息平台发布，并以电话方式通知相关单位。

5）特级风险工程的各级预警执行"红色综合预警"的时间要求。

6.2.4 预警响应

当出现警情时，监测单位应立即利用监测数据处理与信息管理系统软件、网络、电话、信息等快捷信息传递方式报送至运营单位及各参建单位。预警响应表如表 6.2-4 所示。

预警响应表 　　　　　　　　　　　　　　　　　　　　　　　表 6.2-4

预警等级	预警响应
黄色预警	现场加密监测及巡查并分析原因
橙色预警	现场加密监测、巡查,启动会商机制,并采取调整施工进度、优化施工参数、完善工艺方法等措施
红色预警	现场加密监测、巡查,启动会商机制和应急预案,并立即采取必要的控制措施
综合预警	现场加密监测、巡查,启动会商机制和应急预案,召开专家论证会判断目前安全状态,并制定有效的控制措施

6.3 消警

6.3.1 消警概述及分类

本书中所制定的监测项目预警，通过相关技术措施与管理手段，达到消除监测项目安全隐患且具备解除警戒条件的，可进行消警。

结合监测项目预警等级，长期监测项目预警和专项监测项目预警消警分为监测预警消警、巡视预警消警、综合预警消警三类。

6.3.2 长期监测项目预警消警

专项监测项目监测预警消警由预警发布单位信息发布平台执行消警操作。巡视预警消警、综合预警消警应在履行消警审批程序后，由发布单位消警。

1. 长期监测项目监测预警、巡视预警消警条件

在安全风险处理结束后，至少具备以下条件之一时，即达到消警标准：

（1）预警期间没有发生地铁结构事故或环境风险事故，且没有次生灾害发生，监测数据变化持续在规定的控制值范围内，预警部位已不影响地铁结构安全和周边环境安全，且已不存在后期大的受力转换和监测数据变化可能；

（2）监测预警发生范围内的地铁结构不存在后期大的受力转换和监测数据变化可能；

（3）发生了地铁结构事故或环境风险事故并已进行了处理，监测数据变化持续在规定的控制值范围内，预警部位已不影响地铁结构安全和周边环境安全，且已不存在后期大的受力转换和监测数据变化可能。

（4）经专题会议综合分析评估，确认地铁结构风险和环境风险解除时，即达到消警标准。

2. 长期监测项目综合预警消警条件

经专题会议综合分析评估，确认工程本身风险和环境风险解除时，即达到消警标准。

3. 长期监测项目监测预警、巡视预警消警程序

长期监测项目监测预警、巡视预警消警根据预警等级分级管控，由监测项目实施单位提交消警申请表（主要内容包括预警响应及处理情况、监测数据稳定性分析、现场巡查状况及安全评价等），经运营监测管理单位审核，报运营单位审批后进行消警，并抄报预警发布单位备案。

4. 长期监测项目综合预警消警程序

长期监测项目综合预警通过专题会议综合分析评估确认地铁结构安全风险和环境风险解除后，由项目实施单位提交消警申请表（主要内容包括预警响应及处理情况、监测数据稳定性分析、现场巡查状况及安全评价等），经运营监测管理单位审核，报运营单位审批后进行消警，并抄报预警发布单位备案。

6.3.3　专项监测项目预警消警

专项监测项目监测预警消警由预警发布单位在安全风险管理信息系统执行消警操作。巡视预警消警、综合预警消警应在履行消警审批程序后，由发布单位消警。

1. 专项监测项目监测预警、巡视预警消警条件

在专项监测项目工程安全风险处理结束后，至少具备以下条件之一时，即达到消警标准：

（1）预警期间没有发生工程自身事故或环境风险事故，且没有次生灾害发生，监测数据变化持续在规定的控制值范围内，预警部位已不影响施工安全、隧道结构安全和周边环境安全，且已不存在后期大的受力转换和监测数据变化可能；

（2）监测预警发生范围内地铁主体结构工程不存在后期大的受力转换和监测数据变化可能；

（3）发生了工程自身事故或环境风险事故并已进行了处理，监测数据变化持续在规定的控制值范围内，预警部位已不影响施工安全、隧道结构安全和周边环境安全，且已不存在后期大的受力转换和监测数据变化可能。

2. 专项监测项目综合预警消警条件

经施工单位、监理单位、专项监测单位、设计单位、咨询评估单位、建设单位、运营单位等各方组织专题会议综合分析评估后，确认工程本身风险和环境风险解除时，即达到消警条件。

3. 专项监测项目监测预警、巡视预警消警程序

专项监测项目监测预警、巡视预警由施工单位提交消警申请表（主要内容包括预警响应及处理情况、监测数据稳定性分析、现场巡查状况及安全评价等），经运营监测管理单位审核，报运营单位审批后进行消警，并抄报预警发布单位备案。

4. 专项监测项目综合预警消警程序

专项监测项目综合预警根据预警等级分级管控，通过六方会议或专家会议综合分析评估确认工程本身风险和环境风险解除后，由施工单位提交消警申请表，由施工单位、监理单位、专项监测单位、设计单位、咨询评估单位、建设单位、运营单位审查（必要时由监

理单位组织召开消警分析会），报运营单位审批后进行消警。

6.3.4 消警申请

消警申请需将消警申请表（消警申请表，详见本书附件 I)、会议纪要及现场整改后照片等资料上交预警发布单位后，执行相关消警操作。

第7章　监测成果及信息反馈

城市轨道交通运营线路结构监测长期监测成果可分为阶段性报告、警情报告和总结报告；专项监测成果可分为日报、阶段性报告、警情报告和总结报告。成果报告应采用文字、表格、图片、照片等形式，表达直观、明确。

7.1　监测成果

将现场实测资料通过固定的格式和完整、清晰的内容表现出来，以反映监测对象的安全状态变化情况。监测成果以日报、阶段性报告、预警报告和总结报告等形式提交。

7.1.1　长期监测成果

长期监测成果可分为阶段性报告、警情报告和总结报告。

1. 阶段性报告应包括的内容

（1）工程概况；

（2）现场巡查信息：巡查照片、记录等；

（3）监测数据图表：监测项目的单次变化值、累计变化值、变化速率值、时程曲线、必要的断面曲线图、等值线图、监测点平面布置图等；

（4）监测数据、现场巡查信息的分析与说明；

（5）结论与建议。

2. 警情报告应包括的内容

（1）警情发生的时间、地点、情况描述、严重程度、结构形式等；

（2）现场巡查信息：巡查照片、记录等；

（3）监测数据图表：监测项目的单次变化值、累计变化值、变化速率值、监测点平面位置图；

（4）警情原因初步分析；

（5）警情处理措施建议。

3. 总结报告应包括的内容

（1）工程概况；

（2）监测目的、监测项目和监测依据；

（3）监测点布设；

（4）采用的仪器型号、规格和元器件标定资料；

（5）监测数据采集和观测方法；

（6）精度统计与误差分析。

7.1.2 专项监测成果

专项监测成果可分为日报、阶段性报告、警情报告和总结报告。现场巡检信息包含巡检照片、记录等。

1. 监测日报

监测日报是当天监测工作的日志和报告，主要包含以下内容：

（1）当前工程进展概况

当日工程施工情况（施工内容、方法、进度等）及监测工作进展情况（监测点变更情况和理由，监测频率变动情况的说明，监测工作存在的问题等）。

（2）现场巡视信息

现场巡视的照片、影像、草图和文字记录等，现场巡视表要按照规范中相关内容进行记录，并结合施工工况进行现场描述和分析。

（3）监测成果汇总

监测成果要求按规定的格式分项归类、汇总，各测点的监测数据要按监测日期顺序准确填报，表格中现场监测、计算、校核、项目负责人必须签名，确保表中内容准确真实。通过监测数据，绘制监测结果的时程变化曲线，并根据曲线的发展均势进行理论分析。

（4）监测测点布设图

日报附现场监测测点布设图，图上监测测点号必须与监测成果表中的点号根对应并一致，如有新增点或变更点，应在新增或变更当日报表中及时更新附图。

（5）监测及巡视成果分析报告

根据监测数据和生成的曲线进行理论分析，并结合现场实际情况对变形较大的点作出的当日综合分析，预测"变化趋势"，根据工况和地质条件分析产生较大变形的原因，并对该点的变形是否对工程本体及周围环境的安全产生不利影响作出判断。根据监测单位自身水平对现场施工重点环节、工艺方法、测点保护情况、施工监测工作情况和安全状态等提出中肯的评价和建议。

（6）预警信息

对各项监测数据进行统计，指出累计值较大并达到或超过报警值的测点及其位置，并写明预警级别，结合施工工况对预警原因进行重点分析，预测施工中是否存在危险，提出可行性建议。

2. 预警快报（专题报告）

预警快报是根据监测数据或巡视记录认为现场已经处于预警状态的报告。报告体现一个"快"字，也就是说依据监测记录及时准确预警、及时报告相关单位。报告内容主要包含：

（1）警情概况，即警情发生的时间、地点、情况说明、严重程度、施工工况等；

（2）现场巡视信息（巡视照片、影像文字记录、具体时间等）和监测数据图表（包括监测值、累计值变化值、变化速率、监测点平面位置图、监测项目时程曲线图等）；

（3）警情原因初步分析；

（4）警情处理措施建议等。

3. 阶段性报告（周报或月报）

阶段性报告（周报或月报）是前一阶段的监测数据汇总统计的分析报告。报告主要内容：

（1）前一阶段工程施工概况汇总、主要工程节点或关键点；

（2）现场巡视信息汇总表述（重要的巡视照片、影像文字记录、具体时间等）和监测数据汇总图表（各监测项目累计变化值、变化速率值、时程曲线、必要的断面曲线图、等值线图、监测平面位置图等）；

（3）监测数据和巡视信息的分析说明；

（4）结论和建议（如有预警，则补充预警、响应等内容）。

4. 监测总结报告

监测工作全部结束后，需对整个项目进行总结，并形成最终的监测总结报告（也称监测总报告）。监测总结报告应包括以下方面内容：

（1）工程概况；

（2）监测目的、监测项目（如有变更需表述清楚原因）；

（3）监测依据；

（4）监测点布设（如有变更需说明）；

（5）采用的仪器型号、规格和元器件标定资料；

（6）监测数据采集和监测方法（如有变更需要说明原因、变更后的精度）；

（7）现场巡视信息（巡视照片、影像文字记录、具体时间等）；

（8）监测数据图表（监测值、累计变化值、变化速率值、时程曲线、必要的断面曲线、等值线图、监测点平面布置图等）；

（9）监测数据、巡视信息汇总分析说明（含预警、响应及消警等内容）；

（10）质量检查报告（项目组检查和单位最终检查报告）；

（11）结论与建议。

7.1.3　监测成果格式

监测成果格式要求按照本书附录 D 至附录 L 的规定执行，成果内容应当清晰可见，签字齐全，不得随意涂改。

7.1.4　其他要求

取得现场监测资料后，应及时对监测资料进行整理、分析和校对，监测数据出现异常时，应分析原因，必要时进行现场核对或复测。

7.2　监测信息反馈

监测信息反馈是整体监测工作的重要环节，反馈的对象准确，反馈的时间及时，才能达到信息化施工目的。监测成果通常以书面报告、电子邮件和监测信息化平台等形式反馈；在异常情况下一般以短信、电话等形式立即反馈，并在规定时间内以书面报告形式报送到相关方签收确认。

　　监测单位应与各相关单位建立信息反馈机制，并将长期监测与专项监测的成果按规定的信息反馈流程、格式和内容及时向相关单位报送。监测数据的处理与信息反馈利用专门的监测数据处理与信息管理系统软件，实现数据采集、处理、分析、查询和管理的一体化以及监测成果的可视化，便于相关单位及时、直观地查询监测信息。当出现警情时，监测单位应立即利用监测数据处理与信息管理系统软件、网络、电话、信息等快捷信息传递方式报送至运营单位及各参建单位。

　　监测信息反馈分长期监测信息反馈和长期监测信息反馈两种，每种信息反馈均包括信息反馈流程、监测成果发布、信息报送等。

7.2.1 长期监测

　　长期监测成果及信息应及时反馈至运营单位，其中警情报告应于警情发生后 24h 内上报；阶段性报告应于该阶段内监测工作完成 5 个工作日内上报；总结报告应于所有长期监测工作完成后 15 个工作日内上报。信息反馈流程、监测成果发布、信息报送如下。

　　1. 信息反馈流程

　　监测信息反馈包括多个环节，从现场巡视与监测、监测数据处理到监测成果发布，还包括异常情况下的应急响应等。其反馈流程可参考图 7.2-1。

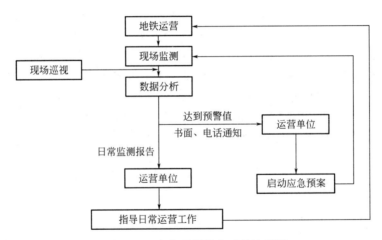

图 7.2-1　长期监测信息反馈流程图

　　2. 监测成果发布

　　为确保监测成果的质量，加快信息反馈速度，每次监测必须有监测成果，正常情况下的监测成果需按业主要求的报送时间、格式等发布，并及时进行监测成果的分析。

　　当数据异常或出现报警情况时，1h 内向运营单位提交监测成果及分析报告，对当前的既有监测对象状态进行评价和提出建议，以便及时采取措施，确保地铁结构安全。

　　当监测值达到控制值时，监测单位应紧急通知运营单位，并配合启动应急抢险预案，完成抢险工作后仍需继续进行监测，直到监测数据趋于稳定。

　　3. 信息报送

　　（1）信息报送内容

　　信息报送主要包含：监测成果表（测点布置图、阶段测值、累计测值、变形值、变形速率、监测时程变化曲线，沉降曲线图等、数据分析说明、预警判断等）；巡视信息（周边环境巡视信息、支护结构巡视信息、开挖面巡视信息等，成果主要包括巡视成果表、巡视情况图片等）以及监测结论和建议，即根据监测数据和巡视信息给出监测对象的变形状态稳定性评价，并提出专业性建议。

（2）信息报送时间与对象

1）预警快报

快报应及时通过口头、电话或短信等有效快捷方式上报运营单位，必要时上报建设单位主管领导及相关政府部门，并通过监测信息化平台进行同步快报。

2）日报、周报和月报

日报、周报和月报应分别在明确约定的时间段以书面形式和监测信息化平台报送运营单位。

7.2.2 专项监测

专项监测成果及信息应及时反馈至各参建单位，其中警情报告应于警情发生后 4h 内上报；日报应于本日监测工作完成后 12h 内上报；周报应于本周监测工作完成 2 个工作日内上报；总结报告应于所有长期监测工作完成后 15 个工作日内上报。信息反馈流程、监测成果发布、信息报送如下。

1. 信息反馈流程

监测信息反馈包括多个环节，从现场巡视与监测、监测数据处理到监测成果发布，还包括异常情况下的应急响应等。其信息反馈流程可参考图 7.2-2。

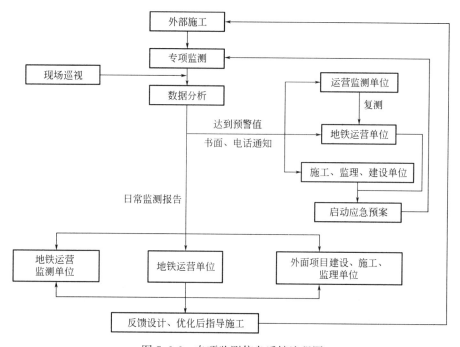

图 7.2-2 专项监测信息反馈流程图

2. 监测成果发布

正常情况下，监测单位根据工程规定的时间节点、对象和形式发布监测成果。

当监测值达到报警值时，监测单位在1h内迅速电话通知各方，并及时在应急管理微信群或QQ群上发布现场巡视情况照片或视频，并随时准备配合现场启动相应级别的预警处置程序。

当监测值达到控制值时，监测单位应紧急通知各方，并配合现场启动应急抢险预案，直到风险得到控制，变形趋于稳定。

3. 信息报送

（1）信息报送内容

信息报送主要包含：监测成果表（测点布置图、阶段测值、累计测值、变形值、变形速率、监测时程变化曲线，沉降曲线图等、数据分析说明、预警判断等）；巡视信息（周边环境巡视信息、支护结构巡视信息、开挖面巡视信息等，成果主要包括巡视成果表、巡视情况图片等）以及监测结论和建议，即根据监测数据和巡视信息给出监测对象的变形状态稳定性评价，并提出专业性建议。

（2）信息报送时间与对象

1）预警快报

快报应及时通过口头、电话或短信等有效快捷方式上报运营、建设单位，同时报送施工、监理单位及设计单位，必要时上报运营、建设单位主管领导及相关政府部门，并通过监测信息化平台进行同步快报。

2）日报、周报和月报

日报、周报和月报应分别在明确约定的时间段以书面形式和监测信息化平台报送监理单位，同时抄送建设单位。

7.3　监测信息反馈案例

本节通过分享长期监测与专项监测的信息反馈案例，来反映日常信息反馈的流程及内容要求，望给长期监测及专项监测的信息反馈提供一定的参考意义。

7.3.1　长期监测信息反馈案例

1. 工程概况

某市地铁2号线A～B站盾构区间在Y（Z）DK32＋984～Y（Z）DK33＋155与地铁1号线相交，本区间为地铁1、2号线并行区间。B～A站区间、A～B站区间自B站起四线平行驶离车站（图7.3-1），4条隧道从南至北起分别为地铁1号线左线、地铁2号线右线、地铁2号线左线、地铁1号线右线。线路在某位置附近地铁1号线右线上跨地铁2号线左右线，上骑至地铁1号线左线，形成斜交隧道。重叠段竖向净间距2m，线路最大坡度为24.203‰。右线隧道埋深约14.2～16.5m，左线隧道埋深14.5～24.5m，该位置底至区间隧道顶板覆土厚度约4.0m。随后2号线右线上骑至2号线左线，形成重叠隧道，与地铁1号线平行进入A站。

由于相交部位结构受力复杂，隧道重叠竖向净距较近，且会发生相互影响，无论哪条

图 7.3-1　某市某区间并行交叠示意图

线路的结构变形过大均会影响运营安全，因此地铁 2 号线在里程 Y（Z）DK32＋984～Y（Z）DK33＋155、地铁 1 号线在里程 ZSK16＋213.665～ZSK16＋475.722、YSK16＋084.265～YSK16＋475.726 重叠隧道相交的部位在合同文件中均划分为特殊地段，作为重点监测部位需要加强监测及巡查。

2. 监测范围及监测项目

本工程以地铁 2 号线隧道为例，依据相关规范及合同文件中的监测要求，结合重叠段的结构和影响范围，最终对地铁 2 号线里程 Y（Z）DK32＋984～Y（Z）DK33＋155 进行加密监测。

监测项目包含道床结构竖向位移、管片结构竖向位移、隧道断面净空收敛、隧道水平位移等项目。在正常区段道床结构竖向位移按照 30m 间距布设，隧道水平位移按照 60m 间距布设（与道床结构竖向位移同点监测），管片结构竖向位移按照 60m 间距布设，隧道断面净空收敛按照 120m 间距布设。在加密段范围之内按照 10m 间距布设断面，每个断面均布设道床结构竖向位移、管片结构竖向位移以及隧道断面净空收敛监测点，其中隧道断面净空收敛又分为竖向和水平两条测线方向的收敛，隧道水平位移监测点在加密段按照 30m 间距布设（与道床结构竖向位移同点监测）。

3. 监测频率及巡查频率

正常区段的各测项监测频率如下：

（1）隧道沉降监测频率（包含道床结构竖向位移、管片结构竖向位移）：第一年每 3 个月监测一次，第二年每 6 个月一次，以后每年一次。其中，第一次为初始值监测，独立监测两次取平均值（要求两次初始值监测人员为同一批）。

（2）隧道水平位移监测频率：第一年每 6 个月监测一次，之后每年一次。其中，第一次为初始值监测，独立监测两次取平均值（要求两次初始值监测人员为同一批）。

（3）隧道断面收敛监测频率：第一年每3个月监测一次，第二年每6个月一次，之后每年一次。其中，第一次为初始值监测，独立观测两次取平均值（要求两次初始值监测人员为同一批）。

特殊地段的监测频率如下：

（1）隧道沉降监测频率（包含道床结构竖向位移、管片结构竖向位移）：第一年每月一次，第二年每3个月一次，之后每6个月一次，发现变形地段或变形趋势地段按业主要求增加监测频率。

（2）隧道水平位移监测频率：隧道水平位移仅在特殊地段进行监测点的加密，监测频率与正常区段相同，即第一年每6个月监测一次，之后每年一次。

（3）隧道断面收敛监测频率：第一年每月一次，第二年每3个月一次，之后每6个月一次，发现变形地段或变形趋势地段按业主要求增加监测频率。

现场巡查频率及内容如下：

（1）对突发事件、故障抢修、异常变形或有异常变形趋势地段，按招标人要求进行现场巡查、加密监测。

（2）在开展监测的同时，应对结构及监测点进行巡查，巡查频率与现场监测频率保持一致，巡查内容主要包括道床结构的裂缝、错台、起鼓、渗漏水，隧道结构的裂缝、错台、破损、起鼓、掉块、剥落剥离、渗漏水，轨道的平顺性、异物侵入、裂缝、扣件脱落，接触网的异物侵入、烧伤、损坏、防护罩完好情况，监测设施方面的基准点、监测点完好状况、保护情况。

4. 监测成果分析及信息反馈

结合信息反馈的要求，特殊地段的报告分为日报，阶段报告及总结报告。

（1）日报

主要为当次监测的成果，以Excel的形式在当次完成监测之后的3天内发送至相关人员邮箱中。如果当次计算的监测数据出现预警情况，在预警等级中采用相应的颜色进行填充并备注预警等级，采用预警联系单的形式发送预警快报。监测日报主要包含以下内容：工程名称、天气、气温、报表编号、本次监测时间、上次监测时间、仪器型号、仪器编号、检定日期、监测点号、测点位置、初始值、上次监测值、本次监测值、本次变化量、累计变化量、预警等级、备注、阶段变化最大值、累计变化最大值、监测变化速率的统计、变化曲线图、监测单位、相关的现场监测人、计算人、复核人签字以及必要的备注说明等内容。

（2）阶段报告

主要是完成单个监测项目单次监测任务（例如第一次特殊地段监测），采用Word形式，在所有内容完成后的10个工作日内报送签字盖章的正式文件。阶段报告包含的内容主要有：

1）工程概况；

2）现场巡查信息：巡查照片、记录等；

3）监测数据图表：监测项目的单次变化值、累计变化值、变化速率值、时程曲线、必要的断面曲线图、等值线图、监测点平面布置图等；

4）监测数据、现场巡查信息的分析与说明；

5）结论与建议。

在本期监测数据分析中针对每个区间特殊地段的附合差精度，监测数据进行分析，此处仅列举本区间相关内容，如表 7.3-1 所示。

各区间附合差精度统计 表 7.3-1

区间	里程	长度(m)	规范限差（mm）	实测附合差（mm）	高差中误差（mm）
1.1.1 某左线	ZDK32+726.413~ ZDK33+373.179	647	1.1.2±3.22	1.1.3+0.01	1.1.4 0.0
1.1.5 某右线	YDK32+726.413~ YDK33+373.179	647	1.1.6±3.22	1.1.7+0.03	1.1.8 0.0

监测数据统计分析，统计本区间特殊地段阶段变化最大值与最小值，累计变化最大值与最小值，结合预警标准统计各种预警的数量、预警区域以及变化最大值的位置，并进行预警原因分析，绘制相关曲线图，并结合地质情况、外部环境变化情况、地铁保护区施工情况等进行综合分析：

某区间沉降监测点阶段变化量处在 $-2.5\sim+2.4$mm 之间，累计变化量处在 $-2.6\sim+2.4$mm 之间，监测数据均处在正常状态。收敛监测点阶段变化量处在 $-2.0\sim+2.0$mm 之间，累计变化量处在 $-6.0\sim+6.0$mm 之间，监测数据均处在正常状态。

由于本区间特殊地段在监测过程中未出现预警情况，引用另一区间特殊地段预警的分析情况如下：

某区间沉降监测点阶段变化量处在 $-2.8\sim+1.4$mm 之间，累计变化量处在 $-4.4\sim+3.8$mm 之间，区间有 5 个沉降监测点累计变化量达到黄色监测预警标准，其中累计变化量最大值为监测点 QWYD25+929 累计上浮 $+3.8$mm，本预警区段位置下穿五象湖区段，通过近一年的加密监测及五象湖的水位监测，在五象湖水位没有明显变化的情况下，预警段数据也较为稳定，沉降变化时程曲线图如图 7.3-2 所示。

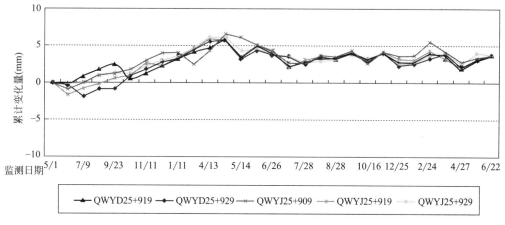

图 7.3-2 某区间沉降变化时程曲线图

监测结论与建议，针对此次特殊地段各区间的监测数据和巡查情况判断区间的安全程度，针对有预警的部位提出需要密切关注。

（3）总结报告

主要是对监测周期内所有监测项目的汇总分析和整体描述，以及对项目的建议等。总结报告包含的内容如下：

1）工程概况；

2）监测目的、监测项目和监测依据；

3）监测点布设；

4）采用的仪器型号、规格和元器件标定资料；

5）监测数据采集和观测方法；

6）精度统计与误差分析；

7）现场巡检信息：巡检照片、记录等；

8）监测数据图表：基准点联测成果表、超出预警值监测点统计、监测项目成果表（单次变化值、累计变化值、变化速率值）、时程曲线、必要的断面曲线图、等值线图、监测点平面布置图等；

9）监测数据、现场巡查信息的分析与说明；

10）结论与建议。

全线隧道监测数据值统计如表 7.3-2 所示。

全线隧道监测数据统计　　　　　　　　　　　　　表 7.3-2

区间	监测项目	监测点编号	累计变化最大值（mm）	控制值（mm）	监测结论
某区间	隧道竖向位移	CHZJ33＋314	－3.7	－10～＋5	正常
	隧道水平位移	CHYD33＋377	＋3.6	±10	正常
	隧道净空收敛	CHZS32＋937	－6.0	±10	黄色预警

区间整体监测数据情况分析：朝火区间沉降监测点累计变化量处在－3.8～＋1.0mm之间，收敛监测点累计变化量处在－6.0～＋5.0mm之间，区间有 1 个收敛监测点累计变化量达到黄色监测预警标准，其中累计变化量最大值为监测点 CHZS32＋937 累计收缩－6.0mm；某区间特殊地段沉降监测点累计变化量处在－5.4～＋0.6mm之间；收敛监测点累计变化量处在－8.0～＋6.0mm之间，区间有 13 个收敛个监测点累计变化量达到黄色监测预警标准，1 个收敛监测点累计变化量达到橙色监测预警标准，其中累计变化量最大值为监测点 CHYS33＋132 累计收缩－8.0mm；水平位移监测点累计变化量处在－2.3～＋3.6mm之间，监测数据处在正常状态。某区间沉降变化时程曲线图、断面图如图 7.3-3、图 7.3-4 所示。

由图 7.3-3、图 7.3-4 可知，某区间隧道结构虽然存在部分监测点沉降量达到监测预警的情况，但未出现阶段变化量突然增大的情况。

监测结论与建议：

2020 年 6 月 30 日结束的某号线一期工程运营期结构变形监测项目总体监测情况如下：

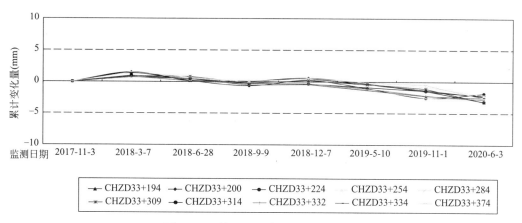

图 7.3-3　某区间沉降变化时程曲线图

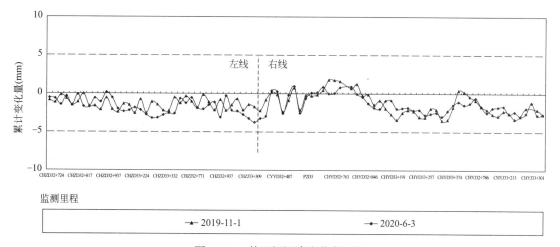

图 7.3-4　某区间沉降变化断面图

全线线路监测：沉降监测江石区间、石亭区间、亭福区间、福南区间、出入段线出现累计变化量黄色监测预警；玉金区间、秀三区间、苏安区间、安西区间出现累计变化量橙色监测预警；大江区间出现单次变化量橙色监测预警；金石区间出现累计变化量红色监测预警；收敛监测玉洞折返线、福南区间、朝火区间、三苏区间出现累计变化量黄色监测预警；玉金区间，金石区间、石建区间出现累计变化量橙色监测预警；安吉综合基地建筑物沉降监测出现 23 个累计变化量黄色监测预警；2 个累计变化量红色监测预警。

全线水平位移监测：玉金区间、石建区间、建大区间、江石区间、亭福区间、南朝区间、火明区间、秀三区间、三苏区间、安西区间出现累计变化量黄色监测预警，以上区间监测点阶段变化量处在正常状态，综合分析，各区间及综合基地出入段线安全可控。

特殊地段监测：沉降监测南朝区间、秀三区间、出入段线区间出现黄色监测预警；秀三区间出现橙色监测预警；收敛监测玉金区间、金石区间、石建区间、大江区间、南朝区间、朝火区间、明秀区间、秀三区间、安西区间出现黄色监测预警；石建区间、朝火区间出现橙色监测预警。

本合同期内出现预警区间的监测点，最终监测数据处于平稳趋势，基本属于隧道结构自然变形变化的情况，本次隧道基本安全可控。

在后续二期监测工作中继续重点关注监测预警区段的监测数据变化情况，确保某号线地铁安全运营。

监测成果报表主要包含：项目名称、监测对象、监测日期、监测仪器、测点编号、测点位置、初始值、各期的累计变化量、初始值采集时间、控制值及监测结论等内容。

5. 监测结论

本案例通过对某市某号线某区间特殊地段的监测信息反馈内容进行描述，在监测过程中严格按照监测方案及合同要求进行现场监测和巡查工作，并顺利完成合同期内的监测任务。监测组在保证监测成果质量的同时加强信息反馈，每次外业监测作业完成后及时对监测数据进行分析，及时向有关单位提交监测成果及分析报告，为线路安全运营提供了科学的依据，确保了本期监测任务顺利完成。

经过 3 年以来的运营监测，该区间特殊地段最终道床沉降监测数据、管片沉降监测数据、隧道水平位移监测数据均处在控制范围内，未出现预警情况。个别隧道断面收敛监测数据达到了 ±6.0mm，达到了黄色监测预警标准。但是过程中未出现明显的突变情况，均是缓慢变化导致的累计达到预警。结合各监测项目及整体的监测数据情况，隧道目前的变形暂不影响列车的正常运营。个别收敛部位超标的地方需要密切关注其他测项的变化情况，也需要加强对预警部位隧道的巡查。

综合周期内各项监测数据的变化情况分析表明，该项目的列车运营没有造成隧道及轨道结构的明显变形，说明在建设过程中隧道周边的各种地层加固及盾构施工质量控制得比较好，列车运营造成的隧道变化小。过程中的监测数据也真实反映了线路结构的变化情况，达到了运营监测的目的。

7.3.2 专项监测信息反馈案例

1. 工程概况

某基坑项目深基坑侧壁围护结构距离某站Ⅱ号出入口结构 2.632m，距离 3 号风亭结构 4.91m，距离某区间隧道结构 14.157m，地铁附属结构基坑开挖深度超过 10m，与既有地铁 1 号线盾构隧道的平剖面位置关系如图 7.3-5 和图 7.3-6 所示。

2. 监测范围及监测项目

根据相关规范、设计文件及安全评估报告要求，监测范围为基坑对应的隧道（车站）位置，再往两端头各外扩 30m，共计 360m。在既有轨道交通隧道内及车站附属结构布设附属结构竖向位移、地铁隧道结构竖向位移、地铁隧道结构水平位移、隧道结构净空收敛、轨道结构竖向位移、轨道结构水平位移，轨道几何形位等监测项目，现场监测布点图见图 7.3-7 所示，并对管片错台、开裂、渗漏水等情况进行巡查，及时掌握既有轨道交通隧道结构、轨道结构的变形变化情况。监测项目、监测仪器及监测精度见表 7.3-3。

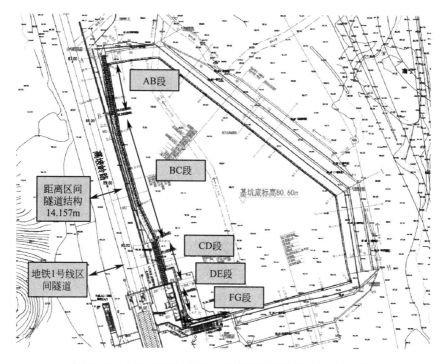

图 7.3-5 基坑工程与地铁 1 号线盾构隧道平面位置关系图

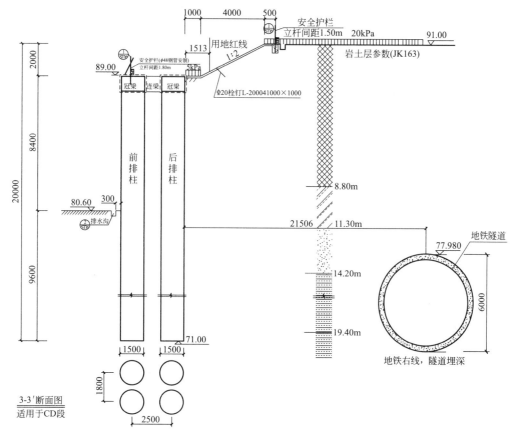

图 7.3-6 基坑工程与地铁 1 号线盾构隧道 CD 段剖面位置关系图

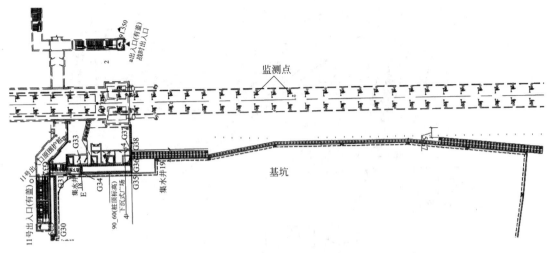

图 7.3-7　现场监测布点图

既有地铁隧道的监测项目、监测仪器及监测精度　　　　　　　　　表 7.3-3

序号	监测对象	监测方法	监测项目	监测仪器	监测精度
1	既有地铁隧道及车站附属结构	自动化监测	隧道结构竖向位移	TS60 自动全站仪	0.5mm
2			隧道结构水平位移	TS60 自动全站仪	0.5mm
3			轨道结构竖向位移	TS60 自动全站仪	0.5mm
4			轨道结构水平位移	TS60 自动全站仪	0.5mm
5		人工监测	隧道结构净空收敛	激光测距仪	0.1mm
6			轨道几何形位	轨距尺	1.0mm
7			轨道相对变形曲率	根据相邻轨道结构竖向位移推算	
8			附属结构竖向位移	水准仪	0.1mm

3. 监测频率及巡查频率

针对既有地铁隧道及附属结构开展自动化监测和人工监测，针对既有地铁隧道、附属结构以及附属结构电缆开展巡查工作，监测频率与周期如表 7.3-4 所示，巡查频率与周期如表 7.3-5 所示。

既有轨道交通盾构隧道监测频率与周期　　　　　　　　　　表 7.3-4

序号	监测项目		现场监测频率			现场监测周期
			基坑施工前	基坑施工期间	基坑底板施作完成后	
1	自动化监测	轨道结构竖向位移	1次/2天	实时监控(1次/h)	1次/1天	工程施工前至施工完成后 2 个月且监测数据稳定为止
2		隧道结构水平位移	1次/2天	实时监控(1次/h)	1次/1天	
3		轨道结构水平位移	1次/2天	实时监控(1次/h)	1次/1天	
4		隧道结构竖向位移	1次/2天	实时监控(1次/h)	1次/1天	

续表

序号	监测项目		现场监测频率			现场监测周期
			基坑施工前	基坑施工期间	基坑底板施作完成后	
5	人工监测	隧道结构净空收敛	1次/1月	2次/月	1次/1月,之后根据数据稳定情况调整	工程施工前至施工完成后且变形数据稳定为止
6		轨道几何形位	1次/1月	2次/月		
7		轨道相对变形曲率	1次/1月	2次/月		
8		附属结构竖向位移	1次/1月	1次/天		

注：1. 监测频率可根据监测情况适当调整，异常情况适当加密；
　　2. 由于隧道内人工监测需联系运营单位申请作业计划，且需每晚列车停运后再进行监测，因此，人工监测频率为能正常请点情况下的监测频率，具体应需结合运营安排计划进行安排；
　　3. 定期与基坑施工监测的深层水平位移监测数据进行比对。

巡查频率与周期　　　　　　　　　　　　　　　　　　表 7.3-5

现场巡视频率	现场巡视周期
在实施人工监测的同时进行巡查	同人工监测周期
附属基坑电缆的巡查	1次/天

4. 监测成果分析及信息反馈

本工程的监测成果包括监测日报及总结报告，监测日报包含每天自动化监测的所有数据，人工监测的数据情况以及巡查信息表，于当天 24 点之前通过电子邮箱发送至各相关单位。总结报告于本项目所有监测工作完成后的 30d 内提交。由于本项目地铁保护专项监测过程出现了隧道结构的预警情况，此处重点描述警情快报的相关内容及过程处理。

预警主要内容：2018 年 11 月 13 日，对地铁壹号城地铁保护区监测发现轨道结构竖向位移自动化监测点目前最大累计变化量为＋3.51mm（Y18-2），对应隧道里程为 YSK30＋230，已超过控制值（＋5mm 的 70%），达到黄色预警标准，近 10 天变化速率为＋0.15mm/d；另外隧道结构竖向位移自动化监测点（Y18-1）监测数据，目前的累计变化量为＋3.23mm，也临近预警值。综合分析监测数据情况，目前监测范围内两端处于下沉情况，中间处于上浮情况。初步判断，隧道及轨道结构已出现拱形变形趋势。

预警测点及周边测点变化时程曲线图如图 7.3-8～图 7.3-11 所示。

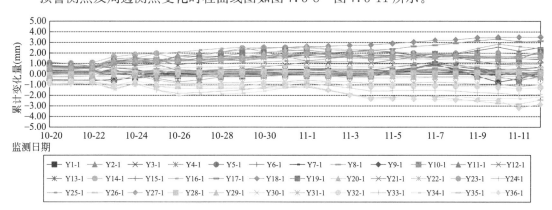

图 7.3-8　隧道结构竖向位移变化时程曲线图

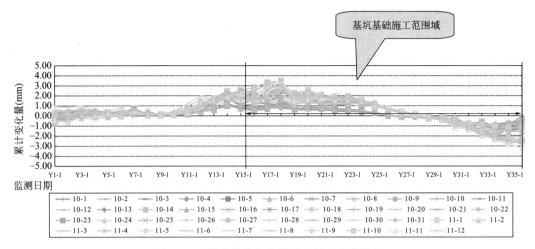

图 7.3-9　隧道结构竖向位移变化时程曲线图

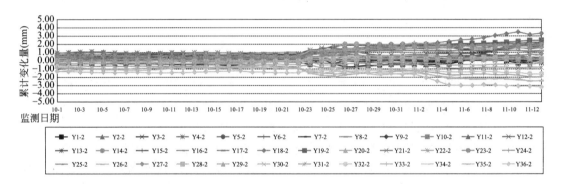

图 7.3-10　轨道结构竖向位移变化时程曲线图

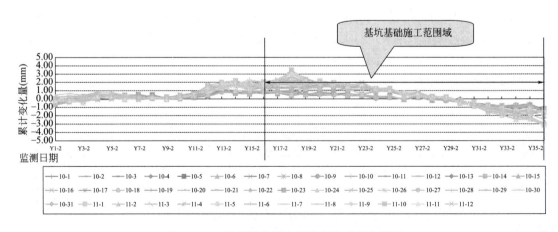

图 7.3-11　轨道结构竖向位移变化时程曲线图

监测点位置图如图 7.3-12 所示。

施工现场照片如图 7.3-13 和图 7.3-14 所示。

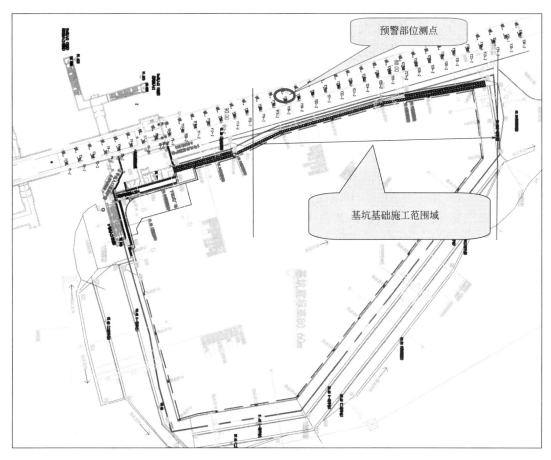

图 7.3-12 监测点位置图

图 7.3-13 施工现场照片（一）

图 7.3-14 施工现场照片（二）

　　初步原因分析：鉴于目前监测数据情况，初步判断隧道结构上浮部分是由基坑开挖、覆土卸载所引起的；对于地铁结构下沉部分，分析是由于该项目混凝土浇筑，泥罐车停放在隧道结构上方且基坑基础进行混凝土浇筑施工所引起的。

风险处理建议：

1）根据上述监测数据情况，发布黄色监测预警。

2）由于隧道变形达到黄色预警值，建议建设单位尽快在速度上浮部位进行基础混凝土浇筑施工，对隧道结构下沉部位，建议施工单位避免泥罐车在隧道结构上方停留，确保地铁运营安全。

3）建议各方继续关注自动化监测数据的变化情况，加强隧道内的巡查工作，出现异常及时上报相关信息。

预警后采取的措施：发布预警联系单之后，引起了各方高度重视，通过召开预警分析会，分析此次预警的原因。通过现场采取加快施工进度，严格控制现场车辆的停放位置，加强施工降水的管控等措施，控制隧道结构变形的继续发展。隧道竖向位移自动化最终的最大上浮累计值控制在＋3.18mm，最大沉降累计值控制在－2.94mm，监测数据均处在正常状态。

5. 监测结论

本案例为一典型的保护区自动化监测案例，施工过程中通过不间断的自动化监测真实地反映了隧道结构的变化情况。监测单位通过日常信息反馈及警情快报的方式引起参建各方高度重视，参建各方通过采取各种措施控制隧道变形的继续发展，真正做到了信息化指导施工。通过采取各种措施，最终隧道结构的变形值处在可控范围以内，隧道巡查未出现其他异常情况，隧道最终变形与安全评估数值模拟预测值基本相符，地铁保护专项监测做到了有效监控，也验证了数值模拟的正确性。

7.4 监测信息化反馈手段

监测信息化平台主要作用是实现数据采集、处理、分析、查询和管理的一体化以及监测成果的可视化，使相关单位可方便、及时、直观地查询所需工点的监测信息。

7.4.1 长期监测信息化平台

长期监测信息化平台是将运营期间轨道交通工程相关联的安全监测信息进行汇总，以数据服务和功能服务的方式为相关管理部门提供实时、动态的信息服务，分析、预测和研判运营期结构安全的风险状态，并为后续运营维保提供基础信息，便于管理层判断和决策。

长期监测信息化平台的整体组织和工作流程可结合当地的地铁保护区监测、运营结构监测等相关管理办法确定。根据各监测工作开展前后顺序，长期监测信息化平台功能列表见表7.4-1。

长期监测信息化平台功能列表 表 7.4-1

监测阶段	功能	功能描述	备注
工程前期	监测人员仪器备案	全线结构变形监测、保护区监测、外部施工监测单位人员和仪器备案	需要变更的，应有变更升申请程
	监测方案的审核、评审	全线结构变形监测、保护区监测、外部施工监测方案	可反映出方案审核流转评审的过程

监测阶段	功能	功能描述	备注
工程前期	初始状态普查、监测点埋设及验收、初始值采集	业主对地铁结构初始状态普查情况进行检查、确认,对已埋设的监测点进行验收、初始值采集与比对	
	前期信息录入	监测点平面布置图、监测项目、监测点、监测项目控制值等	可进行变更操作
监测期间	监测数据录入	全线结构变形监测、保护区监测、外部施工监测单位按各自频率准时上传监测数据	自动生成固定格式的报表、曲线及统计信息
	巡视信息录入	全线结构变形监测、保护区监测外部施工监测单位按各自频率准时上传监测数据	可上传巡视图片、视频、文字记录等
	相关方数据对比分析	管理部门、监测单位可选择相应的监测点生成数据对比分析表,对比数据包括对应段的保护区监测、结构监测、外部施工监测数据	对相关联的数据进行对比和综合分析,如有异常及时将分析结果反馈给各方
	现场监测管控	各方发现问题后及时启动相关处理流程	形成发现-处理-验证闭合的过程
	监测会议	根据工作需要定期或者不定期组织监测专题会	平台可实现会议发起、纪要分发等
	预警管理	平台可以根据上传的监测数据通过比较对应的预警标准,自动分析监测点预警的级别,并根据预警级别,自动启动预警处置工作流程,可实现预警统计功能	预警要求有短信提醒功能,并在平台监测平面图上按预警级别进行提醒
	消警管理	现场满足消警条件后,可通过平台发布消警申请,经同意后,预警管理数据库中不再统计已预警的信息	
监测结束	停测申请或频率调整时期	各监测单位发出申请,管理部门审核	
考核	考核评分表	管理部门、业主根据现场发现问题对照考核评分表对相关考核方进行扣分	一个考核周期(月)内分值有记录功能,月底自动统计出总分,下个月分值自动复位,重新记分

7.4.2 专项监测信息化平台

专项监测信息化平台是将现场与监测工作相关联的标段、工点、各单位的有关监测信息进行汇总,全面反映现场的信息动态,提供基础信息依据,分析、预测和研判施工现场风险状态,便于管理层判断和决策。

构建监测信息化平台,能够清楚地了解现场每个标段、每个工点的工程进展情况,全面掌握现场监测信息动态,分析和预测、预报现场的风险状态,达到及时控制工程自身风险、周边环境风险，并及时处置此类风险的目的。

监测信息化平台的整体组织和工作流程可结合当地的工程监测管理要求确定。根据监测工作开展前后顺序，监测阶段包含工程前期、施工期、竣工期，专项监测信息化平台功能列表见表 7.4-2。

专项监测信息化平台功能列表 表 7.4-2

监测阶段	功能	功能描述	备注
工程前期	监测人员仪器备案	专项监测、运营监测单位人员和仪器备案	需要变更的，要有变更申请流程
	监测方案的审核、评审	专项监测方案的审核与评审	可反映出方案审核流转评审的过程
	监测点验收、初始值采集	运营监测单位过程旁站、专项与运营监测单位对已埋设的监测点进行验收，初始值采集与对比	
	前期信息录入	监测点平面布置图、监测项目、监测点、监测项目控制值等	可进行变换操作
施工期	监测数据录入	专项监测单位按各自频率准时上传监测数据	自动生成固定格式的报表、曲线及统计信息
	巡视信息录入	专项监测单位按各自频率准时上传巡视信息	可上传巡视图片、视频、文字记录等
	双方数据对比分析	运营监测单位可选择相应的监测点生成数据对比分析表	及时将对比结果反馈至各方
	现场监测管控	各方发现问题后及时启动相关处理流程	形成发现-处理-验证闭合的过程
	监测会议	根据工作需要定期或不定期组织监测专题会	平台可实现会议发起、纪要分发等
	预警管理	平台可以根据上传的监测数据通过比较控制标准自动分析监测点预警的级别，并根据预警级别，自动启动预警处置工作流程，可实现预警数量统计功能	预警要求有短信提醒功能，并在平台监测平面图上按预警级别进行提醒
	消警管理	现场满足消警条件后，可通过平台发布消警申请，经同意后，预警管理数据库中不再统计已预警的信息	
竣工期	停测申请或频率调整时期	专项监测单位发出申请，监理、建设、地铁运营单位审核	
考核	考核评分表	建设单位、地铁运营单位根据现场发现问题对照考核评分表对相关考核方进行加分	一个考核周期（月）内分值有记录功能，月底自动出总分，下个月分值自动复位，重新记分

第8章　运营监测组织与管理

8.1　概述

为了确保准确监测运营线路的自身沉降变形和外部施工对运营线路的影响，保证运营线路的安全，需要加强城市轨道交通工程运营监测的组织与管理工作，使得监测工作规范化、标准化、装配化和绿色施工化。才能够有效地通过运营监测工作的开展为工程设计和工程施工提供数据支持，有效地控制运营线路安全风险。

监测管理单位通过合理地组织开展监测工作，抓好监测队伍的人员素质、仪器设备质量，在监测开展过程中定期跟踪监督，并建立有效的信息反馈和预警处理机制，方能有效控制城市轨道交通工程运营监测的工作质量。

而承接城市轨道交通工程运营监测工作的单位，其作业人员应组织专门的组织结构，具有充足的人员和设备，有合理科学的监测工作制度，能够有及时、准确地反馈监测数据信息，能够通过工程具体情况和监测数据变化情况为工程的风险安全提出有效措施建议。

8.2　组织机构

8.2.1　长期监测

1. 长期监测组织机构

轨道交通运营期长期监测工作应由城市轨道交通监测管理单位统一管理、统筹协调，参与监测工作的单位、监测实施单位等应根据各自的监测方案开展工作，根据现场实际情况密切配合。组织机构一般可以分为总体决策层、现场管理层和方案实施层。

总体决策层主要由运营单位的领导组成；中间管理层一般由运营单位安全质量管理部门、技术管理部门、维修检测部门和行调部门组成；现场执行层一般由业主代表（主办、测量工班）和监测实施单位组成。

2. 长期监测工作相关单位职责

（1）监测管理单位

负责组织其各部门建立健全轨道交通运营监测管理体系，建立监测工作专人管理制度，制定城市轨道交通运营监测管理办法及相关的工作管理制度。监测管理办法应包含参与监测工作的各方职责、监测实施单位资质要求、监测作业技术要求、主要监测工作流程、预警信息管理制度、信息报送制度及考核奖惩办法等内容。

对监测实施单位资质、人员和仪器设备进行符合性审查；组织审查各类监测方案；监督并考核监测实施单位的工作实施情况；协调监测实施单位、施工单位开展监测工作；负责提报施工计划，并配合运营天窗点作业请销点，做好现场旁站、巡视和复核，实现对现场监测工作的全过程监督。

督促监测实施单位对风险源及预警消警工作进行动态管控，并根据预警级别及时组织相关单位召开现场预警分析会，监督各单位预警措施的落实与整改。定期组织召开全线网委外监测工作会议，开展全线网委外监测工作检查评比等活动，确保监测工作质量可靠。

组织相关人员监督监测实施单位实施过程的具体工作：验收监测点，在监测布点过程中仔细核对监测点的布置数量、位置是否与经审核通过的监测方案一致，是否布置可靠；对监测实施单位上报的监测原始数据进行比对、核查，审查分析监测单位提交的监测成果报告，对异常数据和结果进一步复核确认，确保数据的真实性、准确性和可靠性；在实施监测过程中通过日常检查等形式检查监测实施单位的管理状况，并采取必要措施确保现场监控的有效性；对每日上报的监测数据进行审阅和分析；监督监测实施单位做好现场监测、数据整理工作；督促监测实施单位在规定的时间内将相关监测数据及当日的详细施工工况提交至监测管理部门。

组织相关人员做好预警消警等工作：在出现预警后，应及时组织分析原因，上报监测管理部门相关负责人及专业工程师，并协助开展进一步的分析，制定相应措施等；以会议纪要、备忘录等形式通知运营维修部门、外部施工单位进行必要的设备设施维修或调整施工程序；对采取措施后监测数据仍未改善或其他异常情况，应及时要求上级技术部门进行原因分析，并立即召集各方进行对策研究；特殊情况下，落实上级技术部门对监测次数的要求，督促监测实施单位及时、准确地上传数据，以便更有效的控制现场，将轨道交通设备设施的变形和位移掌握在可控的范围之内。

（2）监测实施单位

设立专业化的现场监测管理组织机构，配置满足监测项目正常展开的充足人员、仪器设备，按照合同约定开展监测工作。

服从监测管理部门的管理，根据提供的轨道交通车站、区间隧道施工图等监测相关资料，编制项目监测方案，负责监测方案的报审工作，报施工监测单位技术质量主管部门审批。

对现场监测人员进行监测技术交底，并参加监测方案评审会，汇报监测目的，确认监测控制值。

制定现场监测工作质量管理体系，并合理配置资源。作为城市轨道交通运营监测的责任主体，应严格按照审批后的监测方案组织展开项目监测工作，并接受监测管理部门的监督、管理。

对所承担的城市轨道交通运营项目实施监测，做好监测测点埋设。

对城市轨道交通保护区范围内及周边环境进行初始状况调查，严格按照监测方案进行监测基准网测量、监测测点初始值采集和开展日常监测。监测数据和巡视信息应真实、准确、可靠；及时将监测数据反馈监测管理部门，按合同要求提交监测成果报告、数据分析等相关内容资料。

按照合同及监测管理部门要求，分阶段做好监测资料的整理归档工作。

加强现场监测安全防护，规范运营监测工作，确保现场监测人员、仪器设备的安全。

监测实施单位是运营监测过程中现场监测点保护的责任单位，应负责监测点保护。现场监测点被破坏后，应及时进行修复或重新埋设，并报监测管理部门检查确认。

对现场发生的警情、险情，应及时上报监测管理部门，并根据现场情况及时采取应急措施，及时响应监测预警并开展抢险处理工作。

参与预警和消警工作，参加警情分析会议，汇报现场监测数据变化情况，分析警情原因并提出处理建议；根据现场实际情况，在不影响轨道交通正常运营的情况下，对监测项目、监测频率、控制指标进行必要的修正和确认；根据警情分析会议结论，做好后续监测措施和消警工作。

3. 长期监测单位与人员要求

（1）长期监测单位资质要求

城市轨道交通运营单位可以委托具有相应工程监测资质的独立法人单位开展轨道交通运营监测工作，监测实施单位按合同约定和现行法律法规承担相应的责任。

受委托的监测实施单位，对其资质要求一般都是按照当地建设单位的招标文件要求进行控制，有些城市对城市轨道交通监测单位的资质要求需同时具备：①具备有效的中华人民共和国企业法人营业执照；②具有住房和城乡建设部颁发的工程勘察资质；③具有国家测绘管理（或省级测绘部门）颁发的乙级及以上测绘资格证书（包含精密工程测量或变形测量）；④获得省级以上质量技术监督部门颁发的 CMA 计量资质认定证书，且计量认证证书附表中应包含所承担监测项目的相关参数。

未经运营相关部门审核和经查不能保证监测数据正确性、及时性的监测实施单位，不得进场。

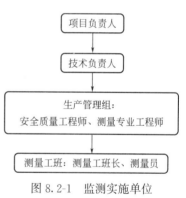

图 8.2-1　监测实施单位
项目部组织架构图

（2）监测人员、测量设备的要求

为保证运营委外监测项目安全、顺利、高效、可靠地实施，监测实施单位需针对项目成立专门的项目部，项目部驻地及人员配置必须充分考虑项目相关结构设施状况、周边环境，以满足合同中该规定的监测、应急抢险承诺时间。一般建议监测实施单位项目部应设立项目负责人、项目技术负责人、生产管理组、测量班组，项目部组织架构可以参考图 8.2-1，具体岗位人员配置、岗位要求及职责可以参考表 8.2-1。

监测实施单位项目部人员要求参考表　　　　　　　　　　　表 8.2-1

类别	岗位	岗位要求
项目负责人	项目负责人	1. 工程测量、测绘或类似相关专业本科及以上学历； 2. 工程测量、测绘或类似专业中级（含）以上技术职称； 3. 曾担任类似项目的项目负责人； 4. 具有良好的沟通、团结协作的能力
技术负责人	技术负责人	1. 工程测量、测绘或类似相关专业本科及以上学历； 2. 工程测量、测绘或类似专业高级（含）以上技术职称； 3. 曾担任类似项目的技术负责人； 4. 具有良好的沟通、团结协作的能力

续表

类别	岗位	岗位要求
生产管理组	安全质量工程师	1. 工程测量、测绘或类似相关专业大专及以上学历； 2. 工程测量、测绘或类似专业中级（含）以上技术职称，有多年的工程监测经历； 3. 具有良好的沟通、团结协作的能力
	测量专业工程师	1. 工程测量、测绘或类似相关专业大专及以上学历； 2. 工程测量、测绘或类似专业中级（含）以上技术职称，有多年的工程监测经历； 3. 具有良好的沟通、团结协作的能力
测量班组	测量班组长	1. 工程测量、测绘或类似相关专业大专及以上学历； 2. 工程测量、测绘或类似专业初级（含）以上技术职称，有一定的工程监测经历； 3. 具有良好的沟通、团结协作的能力
	测量员	1. 工程测量、测绘或类似相关专业中专及以上学历； 2. 有一定的工程监测经历

监测实施单位项目部的所有监测人员必须持有测量专业的相关技能证书，涉及其他作业有特殊要求的需具备相应的技能证书，如登高证等，且乙方应当将前述证书复印件报甲方备案；特种设备及特种作业人员（如金属焊接切割作业、起重设备作业、电工作业、高处作业、电焊作业、氩弧焊作业等），必须持有政府相关部门颁发的特种作业操作证方可上岗作业，并按照相关要求佩戴配套的防护劳保用品进行作业，严禁无证或有证不按照要求佩戴防护、劳保用品人员上岗作业。

监测实施单位各个管理层次的人员和仪器必须有绝对的保证和相对的稳定。各管理层次分工明确并密切配合合作，各司其职，保证每次测量工作的顺利完成。

8.2.2 专项监测

1. 专项监测组织机构

城市轨道交通运营期专项监测工作应由外部施工项目业主负责组织，当地轨道公司进行协调与监管。其组织机构一般可以分为总体决策层、现场管理层和方案实施层。

总体决策层主要由运营单位的单位领导、外部施工单位的单位领导组成；中间管理层一般由外部施工单位安全质量管理部门、技术管理部门和当地轨道公司地铁保护部门、监测管理部门等构成；现场执行层一般由监测管理部门代表（主办、测量工班）、运营监测实施单位、外部施工项目业主代表、外部施工项目设计单位、外部施工项目施工单位和外部施工项目专项监测单位共同构成。

2. 专项监测工作相关单位职责

（1）城市轨道交通业主公司

负责对其专项监测工作的方案和安全防护方案进行审批，参加相关的专家评审会；负责配合协调运营结构的监测工作开展，保障项目的按时实施；参与项目的预警、消警分析，对结构安全和风险管控方面提出相关的处理建议。

（2）外部施工项目业主单位

负责建立健全城市轨道交通工程专项监测管理体系，设置专人管理监测工作，制定其相关的城市轨道交通工程专项监测管理制度。管理制度应包含参建单位各方职责、监测作业技术要求、信息反馈流程、考核管理制度、预警消警处理制度、应急处置等内容。

委托具有城市轨道交通工程专项监测工作资质的单位独立承担项目的全部专项监测工作；负责组织专项监测方案评审；负责监测工作开展过程的监督；负责牵头与当地的轨道公司协调监测工作开展的全部事宜。

督促监理单位每日审核专项监测单位的监测数据，督促专项监测单位及时对数据预警及风险管控情况进行实时监控，督促相关参建单位严格落实预警消警制度。

外部施工项目业主单位应及时向专项监测单位提供如下资料：①项目的设计资料；②项目的安全风险评估报告；③项目的地质勘察报告；④项目周边环境调查等。

（3）外部施工项目设计单位

及时出具项目设计图纸，设计图纸内容应包含：①项目结构设计图；②与城市轨道交通结构的位置关系图；③监测布点示意图；④监测控制指标。

参与项目的预警、消警分析，对预警的原因和项目风险情况提出处理建议。根据工程实际情况，对监测项目、监测频率、控制指标进行有必要的修正和确认。

（4）专项监测单位

建立专项监测工作机构，配合项目所需的人员和设备，按照合同约定独立开展专项监测工作。

编制和根据城市轨道交通业主公司的管理规定报审专项监测方案，根据审批后的监测方案组织实施监测工作，及时提交监测成果和反馈监测信息至各参建单位。

按相关管理办法提交监测成果报告（包含数据分析等相关内容），参与外部施工项目业主单位的项目交（竣）工验收工作及监测成果的移交工作。

3. 专项监测单位与人员要求

（1）专项监测单位资质要求

外部施工项目业主单位可以委托具有相应工程监测资质的独立法人单位开展轨道交通运营专项监测工作，专项监测单位按合同约定和现行法律法规承担相应的责任。

受委托的专项监测单位，对其资质要求一般都是按照当地建设单位的招标文件要求进行控制，一般的城市轨道交通专项监测单位的资质要求需同时具备：①具备有效的中华人民共和国企业法人营业执照；②具有住房和城乡建设部颁发的工程勘察资质；③获得省级以上质量技术监督部门颁发的 CMA 计量资质认定证书，且计量认证证书附表中应包含所承担监测项目的相关参数；④具有类似的城市轨道交通工程运营期监测工程经验。

未经各相关部门审核和经查不能保证监测数据正确性、及时性的专项监测单位，不得进场。

（2）专项监测单位人员要求

监测项目配备的人员数量和素质需要达到正常开展城市轨道交通工程专项监测的要求。人员数量指的是需要按照合同履约要求配备足够的技术管理人员和作业人员。人员素质是指所配备的技术管理人员应在专业、职称、职业资格和相关的工程职业经验上达到一定的要求（具体的技术要求根据项目的规模和技术要求也不尽相同）。

专项监测的项目负责人和技术负责人应同时具备以下要求：①具有地质工程、结构工程（岩土）、测量工程专业等相关专业；②具有本科及以上学历并具有中级以上的技术职称；③有多年的类似轨道交通工程监测类项目任职经验。

专项监测的技术管理人员具体要求：①专业工程师应具有中级及以上职称，具有类似城市轨道交通工程监测类项目任职经验，具有相关专业的职业技能证书；②其人员职称架构宜分配合理，能够满足风险分析需求，专业工程师应至少有1人具有岩土专业的职称证书，1人具有结构专业的职称证书；③其高级工程师、工程师及助理工程师的人员比例应合理分配，本着"科学、专业、高效、高质量"的原则配置；④其作业人员应为工程类专业毕业，经过安全和技术质量培训后持证上岗；⑤其人员配备应充足，以能够满足预警及遇险情况下的应急监测工作为宜。

8.3 项目管理与实施

监测项目全过程管理和组织实施的有效性是保证监测工作质量的关键，主要内容包括：合同评审、项目部组建、现场踏勘与资料收集、管理制度与监测方案编制、仪器设备采购与管理、安全技术交底与技术培训、项目实施、技术与质量管理等。

8.3.1 长期监测项目管理与实施

1. 长期监测项目的实施单位

长期监测项目的实施单位，应完成运营监测方案编制并内部审核通过后按要求报监测管理部门审核，根据意见修订完善后报监测管理部门备案，监测实施单位需严格按照监测方案要求开展工作。根据实际情况需要调整修改监测方案的，应当报监测管理部门审核同意后才能进行调整修改。

2. 长期监测项目部的组建

监测实施单位应根据合同要求，按照合同内所负责的轨道交通监测内容的工程量、特点，成立监测项目部、监测小组，以便于监测方案的顺利实施。项目部应以项目部负责人、项目工程师为直接领导，主要由具备丰富施工经验、监测经验及由结构受力计算、分析能力的工程技术人员组成。除及时收集、整理各项监测资料外，尚需对这些资料进行计算分析对比。

3. 现场踏勘与资料收集

监测实施单位在开展运营监测前，应会同城市轨道交通运营单位安全监察部门、监测部门对合同范围内的城市轨道交通设施及毗邻区域内的建筑物和构筑物、地下管线、桥梁、隧道、道路、轨道交通设施等（以下简称"周边环境"）进行调查，对周边环境的现况进行拍照、摄像、书面记录，并组织地下管线产权单位或管理单位进行现场交底，形成文字记录，由各方签字并盖章。相关资料上报运营安全监察部门、监测部门。

4. 监测方案与管理制度编制

（1）监测方案编制

监测项目开工前，监测管理部门应要求监测实施单位、施工单位等报送详细的监测施工技术方案。

监测实施单位应根据城市轨道交通设施保护要求及监测技术要求，结合施工工法、施工监测方案、风险评估报告及周边环境实际情况，按照国家相关技术规范、标准编制运营监测方案。

运营监测方案应包含：城市轨道交通设施工程简况、风险识别及分析、目的依据、监测管理体系、监测对象、监测项目、测点布置、监测方法及精度、监测频率、监测周期、监测预警、成果处理、信息反馈、监测人员及设备、质量安全管理等内容，监测内容章节中应有现场巡查重要部位的详细列表，对重大风险点应有专门章节对其测点布置及监测方法进行设计。

监测管理部门工程师应着重审查：主要监测内容是否具有针对性、是否能确保数据收集得及时和有效；监测方法是否合理；监测用仪器器具选用是否正确合理；监测数据收集的频度是否合理，数据分析方法是否正确；警戒值的确定是否合理；数据流转上报程序是否清晰直接。

监测方案经运营各部门审查批准后组织专家评审，经过专家评审修改完善后报各参建单位备案，现场实际应严格按照方案执行。

（2）管理制度编制

运营监测项目的管理制度应包含技术质量管理制度、安全生产管理制度、信息反馈管理制度和预警消警管理制度。其相关管理制度的编制工作直接关系到城市轨道交通工程运营监测项目的质量、安全和风险管控。其编制工作应由项目技术负责人牵头，项目负责人负责组织，严格把关，建立健全的监测体系，对项目进行全方位的有效管控。

1）技术质量管理制度

技术质量管理制度主要涵盖：①项目的主要技术指标，例如误差指标和仪器安装质量标准等；②项目方案和成果的三级审核制度，其监测方案和成果报告应有编制人、复核人、审核人和审批人进行逐级出具意见审批，审批完成后才能用印并组织评审或报送各参建单位，其编制人、负责人、审核人和审批人由其单位的技术质量组织授权签字；③技术质量考核制度，监测单位应制定科学的考核标准，不定期对现场监测及出具的成果质量进行考核，在考核中发现不合格项，应及时出具整改意见并督促整改，形成整改报告；④项目的资料归档管理，应健全项目资料归档管理制度，成果资料应包含原始资料、日报、月报、总结报告和过程中发布的工作联系单等，定期检查成果资料的归档情况。

2）安全生产管理制度

城市轨道交通工程运营监测设计的项目均具有规模大、周期长、参与人数多、周边地质条件不一致、安全管理难度高等问题。所以为了提高安全生产管理水平，确保运营监测工作不出事故，应编制具体的安全生产管理制度。

城市轨道交通运营监测安全管理制度主要包括：安全生产责任制度、安全生产教育培训制度、安全措施计划制度和安全生产监督检查制度。

安全生产责任制度是安全生产管理制度的核心，应将安全生产责任明确和分解到监测单位的生产负责人、项目负责人、每个岗位的作业人员，建立一个责任明晰、各司其职的安全管理组织体系。

安全生产教育培训一般包括对监测单位项目负责人、技术负责人等管理人员和作业人员的安全教育。分为进场三级安全教育和继续教育培训，主要内容包括：安全生产的法律法规、企业安全生产的规章制度、项目安全生产规定、劳动纪律、岗位安全操作和安全事故应急措施等。

安全措施计划制度要求包括安全技术措施、职业卫生措施、办公环境安全措施、安全宣传教育措施，保障职工的安全健康和提高员工的安全生产意识。

安全生产监督检查制度是消除隐患、防止事故发生的重要手段，主要内容包括：定期和不定期针对项目安全管理进行检查，对应的配套安全检查表格等。

3）信息反馈管理制度

合理的信息反馈是监测工作中的重要一环，项目开始初期就需要将信息反馈制度给建立起来，需要明确规定监测范围、监测频率、监测内容、巡查内容等的反馈责任人，将信息反馈责任落实到个人。信息反馈管理制度应明确规定日报、周报、月报的报送时间和接收审批人，明确规定现场信息的反馈模式及专业管理人员。

4）预警消警管理制度

监测单位应建立健全的预警、消警制度，当监测数据出现预警时，及时有效地反馈监测信息有着重要的安全意义。预警消警管理制度应包含：不同预警等级的报送级别和最长报送规定时间，不同预警等级的应急处治措施（包含预警分析会、预警联系单发布等），不同预警等级的消警手段等。

5. 仪器设备采购与管理

对拟在监测项目中采用的仪器、设备，监测管理部门应审查其设备的选型是否恰当；核查采用的仪器、设备的标定证书是否在有效期内；凡不符合要求的不能使用。

监测实施单位应做好仪器校验，对进场的监测仪器进行校验，并形成清晰的记录，保证仪器工作状态良好，保持仪器的自检频率，形成仪器自检台账。

6. 安全技术交底与技术培训

监测单位应定期对项目人员进行安全技术交底与技术培训。通过反复地交底与培训不断地提高监测作业人员的知识和技能，提升工作效率和质量。

安全技术交底主要分为：进场前安全技术交底、班前班后作业交底和项目实施过程中的定期安全技术交底等。技术培训主要分为集中组织培训和现场作业培训两种。

监测单位也应该根据技术培训的情况来制定考核工作，把考核结果与监测项目的作业人员年薪酬相匹配，督促监测项目作业人员不断提升自己。

7. 监测数据采集

（1）监测数据的采集和整理：

1）监测资料主要包括监测方案、监测数据、监测报表、监测报告、监测工作联系单、监测会议纪要。

2）采用专用的表格记录数据，保留原始资料，并按要求签字、计算、复核。监测固定观测人员、路线和观测方式。首次进行观测，一般取2～3次平均值作为初始值。

3）根据不同原理的仪器和不同的采集方法，采取相应的检查和签订手段，包括严格遵守操作规程、定期检查维护监测系统，加强上岗人员的培训工作等内容。

4）误差产生的原因和检测方法：误差产生主要有系统、过失、偶然误差等，对测量产生的误差采用对比检测，统计检测等方法进行检验。

（2）监测复核

1）外业复核：在进行外业数据采集时要求主测人和记录人相互念一次读数和记录数据，进行沉降数据采集时要携带上次测量数据对照点位数据完成观测，观测方法利用基点附合线路或闭合线路，超出闭合差限值要重新观测。

2）内业复核：凡有计算数据的过程需要两人各演算一次，保留演算过程，结果一致后方可进行数据统计上报。

8. 技术与质量管理

监测施工技术与质量管理工作是一项非常重要的工作，对于施工项目的有效运行意义重大。因此，研究有效提升监测施工技术质量管理水平工作具有非常大的现实意义。

监测现场项目部应由具有丰富施工经验、监测经验及有结构受力计算、分析能力的技术人员担任项目负责人，项目负责人负责整个监测项目的总指挥工作；指导检（监）测人员严格按照监测要求进行工程监测，确保监测质量。常见的监测实施单位项目部技术质量管理体系流程图如图 8.3-1 所示。

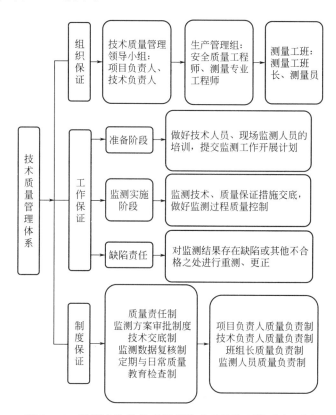

图 8.3-1 监测实施单位项目部技术质量管理体系流程图

监测实施单位应做好交桩复测高程点，在设计院交桩完成后，由测量组长组织高程控制点的复测，严格按照二等水准的测量技术指标进行施测。还要加密水准基点，在完成交桩复测后根据施工环境实际情况布设水准基点，水准基点严格按照设计要求布设确定其高程数据，并定期复测水准基点高程。

8.3.2 专项监测项目管理与实施

1. 专项监测项目的实施单位

专项监测项目的实施单位应由外部项目业主单位委托，按照相关的规范规程来制定专项监测方案，其编制的专项监测方案应通过专家评审，按照专家意见修改完善并报备轨道公司相关单位备案后方可开展监测工作。

2. 专项监测项目部的组建

监测单位应根据合同要求，按照合同内所负责的专项内容的工程量、特点，成立专项监测项目部，以便于监测方案的顺利实施。项目部应以项目部负责人为直接领导，具备一定的结构分析及监测设备安装能力，能够完全实现监测数据的自动化传输。专项监测项目部在项目本地须设立项目部或者办事处，以便于应付现场突发情况。

3. 现场踏勘与资料收集

监测单位应充分收集项目资料，包括但不限于外部施工项目的设计概况、水文地质情况、周边环境情况、与既有轨道交通的位置关系等。

结合收集到的资料组织施工前的现场踏勘，踏勘内容包括但不限于外部施工项目影响内的周边建（构）筑物影像、既有轨道交通现状以及周边管线调查情况。踏勘内容应形成书面材料并存档。

4. 监测方案与管理制度编制

（1）监测方案编制

专项监测单位应在项目正式开工前编制专项监测方案，其内容应包括：编制依据、工程概况、项目风险情况、监测项目、监测频率、监测控制值、信息反馈制度、预警消警制度、安全管理制度、质量保证制度、监测平面布点图及仪器检定证书等内容。

专项监测方案编制要有其针对性，监测点的布设要涵盖项目的风险点，其信息反馈制度要切实可行，项目所安排的人员要符合履约要求，监测方法要科学可行。

（2）管理制度编制

专项监测的管理制度主要包括技术质量管理制度、安全管理制度和信息反馈制度。不同的监测单位根据其服务体系不同，会针对性地编制环境保护管理制度、应急管理制度等来提升其服务质量。

5. 仪器设备采购与管理

专项监测所使用的仪器应符合国家计量标准，通过专门的检验鉴定机构检定合格方可投入项目使用。仪器所使用的采集器和信息传输接口应具有普适性，方便后续数据的传输及转换。

其所使用的仪器设备要做好台账和出入库登记，安排专人管理。仪器安装完成后要定期进行远程检查，如出现数据异常或者无法读数时及时反馈并组织技术队伍排查故障。

8.4 项目工作要求

8.4.1 行业管理要求

根据中华人民共和国交通运输部令 2018 年第 8 号《城市轨道交通运营管理规定》、国家标准《城市轨道交通工程监测技术规范》GB 50911—2013 和广西地方标准《城市轨道交通运营线路结构监测技术规范》DB45/T 2127—2020，结合当前城市轨道交通运营监测项目工作实际，对运营监测工作的基本管理要求和管理目标综合评估主要有以下几个方面。

8.4.2 运营公司管理要求

1. 监测过程的控制

为保证作业安全与质量，监测实施单位应采取有效措施及预案确保自身作业安全与质量；运营公司将以过程现场监控与事后监控两种形式对监测实施单位的作业安全进行控制。

施工作业监控的适用范围包括车站、隧道及场段等区域作业。监测实施单位作业监控各流程及监控要点如下：

（1）收到《施工作业令》或《零星故障维修作业审批表》后，确认作业内容、作业时间及集结地点；

（2）根据作业内容及要求，准备好人员、材料、工器具，并向业主单位报备；

（3）组织召开作业班前会，做好相关施工作业任务布置及安全措施；

（4）作业前严格执行请点登记制度，清点人员、材料、工器具；投标人按照相关工艺、材料及作业安全措施，掌握、跟踪作业进度，确保当日作业完成或阶段性作业结果不对乘客、运营等产生不良后果；

（5）作业结束后，由监测实施单位自检施工质量、填写及标记工程量、拍照、出清现场及销点等；

（6）组织召开作业班后会，进行作业过程及作业完成情况总结。

2. 监测作业要求

（1）监测实施单位必须牢固树立"安全第一、预防为主"的思想，掌握、严守运营公司制定的相关安全生产各项规章制度、员工通用安全守则、行车组织规则及员工安全守则等各项规章制度。

（2）监测实施单位必须服从运营公司的管理，按照相关要求进行施工，确保按质、按量地完成工作；对于运营公司认为确需紧急处理的紧急故障，监测实施单位应该按照"无条件、即时性、高效性"的原则处理完成，并确保城市轨道交通运营服务的正常进行。

（3）监测实施单位必须确保按照合同范围内结构设施监测周期与工作内容的要求及运营公司对指定设施所提出的监测要求进行相关的监测作业，并按照运营公司相关规定要求，填写相关记录。

（4）监测实施单位应本着"实事求是、节约成本"的原则和态度对城市轨道交通设施进行监测工作。针对具体的情况，采取切实可行的办法进行处理，坚决杜绝夸大故障、浪费成本、敷衍了事现象的出现，切实维护合同双方的利益。

（5）监测实施单位针对该项目所投入的所有监测人员必须经过运营公司相关部门所组织的安全培训并通过合格考试后方可进场作业，严禁任何未参加安全培训以及未通过合格考试的人员进场作业。

（6）对于运营公司规定必须申报施工作业令的作业项目，监测实施单位必须按照运营公司相关进场作业的规定申报施工作业令，持施工作业令进行请点作业后，方可进场作业，在作业后必须办理相关销点手续并确认现场出清后方可撤离现场；对于运营公司规定需要办理特种作业手续（如站/库内烧焊、切割、登高作业等）方可进行的作业，监测实施单位应该按照要求办理特种作业施工许可证，严禁违规操作；对于施工作业令要求其他部门配合方可进行的作业，监测实施单位应严格按照施工作业令执行，在没有设施所属部门人员配合（或授权使用）的情况下，严禁动用其他部门所辖设施。

（7）特种作业人员（如金属焊接切割、低压电工、登高等作业），必须持有政府等相关部门颁发的特种作业操作证方可上岗作业，并按照相关要求佩戴配套的防护劳保用品进行作业。严禁无证或不按照要求佩戴证件、防护、劳保用品人员上岗作业。

（8）在日常监测作业中，监测实施单位人员只负责所辖设施的监测，对于不熟悉的设备设施不得进行摸、碰，更不得对不清楚的设备设施进行操作；需要进入设备房进行监测作业的，必须确认该设备房的使用部门在场方可进行监测作业，当设备房内无使用部门人员监控时，严禁进入他人设备房进行相关的监测作业。

（9）应急抢修由运营公司组织开展，由运营公司担任抢险指挥者，监测实施单位在运营公司的指挥下进行抢险作业。监测实施单位须遵守运营公司单位颁布的应急抢修管理规定。

（10）监测实施单位所安排的日常监测人员必须配备相应的通信工具和设备，并且遵守运营公司相关规定，保持通信工具24h畅通，监测实施单位应无条件地接受运营公司调度的生产命令，并及时组织人员对相关设施进行修复，不得以任何理由拒绝接听运营公司调度的电话。

（11）监测实施单位应对本方人员进行文明生产教育，当监测实施单位人员发现运营公司要求存在差异时，应及时向相关负责人员反映，寻求解决。

（12）监测实施单位应该严格按照"安全第一、预防为主"的思想，不断加强员工的安全生产教育，将安全生产贯彻到日常的工作中；对于运营公司要求参加的安全生产会议，监测实施单位应该认真地组织相关人员参加；对于运营公司颁布的安全生产规定，监测实施单位应不折不扣地执行；对于因监测实施单位不按照相关安全规定进行作业所引发的损失、事故，监测实施单位负全部责任。

（13）监测实施单位在监测过程中所发生的事故，监测实施单位应本着"诚实、合作、及时"的原则及时通知运营公司，配合运营公司做好事故的调查和分析工作，不得隐瞒或推卸责任。

（14）监测实施单位履行运营公司专业接口范围内的工作。对于接口不明确的部分由运营公司调度做判断及安排，监测实施单位必须无条件服从运营公司调度的指令，不得以任何借口推脱或延误。

（15）为确保城市轨道交通的正常、安全运行，所有影响城市轨道交通正常运行的作业必须在当日作业结束前做好场地清理，施工负责人必须做好当日安全清理检查。进入作业现场，施工负责人必须做好当日人员、工器具作业前及作业结束后的清点、拍照工作。

（16）监测过程中涉及其他专业重要设备设施的，由设备设施所属专业提供配合并负责恢复，配合过程中因监测实施单位所导致的直接及间接经济损失由监测实施单位承担。

（17）与运营监测项目相关的接口专业作业需要监测实施单位配合时，监测实施单位须无条件配合。

（18）施工前要由负责人员向施工人员进行技术交底及安全要求交底，未经教育者不得进入施工现场，凡参加安全技术交底的人员要履行签字手续，并保存资料。项目部安排专职人员进行安全检查，对安全技术措施的执行情况，进行监督检查，并做好记录。对违反质量安全要求者，应及时上报并依据制度进行考核。

（19）实行每日班前会，主要包括生产任务安排及安全教育，由施工负责人或工班长负责，并做会议记录。

（20）现场监测工作量确认，当日的监测任务完后，由甲乙双方人员现场签字确认。

3. 应急监测要求

（1）对于城市轨道交通设施发生抢修、需进行应急监测时，监测实施单位在接到运营公司通知后，必须及时组织人力、物力按照运营公司的安排和要求进行监测，要求从通知时刻起规定时间内监测实施单位必须到达故障地点进行监测，力争在较短的时间内完成监测任务，无法立即监测的必须制定临时监测办法，待条件成熟进行监测，不得拖延。

（2）对于所发生的应急监测，监测实施单位在监测后，必须及时充分进行取证分析，做出完整的监测分析，按照运营公司的要求在故障发生后规定时间内完成监测分析报告，由监测实施单位项目负责人签字确认及项目部签章后上交运营公司。

（3）应急监测原则上由运营公司组织开展，由运营公司担任抢险指挥者，监测实施单位在运营公司的指挥下进行监测作业；若运营公司人员未到达现场，则由监测实施单位项目负责人负责指挥现场应急监测；监测实施单位接到运营公司的应急监测命令后，必须立即奔赴现场组织应急监测，不得以任何借口逃避和拖延。

8.4.3 外部项目单位业主的管理要求

外部项目单位作为城市轨道交通工程运营专项监测的管理和执行主体，应严格按照国家的相关法律、法规，建立完善相关的管理体系、规章制度、规范监测工作。

1. 合理地组织招标投标工作

通过招标工作选择具有相应资质等级证书的专项监测单位，通过对招标文件的合理设置。引进先进的监测管理体系和理念，合理地管理好专项监测单位。

2. 履约管理和与轨道公司协商管理

通过编制和完善《某工程监测管理办法》《某工程轨道交通工程监测技术大纲》等管理文件，按管理办法定期检查专项监测单位的履约情况和技术质量情况。如出现重大安全技术事故，外部项目业主单位有权立即更换专项监测单位。在专项监测作业开展的过程中，外部项目单位业主负责与当地轨道公司协调相关监测开展工作。

8.4.4 监测实施单位管理要求

监测实施单位应独立承担运营监测的合同任务，不得部分或者全部分包给其他单位，对其所承担的运营监测管理工作负全部责任。其主要的职责要求如下：

（1）在业主单位的要求下建立监测工作体系，按照规定的工作内容、监测频率独立开展监测工作。对其监测数据的质量和准确性负责，并承担一定的法律、经济责任。

（2）负责协调好生产工作，确保监测作业班组的正常作业；对监测单位的作业人员安全、监测仪器设施及作业现场的安全负责；保持监测工作环境整洁、卫生；处理好相关的参建单位的关系。

（3）按时开展监测工作，定期提交日报、周报、月报、总结报告等工作，并且做好资料归档，配合业主单位做好交（竣）工工作。未经建设单位允许，不得向其他单位泄漏或者提供监测的成果资料。

第9章 运营监测新技术

9.1 自动化监测技术

9.1.1 技术现状

随着城市轨道交通的快速发展和安全事故时有发生，在运营过程中对安全监测的时效性要求越来越高，目前城市轨道交通工程监测技术及系统分析不能较好地满足轨道交通工程运营的需求，传统方式的人工监测已不能满足实时、高精度、高频率的监测需求，而自动化监测技术为这方面的工作提供了一个崭新的手段。

近几年随着测绘技术、物联网技术、云技术、大数据分析技术的快速发展，自动化监测技术发展迅速，开始向智能化监控方向发展，主要体现为软硬件一体的自动化监测系统，与传统人工监测相比，它具有连续、动态、实时、高精度等优势，现代的自动化监测系统已经实现了远程实时数据采集与无线传输、数据处理、在线分析与成果多维展示、成果预警预报的计算机智能控制一体化。

当前，在城市轨道交通安全监测领域运用的自动化监测系统主要有精力水准系统、智能型全站仪（测量机器人）系统、光纤传感系统、测距仪系统、电水平尺系统等。自动化监测系统能够在无人值守情况下完成变形监测，取代人工测量，同时还能提供可视化的动态变形信息，做到信息化施工，避免工程事故的发生。在监测设备方面，智能型全站仪正逐步为首选的自动化监测传感器，其具有高精度、高稳定性和成果丰富等优势，能够实时高效地实现三维变形监测，在城市轨道交通变形监测中发挥越来越重要的作用。如某市地铁 1～5 号线保护区监测工程中采用 Leica TS60 全站仪系统进行自动化变形监测，实现了自动实时数据采集、无线快速传输、数据处理、成果分析、预警预报的智能一体化。香港地铁九龙南线工程中采用 Trimble 全站仪和 ADMS 形变监测系统实现了地铁隧道的无人值守、连续运营、高精度自动变形监测，提高了工程监测的安全和效率。

鉴于人工监测滞后、效率低等特点，目前自动化监测技术主要应用于时效要求高、工作量大的高风险工程中。通过运用自动化监测系统，对城市轨道交通结构进行实时全方位的变形监控，向外部工程建设方及地铁管理方提供可靠的实时动态监测数据，如竖向位移、水平位移、隧道收敛、垂直度（倾斜）、裂缝变形等监测成果，为保证地铁的结构和运营安全提供数据支持。随着城市的深入开发建设，地铁沿线高风险工程分布越来越密集，自动化监测已成为工程安全风险控制的重要手段。

9.1.2 监测系统原理与设计

自动化监测系统主要由测量传感器、数据采集软件、通信与供电装置、控制计算机装置、数据处理与成果管理软件、外部设备等硬件组成，通过采集软件远程控制监测传感器，实现监测数据的快速采集、传输、入库，数据处理与成果管理软件对入库的原始数据进行计算处理和分析，实现计算机或移动客户端的成果在线发布、统计分析、多维展示、预警预报。

为加强城市轨道交通结构安全监测自动化系统的管理，规范自动化监测系统的建设，保证自动化监测成果的准确可靠性，并结合工程特点与管理需要，实施自动化监测前，应进行总体与专项设计，包括系统总体设计、系统功能专项设计要求等。

基坑自动化监测系统示意图如图 9.1-1 所示，系统数据采集、传输工作状态示意图如图 9.1-2 所示。

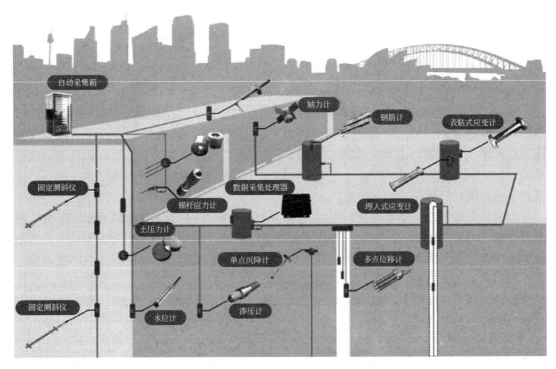

图 9.1-1　基坑自动化监测系统示意图

1. 监测系统总体设计

系统应稳定可靠，根据工程实际需要与运行环境，采用成熟可靠的技术和设备，防止组建过程中产生系统不协调、监测数据不连续或成果不准确的情况。

系统的建设应突出重点监测项目，传感器的量程和精度应满足工程需要，通信与供电系统应与列车通号系统隔离。

数据采集和计算处理软件应经专业检测单位测试，保证监测数据准确性。数据采集频率的设置应满足工程实际需求，应以能及时系统地反映城市轨道交通结构变形的渐变过程为确定原则。监测成果精度应满足规范和监测需求，真实地反映城市轨道交通结构的变形。

系统的设备设施应安装牢固，满足轨道交通的限界要求，不影响轨道交通结构范围内

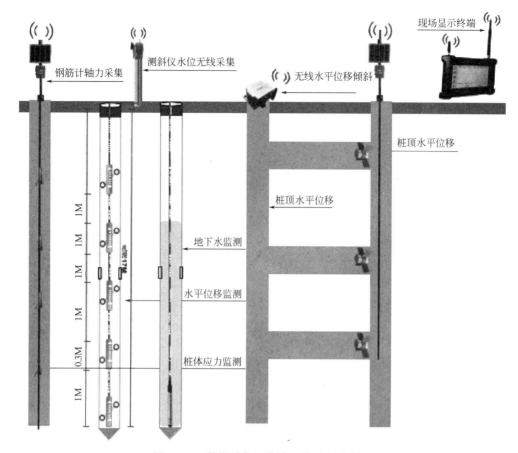

图 9.1-2 数据采集、传输工作状态示意图

既有设备和列车运营安全。监测期间应加强系统维护，自动化监测数据应定期与人工监测值比较，发现异常时应及时修复自动化监测系统。

2. 监测系统功能设计

监测系统功能应能实现监测数据自动采集、传输、处理、分析与展示的基本功能。具有高度的可靠性和长期稳定性，系统硬件和软件应符合城市轨道交通结构安全监测技术发展及计算机网络技术发展要求，同时具有良好的开放性和兼容性。能实现自校或人工检校以验证监测数据是否真实可靠。

系统具有较强的环境适应性和耐恶劣环境性，具备防雷、防潮、防锈蚀、抗振、抗电磁干扰等性能，能够在潮湿、强电磁干扰条件下长期连续稳定运行。有掉电保护和短期自动供电功能，在断电情况下能由备用电源自动供电，确保维持正常运行 24h 以上。能实现现场网络数据通信和远程通信功能，具有开放的系统网络通用协议和传感器输入输出协议。能通过网络向相关工作人员及上级主管部门发送监测数据和有关轨道结构安全信息。同时具有网络安全保护功能，设置有网络硬防火墙或软防火墙来确保网络的安全运行。

系统具有多级用户管理功能，设置有多级用户权限、多级安全密码，对系统进行有效的安全管理。

3. 系统数据采集与传输要求

数据采集装置能连续、准确、可靠地工作，在使用寿命期能适应工作环境，主要性能应能满足技术规范要求。同时应能接入精力水准仪、全站仪、激光测距仪、光纤光栅传感等各类监测传感器，对接入的监测仪器进行精确标定，其综合准确度能满足轨道交通结构安全监测技术规范的要求。

数据采集装置能以中央控制方式（应答式）按照中央控制装置（监控主机）指令进行选点、测量，或以自动控制方式（自报式）按设定的时间和方式进行自动监测数据采集。并能按要求将传感器采集的各种输出信号转换为测量数据，并将所测数据传送到系统的中央控制装置或其他微机。系统中央控制装置能自动地对接收到的监测数据进行分类管理，存入计算机数据库。系统在调试完毕后，应逐日连续观测并取得稳定的初始值。

4. 系统数据处理与成果管理要求

系统除采集数据自动入库外，还应具有人工输入数据功能，能方便地输入未实施自动化监测的测点或因系统故障而用人工补测的数据。可实现对原始数据进行检验、管理等功能，同时能对监测数据进行初步分析和异常值判识提供计算、检验和辅助服务。可方便地制作或自动生成日常管理报表、图形，可方便地对数据库进行维护及资料的整编和制作整编图表。

系统能通过人机交互方式方便地对数据进行查询、检索及编辑，能灵活显示、绘制和打印各种监测数据、图表、文档及图片。实现轨道交通结构安全信息文档、图片管理功能，并可以人机交互方式方便、快捷地查询、检索、输出各种安全管理档案。

系统同时具有必要的离线分析与评估功能，具备对监测资料进行定量分析所需的主要计算、检验、评价功能。满足数据处理实时在线发布、共享，其成果自动以图形和数据形式展示，并可方便查询历史数据。

系统能实现监测信息自动检测和预警预报功能，监测量超限、异常时能自动检测、判识、报警，可通过手机、邮件等方式发送报警信息。

9.1.3 激光测距仪自动化监测

1. 监测系统

激光测距仪监测系统由自动测距仪、安装架、监控计算机、通信与供电装置、数据采集控制软件、数据处理软件等组成。自动测距仪通过发射光束至目标物体，利用反射光束精确计算距离，测量速度快，通过无线或有线传输把测量数据传送到远程监控终端，实现无人值守连续监测，目前在城市轨道交通监测中应用较多，适用于收敛监测等。

监测系统宜选用精度高、稳定可靠、坚固耐用、抗干扰性强的自动测距仪，宜采用无棱镜反射测量工作模式，测距精度不低于±2mm。自动测距仪制造技术相对简单，目前城市轨道交通结构监测使用的大多为国产测距仪。

2. 布设与安装

根据工程监测需求与技术规范确定监测断面的布设，一般每个监测断面布设1台测距仪，测距仪应布设于固定测线一端的结构内壁，测量激光束应对准固定测线另一端目标点。测距仪采用固定支架安装于结构内壁，另一端观测目标点应平整清晰、反射率高，若内壁粗糙时应打磨平整。测距仪一般采用无棱镜反射测量工作模式，监测精度要求高的工程，目标点可粘贴专用反射片或安装棱镜。激光测距仪自动监测系统示意图如图 9.1-3 所示，激光测距仪用于隧道结构净空收敛监测示意图如图 9.1-4 所示，激光测距仪用于轨道变形监测示意图如图 9.1-5 所示。

图 9.1-3　激光测距仪自动监测系统示意图

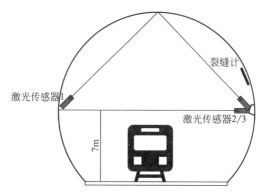

图 9.1-4　激光测距仪用于隧道结构净空收敛监测示意图

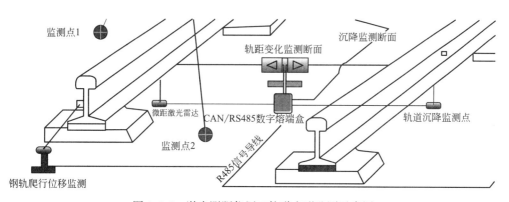

图 9.1-5　激光测距仪用于轨道变形监测示意图

9.1.4　光纤传感自动化监测

1. 监测系统

光纤传感技术是一种以光为载体，光纤为媒介，感知和传输外界信号（被测量）的新型传感技术，它应用光纤几何上的一维特性，把被测参量作为光纤位置长度的函数，可以在整个光纤长度上对沿光纤几何路径分布的外部物理参量进行连续的测量，同时获取被测物理参量的空间分布状态和随时间变化的信息。

光纤传感器监测系统由光纤传感器、信号解调设备、光合波器、监控主机、光纤、系统软件等组成。由于光纤不仅可以作为光波的传输媒质，而且光波在光纤中的传播时，表征光波的特征参量振幅、相位、偏振态、波长等因外界因数如温度、压力、磁场、电场、位移等的作用而间接或直接地发生变化，从而可将光纤用作传感器元件来探测各种待测量物理量、化学量和生物量，这就是光纤传感器的基本原理。光纤传感技术原理图如图 9.1-6 所示。

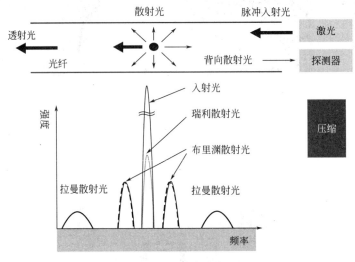

图 9.1-6 光纤传感技术原理图

光纤传感器可以分为传感型本征型和传光型非本征型两大类。

（1）传感型光纤传感器是利用外界因数改变光纤中光的特征参量，从而对外界因数进行计量和数据传输的，它具有传感合一的特点，信息的获取和传输都在光纤之中。

（2）传光型光纤传感器是指利用其他敏感元件测得的特征量，由光纤进行数据传输，它的特点是充分利用现有的传感器，便于推广应用。

这两类光纤传感器都可再分成光强强制、相位调制、偏振态调制和波长调制等几种形式。

目前国内光纤传感实用技术有待进一步发展，在城市轨道交通工程监测中的应用正在推广，最具应用前景的主要有光纤布拉格光栅（FBG）传感技术和布里渊光时域反射（BOTDR）传感技术，主要适用于应变、位移、收敛、温度、压力监测等。

2. 技术优势

分布式光纤技术的主要优点：

（1）分布式监测：可获得光纤沿线任一点的应变、变形信息；

（2）本质安全：高绝缘，防电磁干扰、耐腐蚀；

（3）精度高：测试精度最高可达 2 微应变测量，信息保真度高；

（4）长期稳定性：传感器为石英纤维，使用寿命长，长期稳定性高，监测维护成本低；

（5）测试距离长：数十公里监测距离，适合于大型基础工程的远程监测和长期实时监测。

光纤光栅传感器的主要优点：

（1）测量精度高，实时性好：1 微应变测量精度；

（2）抗电磁干扰：传感和传输信号均为光信号，不受电磁的干扰；

（3）电绝缘性：光纤本身是电绝缘的介质组成，无需电源驱动；

（4）耐腐蚀性：制作光纤的材料（石英）具有极高的化学稳定性，能在较恶劣的环境中使用；

（5）测量范围广：可测量温度、压强、压力、应变、流速、流量、电流、电压、液位等物理量；

（6）远距离测量；

（7）高度集成看，传输容量大：可实现一测线多点分布式测量；

（8）便携性：体积小、重量轻。

3. 光纤光栅（FBG）传感技术

光纤光栅是光纤铅芯折射率受到永久的周期性微扰而形成的一种光纤无源器件，它能将入射光中某一特定波长的光部分或全部反射。光纤光栅传感是通过拉伸和压缩光纤光栅，或者改变温度可以达到改变光纤光栅的周期和有效折射率从而达到改变光纤光栅的反射波长的目的。反射波长和应变、温度、压力物理量呈线性关系，根据这些特性，可将光纤光栅制作成应变、温度、压力、加速度、位移等多种传感器。其类型如图 9.1-7 所示。

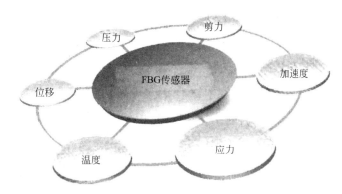

图 9.1-7　光纤光栅传感器类型

（1）光纤光栅应变传感器

应变传感器是在目前工程领域中应用最广泛、技术最成熟的光纤传感器。应变直接影响光纤光栅的波长漂移，在工作环境较好或是待测结构要求小型传感器的情况下，可将裸光纤光栅作为应变传感器直接粘贴在待测结构的表面或者是埋设在结构的内部。由于光纤光栅比较脆弱，在恶劣工作环境中非常容易破坏，因而需要对其进行封装后才能使用，常用的封装方式主要有基片式、管式和基于管式的两端夹持式。其埋入应变计如图 9.1-8 所示。

图 9.1-8　光纤光栅埋入式应变计

（2）光纤光栅温度传感器

与传统的传感器相比，光纤温度传感器具有灵敏度高，体积小，耐腐蚀，抗电磁辐射，光路可弯曲，便于遥测等优点。基于光纤光栅技术的温度传感器，采用波长编码技术，消除了光源功率波动及系统损耗的影响，适用于长期监测，而且多个光纤光栅组成的温度传感系统，采用一根光缆，可实现准分布式测量。

温度也是直接影响光纤光栅波长变化的因数，一般直接将裸光纤光栅作为温度传感器直接应用。同光纤光栅应变传感器一样，光纤光栅温度传感器也需要进行封装，封装技术的主要作用是保护和增敏，以保证光纤光栅具有较强的机械强度和较长的寿命。此外，还可通过适当的封装技术提高光纤光栅对温度的响应灵敏度。普通的光纤光栅其温度灵敏度只有 0.01nm/℃左右，对于工作波长在 1550nm 的光纤光栅来说，测量 100℃的温度范围波长变化仅为 1nm。运用分辨率为 0.06nm 的光谱分析仪进行测量，其分辨率仅为 6℃，远不能满足实际测量的需要。目前常用的封装方式有基片式、管式和聚合物封装方式等。光纤光栅温度传感器如图 9.1-9 所示。

图 9.1-9　光纤光栅温度传感器

（3）光纤光栅位移传感器

目前国内正在开展光纤光栅位移测量的应用研究，通过测量应变推算位移，该传感器在实际工程中已取得应用，国内已具有商品化产品。光纤光栅位移传感器如图 9.1-10 所示。

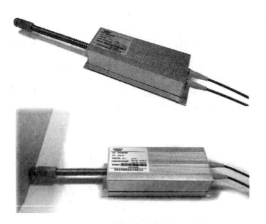

图 9.1-10　光纤光栅位移传感器

（4）光纤光栅应变传感器

城市轨道交通建设过程中，光纤光栅应变计主要用于混凝土表面的应力应变监测，也用于对各种金属或其他固体结构表面进行静态和动态应力应变监测。传感器采用特有的弹性梁结构，具有较高的测量分辨率和测量精度。

该应变传感器测量采用光纤光栅原理，把一根光栅封装在金属结构件内，安装时把传感器两端的固定块焊接、粘贴或螺栓固定于被测结构件表面即可。被测结构件的变形（如应变变化）导致两端固定块相对运动，从而引起光栅长度改变，光栅长度的改变反应为探测光波长的变化，光波长的变化可由光纤光栅解调仪直接进行数据采集。

现场安装时先在混凝土表面打标距为 100mm 的两个钻孔，然后采用紧固螺钉将底座固定在混凝土表面，最后通过螺母将传感器方便地固定在底座上。在钢结构表面安装方式是采用焊接方式，也可以用粘贴及锚栓固定到钢或混凝土表面上监测结构的应变。

1）注意事项

光纤光栅应变计属于高精度型仪器仪表产品，在运输、使用、安装过程中要注意轻拿轻放，切忌用重物敲打或硬拉硬扯，以免影响传感器的精度和稳定性或损坏传感器。光纤光栅应变计虽适用于各种恶劣环境，但在使用时应注意避免用于超过测量范围的地区（特殊要求可定制），同时还应注意避免传感器在强酸、强碱的环境下长期工作。

2）初始检验

光纤光栅应变计安装前，要检测其外观有无破损，然后将其接到解调仪上看其是否能正常输出波长数据，待输出的波长数据稳定后，检验其波长与相关参数是否接近，检测无误后方可应用于工程。

光纤光栅应变计观测读数应在 ± 1500 微应变左右。轻压应变计的两末端，微应变读数应减小，拉应变计的两端，显示的应变读数增加，不能在应变计两端加压（或拉伸）过大，否则可能损坏传感器。

3）安装传感器及保护

① 利用安装杆作为样板，孔径标距为 100mm，标距误差为 ± 3mm，在合适位置钻出两个 2.5″（60mm）深的孔，孔的最小直径为 0.5″（12.5mm）。安装块用间隔卡装到安装杆上，以使它们能正确定位，在定位钻孔打好后，固定好锚杆，用速凝砂浆或高强环氧进行灌浆。

② 在短期项目监测中，标准的安装块也可用环氧砂浆直接粘合到混凝土表面上，在粘贴之前应将安装块的下侧面和混凝土表面清除沙粒杂物，并清洗干净，保持待粘物体表面清洁。建议在室温下固化环氧 24h。

③ 安装时，要将传感器一端的两颗螺母固定牢固，另一端固定时，需要用便携式光纤光栅解调仪来监测该传感器的波长数据，以确保该传感器处在预张拉状态，一般情况下，固定后的传感器，其波长应比初始波长大 0.5～1nm 为宜。

④ 安装结束后，传感器检测无误后，应对传感器两端的螺母涂螺丝胶，以免螺母在长期监测中松动；同时，将传感器外围用隔热棉包裹好；最后，用二次保护罩将传感器保护好。

4）光缆连接

应变计和光缆接头应予以保护，使其免受机械损伤。应变计由角钢或槽钢做成的盖板保护，盖板扣在应变计顶部。

装好光缆要用扎带固定好，将光缆穿入软管内，并将软管尽量放在安全的地方。光纤在熔接前，要将光缆的 FC/APC 头接入光纤光栅解调仪，以确保该传感器的波长正确及损耗在合理范围内，否则，要检查光缆通道，排查问题后，方可将该传感器尾纤熔接到通道光缆。

5）读取数据

将连有光纤光栅传感器的光纤通过 FC/APC 光学接头即可接入光纤光栅解调仪，打开光纤光栅解调仪软件对传感器进行扫描即可读出传感器的当前波长值，通过读取参数表即可将所取得的波长值转化为所需要的相应测量值。

① 温度测量：光纤光栅应变计一般均需配合一只光纤光栅温度计进行使用，光纤光栅温度计对应变计提供温度补偿所需的温度变化值。

② 初始读数：所有读数都要参照一个初始读数，因此应细心采集一个初始读数，传感器安装后都存在徐变过程，建议传感器安装 2～3 天后，读取初始值为宜。

光纤光栅应变传感器如图 9.1-11 所示。

图 9.1-11　光纤光栅应变传感器

4. 布里渊光时域反射（BOTDR）传感技术

基于布里渊散射的分布式传感技术的研究起步较晚，但由于它在温度和应变测量上的测量精度、测量范围、空间分辨率均高于光栅传感技术，这种技术目前受到广泛关注和研究。光纤光栅分布式传感器的探测局限于内置 FBG 的位置，不能提供沿光纤方向全分布的温度和应力的信息，且受复用技术的限制，一条光纤只能接入有限的光纤传感器，决定了这种技术在大范围长距离上的应用有一定的限制，BOTOR 分布式光纤传感技术则不同，类似于植入建筑物体内的神经系统，可以提供成千上万个传感点，沿光纤全程地传感合一。布里渊光时域反射计（BOTDR）是通过检测光纤中反向散射的自发布里渊散射光来实施监测的。

脉冲光以一定的频率自光纤的一端入射，入射的脉冲光与光纤中的弹性声波发生相互作用后产生布里渊散射，其中的背向布里渊散射光沿光纤原路返回到脉冲光的入射段，进入 BOTOR 的受光部和信号处理单元，经过一系列复杂的信号处理可以得到光纤沿线的布里渊背散光的功率分布，发生散射的位置至脉冲光的入射端，即至 BOTOR 的距离 Z 可以通过计算得到，按上述方法按一定间隔改变入射光的频率反复测量，就可以获得光纤上每个采样点的布里渊散光的频谱图。理论上布里渊背散光谱为洛伦兹形，其峰值功率所对应的频率即是布里渊频移。如果光纤受到拉伸，拉伸段光纤的布里渊频移就要发生改变，通过频移的变化量和光纤的应变之间的线性关系就可以得到应变量。BOTOR 的应变测量原理如图 9.1-12 所示。

在已知特定位置的情况下，布拉格光栅传感器具有很大的优势，而布里渊光纤传感器则在长距离和大面积上更具优势，能够定位未知的故障点。

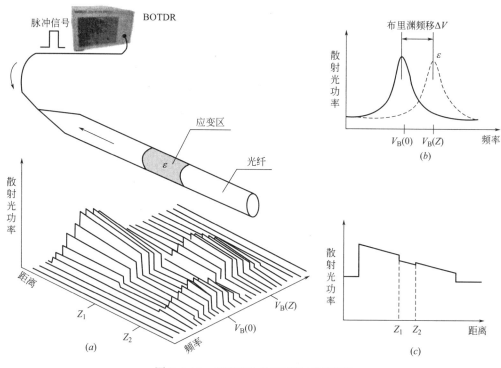

图 9.1-12 BOTOR 的应变测量原理图

5. 应用案例

（1）玄武湖隧道分布式光纤远程监测

隧道工程及地下工程开挖时将分布应变传感光缆及准分布式传感器植入到支护体和周围岩土体中，可对支护体内力及变形、接触应力、岩土体变形等进行监测控制；工程运营过程中利用先前布置的传感光缆和后期布设的光纤传感器件，对支护内力变化、结构变形及环境温度等进行监测，保障工程安全运营。隧道工程分布式光纤传感器布置图如图 9.1-13 所示，玄武湖隧道线路总体平面示意图如图 9.1-14 所示，玄武湖光纤铺设平面及断面图如图 9.1-15、图 9.1-16 所示。

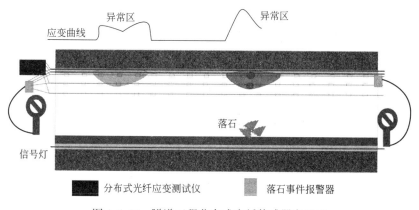

图 9.1-13 隧道工程分布式光纤传感器布置图

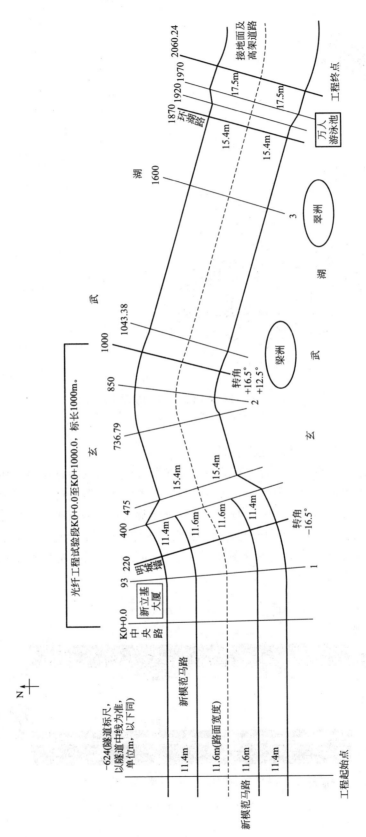

图 9.1-14 玄武湖隧道线路总体平面示意图

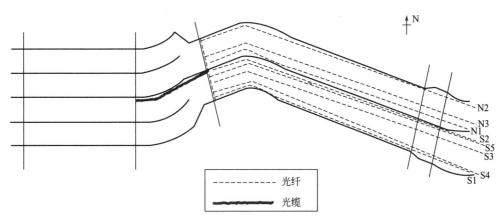

图 9.1-15 玄武湖光纤铺设平面图

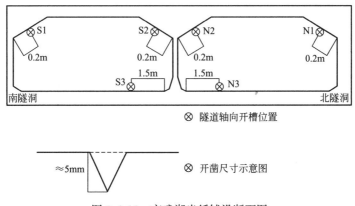

图 9.1-16 玄武湖光纤铺设断面图

2003 年 4 月 29 日～7 月 30 日期间，北隧洞南侧墙伸缩缝开度的变化量诊断如下：4～7 月，伸缩缝的变形逐渐降低，这主要是由于温度的升高造成混凝土结构发生膨胀，伸缩缝出现闭合。最大的变形出现在 1715，闭合量为 0.83cm。监测应变曲线图如图 9.1-17 所示，S4 线典型点有效应变变化如图 9.1-18 所示，90m 无缝混凝土管片的应变分布如图 9.1-19 所示。

（2）京石铁路下穿太石线隧道变形分布式监测

该工程新建京石铁路需下穿石太铁路线，采用竖向植入应变传感光缆和水平植入分布式位移监测管，对下穿隧道施工过程中，周围土体变形进行分布式监测。位移曲线图如图 9.1-20 所示。

（3）苏州地铁 2 号线衬砌变形与渗漏监测

该工程长线贯穿软弱地层，沉降变形较大，盾构支护体易发生变形而渗漏，采用分布式应变感测光缆对衬砌变形进行分布式监测，采用内加热渗漏感测光缆对渗漏进行分布探测，并采用 FBG 静力水准对区间差异沉降进行掌控。衬砌变形与渗漏监测布置图如图 9.1-21 所示。

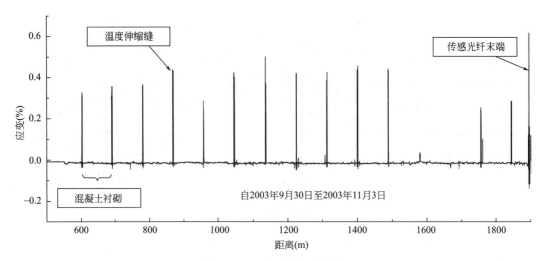

图 9.1-17　监测应变曲线图

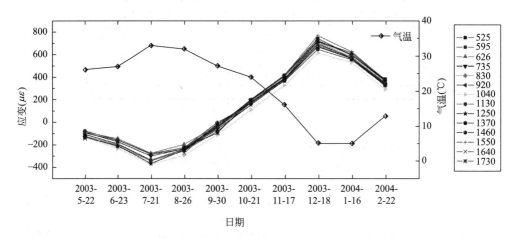

图 9.1-18　S4 线典型点有效应变变化

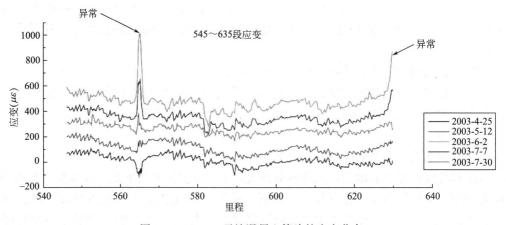

图 9.1-19　90m 无缝混凝土管片的应变分布

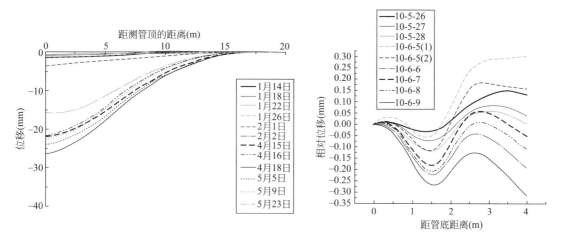

图 9.1-20　位移曲线图

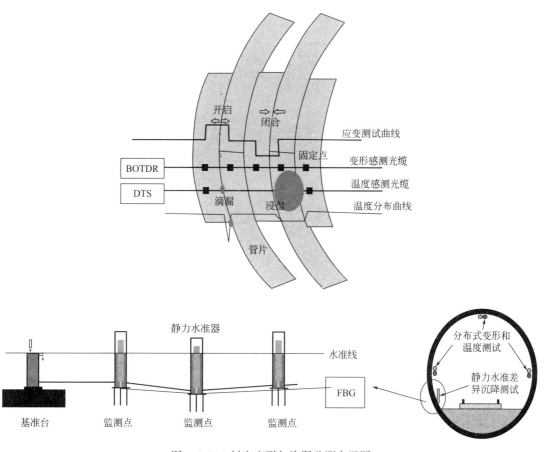

图 9.1-21　衬砌变形与渗漏监测布置图

9.1.5 电水平尺自动化监测

1. 监测系统

电水平尺监测系统由电子水平尺、控制计算机、通信与供电装置、数据采集控制软件、数据处理软件等组成。电水平尺主要适用于竖向位移和倾斜监测，当竖直安装时可监测结构的倾斜，当水平安装时可监测结构的竖向位移和水平起伏，当多个电水平尺连接时，可监测结构的差异沉降。电水平尺主要适用于地铁隧道竖向位移监测，将一系列电水平尺首尾相接地水平安装在道床上，可监测出地铁隧道的差异沉降。

EL beam 是美国 Slope Indicator 公司推出的测量物体倾斜（即两点间高差）的仪器，使用与 EL beam 倾斜传感器配套的 CR10X 数字自动记录仪实现自动化。CR10X 数据记录装置不仅可靠，而且可以兼容几乎所有的传感器和数据采集单元。独立的一个数据记录装置可以读取小范围内的很多支传感器，电信号的传输会随着传输电缆长度的增长而呈非线性衰减，采取配置信号放大器、防雷滤波器减少隧道内因电缆过长而导致的信号衰减以及列车驶过时造成的信号干扰，监测系统组成示意图如图 9.1-22 所示。

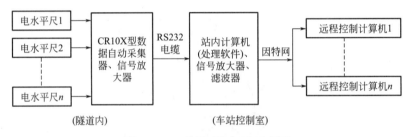

图 9.1-22 监测系统组成示意图

系统特点：

（1）高分辨率。电水平尺的最小量程为 $1''$，根据 L（$\sin\theta_1 - \sin\theta_0$），在 1m 长的梁两端可以检测到 0.005mm 的竖直位移变化。

（2）可靠的测量数据。当电水平尺梁的长度确定后，其倾角的变化量可以精确地换算成梁两端的沉降位移量，并将多个梁首尾相连，能够计算出各端点的绝对位移量，与当地高程系统联测一个梁端点的高程，可以得出所有梁端点的绝对高程。

（3）安装简单。电水平尺安装无须复杂的工具，且梁的长度可以根据现场施工条件灵活变化，不受外界条件限制。

（4）数据自动传输。通过有效的电缆可以把实时采集到的数据传输到 CR10X，并由电脑实时查看原始数据，一目了然。

（5）远程监控。通过自动化处理软件对采集到的电信号数据转化成直观的沉降数值量，并通过现有通信技术实现定期发送 SMS 短信，实现远程监控。

监测系统宜选用精度高、稳定可靠、坚固耐用的电水平尺，电水平尺尺身一般为 0.5～3m，量程不宜小于 $\pm40'$（角度），分辨率宜不大于 $\pm1''$，重复测量精度宜不低于 $\pm3''$，可单支使用或多支串联使用，其中盾构隧道内电水平尺的长度宜与环宽匹配，目前城市轨道交通结构监测使用的大多为国产电水平尺。

2. 工作原理

电水平尺的核心部件是电解质倾斜传感器，电解质传感器是精密的气泡式水准仪，并能像电桥一样工作。电桥电路根据传感器的倾角变化输出相应比例的电压信号，将电解质倾斜传感器（组件）安装在一支空心的刚性直尺内，就构成了电水平尺（图 9.1-23）。对单个水平尺首尾逐个链接，沿监测区内待测方向展开安装形成尺链，就会反映出监测区域内整体沉降情况。

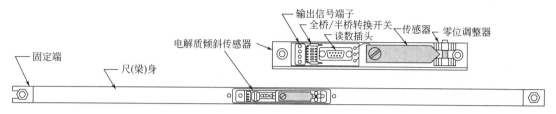

图 9.1-23　电水平尺结构

工程常选用电水平尺的尺身长 3m，用锚栓安装在道床（结构物）上，接着将倾角传感器调零，并锁定在该位置。道床（结构物）的沉降会改变梁的倾角，电水平尺中的电解质倾斜传感器能根据倾角的变化输出相应比例的电压信号。将尺链上各个电解质倾斜传感器的输出信号接到一台 CR10X 型数据自动采集器上，就可以按设定的时间间隔（可调整的范围为几秒到几小时）对所有接入的传感器进行一次采样读数。每次采样读数所得的数据暂存在采集器内，供定期处理，通过电缆直接把采集器中的数据输送到计算机中，在计算机内按预先设定的程序将电压信号换算成倾角角度，再根据尺体的长度 L 计算出沉降量 d_i（i 表示尺链中第 i 支尺），利用矢量相加的方法可以得到尺链范围内的实时沉降曲线，电水平尺监测沉降工作原理如图 9.1-24 所示。

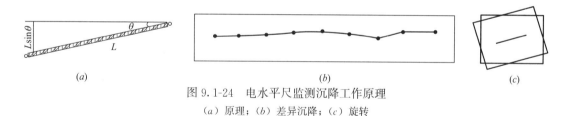

图 9.1-24　电水平尺监测沉降工作原理

（a）原理；（b）差异沉降；（c）旋转

（1）单尺倾斜计算

单个水平尺的倾斜值根据下式进行计算。

$$T = C_0 + C_1 E + C_2 E_2 + C_3 E_3 + C_4 E_4 + C_5 E_5$$

式中　T——单个水平尺的倾斜值（mm/m）；

　　　C_i——仪器系数，由厂家提供；

　　　E_i——单个电水平尺本次测量的电压值（V）。

（2）高程计算（考虑尺链传递）

假设由 n 个电水平尺组成尺链，且 1 号尺起端为计算基准点，另一端为高程测试点，其他尺寸同样表示，则该电水平尺链上各测点高程的计算公式为

$$H_n = B + T_1 L + T_2 L + T_3 L + \cdots\cdots + T_n L。$$

式中　H_n——第 n 个电水平尺的测点高程（mm）；

　　　B——基准点高程（mm）；

　　　T_n——第 n 个电水平尺的计算倾斜值（mm/m）；

　　　L——单个电水平尺的长度（m）。

（3）起算基准

根据传感器的设计情况进行相应选择。

3. 布设与安装

电水平尺一般安装在道床上，采用电水平尺本身作为模板在待测道床上标出固定螺栓的钻孔位置，钻孔应设在安装槽的中心，在标记钻孔之前，要确保电水平尺水平；安装时要保持尺子水平并与钻孔垂直。

电水平尺的布设位置根据工程监测需求和相关技术规范确定，多支电水平尺可串联安装构成尺链沿线路走线布设，可监测地铁的纵向差异沉降，同时可布设垂直于地铁轨道的单个电水平尺，以监测地铁结构的横向差异沉降。采用电水平尺链进行沉降监测时，应采用水准测量法定期联测尺链的起点与终点，根据水准测量成果修正各测点沉降变形监测成果。

4. 应用案例

（1）基本情况

南京明基医院位于南京地铁元通站-中胜站区间和中胜站西站厅地铁线路南侧，主要由地铁广场楼、住院大楼、办公楼组成，基坑与地铁车站站台边线的距离为 13～25m。施工场地位于南京河西地区，场地地貌单元属于长江漫滩之上，中胜站及地铁线路所属区间场地地表为人工回填土和新近堆填土，地下覆盖层主要为软弱劲性土及饱和砂土。场地内淤泥质土饱含地下水，水位在地面以下 0.3～0.5m。

（2）监测目的

明基医院施工属于中胜站地铁保护区范围内，为确保地铁的运营安全，需布设测点进行监测。

（3）监测方法及项目

以电水平尺法自动监测为主，人工监测为校核手段，监测项目主要有竖向位移监测、差异沉降监测。

（4）监测点布置

根据现场测量，明基医院基坑与站台边线的最近距离约为 13m，基坑最大开挖深度低于地铁隧道底标高约 8m。为了保证地铁隧道的安全，选取明基医院地铁广场楼侧地铁隧道作为监测段，选用成熟可靠的 sinco 监测设备和软件，建立自动化监测系统。选用 35 支 3m 长的电水平尺，首尾串联成约 100m 长的监测尺链线，紧贴地面安装在轨道的道床上，将 CR10X 数据自动采集器就近安置在隧道侧壁上，同时，在中胜站站台上设主控计算机对监测段地铁隧道现场数据进行自动采集、存储、处理及传输。电水平尺、人工监测点位置与最近地铁轨线的水平距离为 0.2～0.3m，监测点布置和电水平尺寸断面布置如图 9.1-25 和图 9.1-26 所示。

在地铁隧道与车站间的结构缝两侧约 1m 处的道床上布设 1 对沉降监测点，用于结构差异沉降监测。

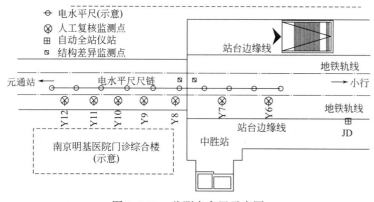

图 9.1-25　监测点布置示意图

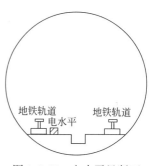

图 9.1-26　电水平尺断面布置示意图

（5）电水平尺监测系统组成

1）硬件要求

如表 9.1-1 所示。

监测系统的硬件要求

表 9.1-1

硬件类型	数量	精度（mm/m）	功能
水平梁式倾斜仪（台）	35	0.005	反映变形量
水平梁（台）	35	—	保护传感器
通信电缆（m）	300	—	数据传输
自动采集单元 CR10X615（台）	1	—	数据采集
EL beam 读数仪（台）	1	—	调零
信号放大器（个）	2	—	增强信号
防雷型滤波器（台）	2	—	防止电磁干扰、静电
计算机（台）	1	—	现场分析处理数据

2）软件要求

1 套实时数据控制软件 Logger-Net，1 套电水平尺自动化处理软件，分析并处理采集器采集到的数据，形成直观变形曲线图，如图 9.1-27 所示。

3）监测基准点的确定

根据基坑开挖对地铁的影响范围，选取在影响范围外的一支梁的端点作为本次监测的基准点，并与二等水准基点联测，检测基准点的稳定性。电水平尺基准点应与人工水准测量点共用，由人工从车站内稳定基点引测到电水平尺基点，其基点高程变化应与水平尺监测数据进行修正。

4）初始值的测定

系统调试完毕后，选择运行后第 1 天的 24 个周期的平均值作为本次监测的初始值，每周期数据均与初始值做比较，得出每期数据的变化量、日变化量和累计变化量。

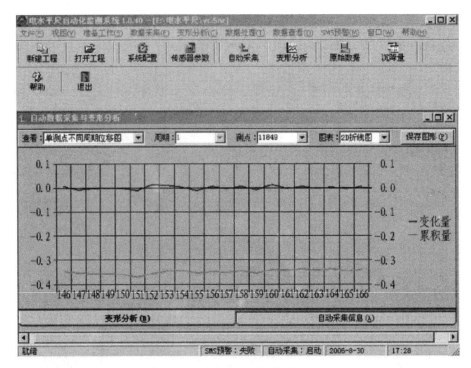

图 9.1-27　自动化处理软件显示画面

5）监测频率及测回数

电水平尺自动化监测系统每小时对监测数据采集、处理一次，定期用二等水准点进行人工复核，同时，定期对地铁隧道与车站间的结构缝差异沉降进行监测。

6）报警设定

地铁隧道的最大沉降值应不大于 10mm，报警值为最大值的 1/3，警戒值为最大值的 2/3。操作人员可以通过控制软件的界面对数据采集器进行采集间隔时间等工作参数的设定或修改，一旦采集到的数据达到或超过预先设定的报警值，计算机就会以色彩和音响的方式发出报警信息，自动通过手机短信向有关单位报警。地铁隧道与车站间的结构缝差异沉大于 ±3mm 时预警，大于 ±5mm 时报警。

7）数据比较分析

① 明基医院基坑开挖各阶段数据比较

选取 4 个时间点对 8 个典型监测点进行沉降值比较。由于 845 点位于变形区 10m 外，受施工降水影响，沉降不明显，而 850，855，860，870 四点位于基坑一侧，土体开挖时有较大沉降。其中，2006 年 7 月 15 日，地铁保护区内的明基医院基坑开挖到底部时地铁隧道的最大沉降值为 7.0mm，随着基坑底板浇筑以及地下水回灌后，地铁隧道底板有不同程度的回弹，沉降曲线见图 9.1-28 所示。

② 地铁运营和停运对自动监测的影响

地铁运行时，列车振动和隧道内空气湿度均会对电解质传感器造成一定影响，系统在整个施工期间，每天的变化量对运营和停运分析没有可比性，而提取其中的某一时段作为列车停运与运营对该系统的影响分析则具有一定的可比性。每天 00：00～6：00 作为地铁

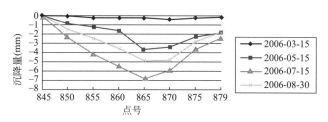

图 9.1-28 开挖各阶段地铁隧道沉降监测数据图

停运期，其他时段作为地铁运营期，平均后分析比较，列车运行期间与停运期间各点差值很小，最大为 0.092mm 最小为 −0.002mm，总体趋于平缓，列车停运期与运行期对自动监测的影响如图 9.1-29 所示。

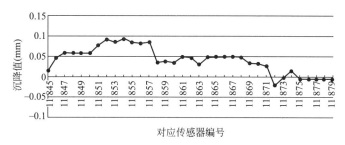

图 9.1-29 列车停运期与运行期对自动监测的影响

(6) 结论及建议

1) 在确保地铁隧道正常运营的情况下，使用电水平尺自动化监测系统是可行的。电水平尺是一套集数据采集、传输、处理、报表自动生成等为一体的自动化监测系统，能够实时提供监测数据和监测曲线，为地铁安全提供重要保障。

2) 选用电水平尺及成熟可靠的 sinco 监测设备和软件时，其监测精度可达到 0.005mm。本工程中，自动化监测与人工测量的差值在 ±0.3mm，当明基医院基坑开挖到底部时，地铁隧道的最大沉降值为 7.0mm。

3) 电水平尺自动化监测系统能够自动记录监测过程，节约大量的人力、物力和财力，并能保证人员的安全。一旦采集到的数据达到或超过预先设定的报警值，系统可以自动向相关单位报警。

9.1.6 固定式测斜仪自动化监测

1. 监测系统

固定式测斜仪监测系统由测斜仪、数据采集设备、控制计算机、通信与供电装置、电缆、系统软件等组成。固定式测斜仪将若干个测斜仪组合，上下成串地安装在同一个测孔中，各自布置在适当深度处，各测斜仪连续工作，不间断地将测得数据通过电缆传到测孔外，实现水平位移的自动化监测。这种应用可方便地实现远程遥测，并可准确而连续地监测建筑物或结构物内部或剖面的变形情况，目前固定式测斜仪适用于地面以下不同深度的土体/围护墙体深层水平位移监测。测斜仪及安装示意图如图 9.1-30 和图 9.1-31 所示。

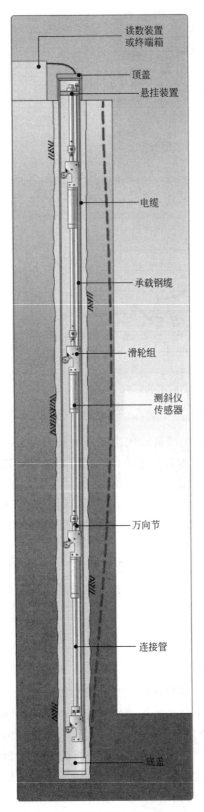

读数装置
或终端箱

顶盖

悬挂装置

电缆

承载钢缆

滑轮组

测斜仪
传感器

万向节

连接管

底盖

图 9.1-30　钻孔安装固定测斜仪

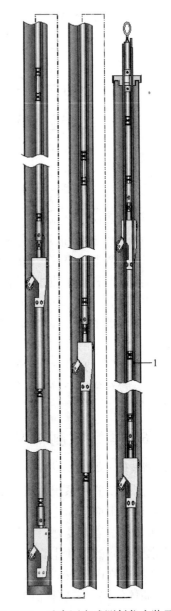

1

图 9.1-31　垂直固定式测斜仪安装示意图

监测系统采用的固定式测斜仪量程应不小于±10°，精度不低于满量程的1‰，各测量段长度不应超过仪器标称允许值，宜采用单根多芯电缆完成供电、通信控制等功能。

2. 布设与安装

固定式测斜仪的布设位置根据工程监测需求和相关技术规范综合确定，固定式测斜仪的工作原理、计算方法、安装埋设与活动式测斜仪类似，详见本书第4.4节相关内容。

固定式测斜仪在信号传输上最突出的特点是采用了基于现代计算机技术的数据编码技术，使得同在一孔中若干个固定式测斜仪只需共用一根多芯电缆（一般为四芯线，其中二芯传送经编码的数据，另二芯为电源线），就可将全部（可多达几十个）固定式测斜仪的数据传到地面。经过编码的数据在地面用数据采集器采集、存贮，并通过无线通信与监控计算机联机，实现远程自动化监测。固定式测斜仪埋设后应及时取得稳定读数作为初始值，深层水平位移监测的起算点宜设在测斜管的顶部，并通过人工监测进行管顶水平位移修正。

9.1.7 SAA 阵列式测量系统自动化监测

1. 系统形式及特点

SAA 是 ShapeAccelArray 的缩写，是一个利用微电子机械系统技术的加速传感器技术实现 XYZ 三维位移监测的高新技术产品。主要应用于岩土体变形监测（包括滑坡、不稳定边坡等）、基坑围护结构深层水平位移、既有建（构）物竖向位移及水平位移二维和三维的形状变化及振动监测。SAA 系统组成如图 9.1-32 所示。

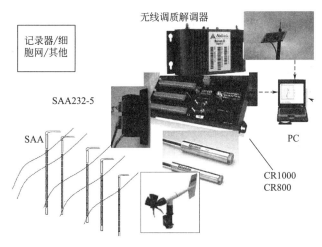

图 9.1-32 SAA 系统组成图

2. 监测数据处理原理

SAA 阵列式测斜仪将 3D 电脑动画技术用于工程领域。它采用微机电感应方式和阵列式计算原理，可实时获取连续变形曲线，SAA 阵列式位移计是一种可以被放置在一个钻孔或嵌入结构内的变形监测传感器。它由多段连续节（segment）串接而成，每节一般为50cm 或 30cm。内部由三段连续轴，微电子机械系统（MEMS）加速度计组成。每段轴有一个已知的长度。将仪器埋设在被监测对象上，通过检测各部分的重力场，各段轴之间的弯曲角度便可以计算出来。利用计算得到的弯曲角度和已知各段轴长度，SAA 的变形便可以完全确定出来。仪器综合精度可达到±1.3mm/30m，稳定性1.5mm/32m。SAA传感器组成、原理、埋设及传感器测量不同频率下的振动，如图9.1-33～图9.1-36所示。

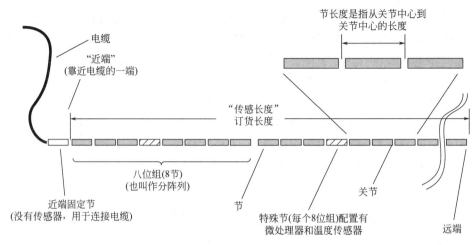

图 9.1-33　SAA 传感器组成

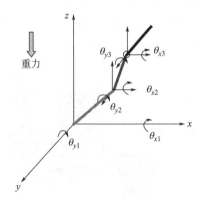

图 9.1-34　SAA 传感器原理

图 9.1-35　SAA 传感器埋设

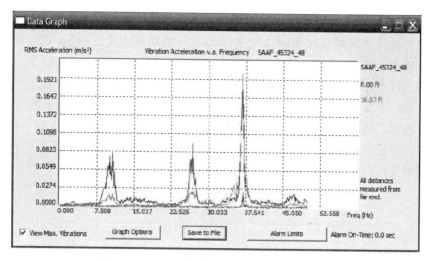

图 9.1-36　SAA 传感器测量不同频率下的振动

9.1.8　倾角仪自动化监测

倾角仪由倾斜传感器及固定支架组成。仪器可直接安装在被监测结构的表面来监测结构的倾角变化，所用传感器与固定测斜仪相同，不同的是每支传感器配有一个安装支架。仪器可安装在边墙、护坡、桥墩、塔体及高层建筑等倾斜监测。

根据用途的不同，倾角仪也有单轴与双轴两种，这两种传感器所配套的支架完全相同。安装时只须使用膨胀螺栓固定在结构表面或使用其他可靠的方式固定在钢结构表面，并调整其初始位置即可。配套动态数据采集设备，可连续并实时地测量任意点的倾角变化或水平位移量，如测量斜拉桥桥塔及高层建筑因风扰或温度变化导致的结构摆动周期、倾斜或水平位移的变化规律等。倾角仪安装示意图如图 9.1-37 所示。

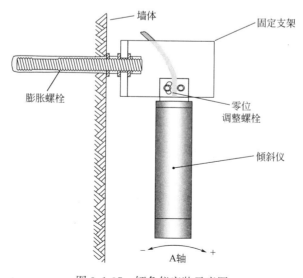

图 9.1-37　倾角仪安装示意图

9.1.9 裂缝开合度自动化监测

振弦式裂缝计用于测量城市轨道交通结构表面缝的开合度，例如：隧道、道床、建筑、桥梁、管道等混凝土的施工缝，配用不同的附件，也可测量土体的张拉缝与岩石和混凝土的裂缝。仪器常用于表面式安装。

仪器包括一个振弦式感应元件，该元件与一个经热处理并消除应力的弹簧相连，弹簧两端分别与钢弦、传递杆相连。仪器完全密封并可在高达 1MPa（特殊要求可定制）的压力下操作。当连接杆从仪器主体拉出，弹簧被拉长导致张力增大并由振弦感应元件测量。钢弦上的张力直接与拉伸成比例，因此，接缝的开合度通过振弦读数仪测出的读数变化而精确地计算。通过通信线缆和数据采集系统可实现数据的自动采集和处理。裂缝计安装示意图如图 9.1-38 所示。

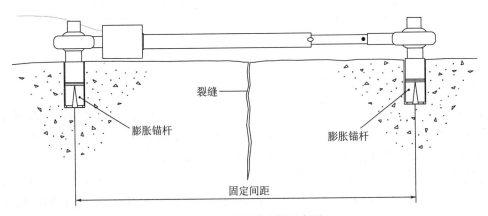

图 9.1-38 裂缝计安装示意图

9.1.10 爆破振动自动化监测

爆破振动自动监测仪可安装在拱顶、侧面、地面等位置，传感器正面向上，安装箭头指向振源中心，夹具底板与被测目标的表面用石膏接合。用于监测爆破作业时的爆破振速。爆破振动自动化监测仪安装示意图如图 9.1-39 所示。

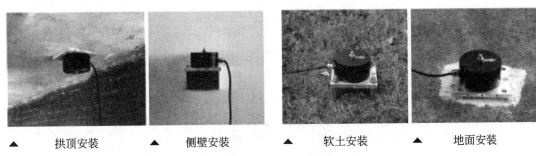

▲ 拱顶安装　　▲ 侧壁安装　　▲ 软土安装　　▲ 地面安装

图 9.1-39 爆破振动自动化监测仪安装示意图

9.2 三维激光扫描监测技术

9.2.1 技术现状

三维激光扫描监测技术又被称为实景复制技术，作为20世纪90年代中期开始出现的一项高新技术，是测绘领域继GPS技术之后的又一次技术革命。通过高速激光扫描测量的方法，大面积、高分辨率地快速获取物体表面各个点的三维坐标、反射率、灰度等信息，由这些大量、密集的点信息可快速重构目标物体的真三维数字模型，为后续的内业处理、数据分析等工作提供准确依据，再现客观事务真实的形态特性。它具有高效、不接触性、高密度、高精度等特点，很好地解决了目前空间信息技术发展实时性与准确性的瓶颈。

该技术突破了传统的单点测量方法，具有高效率、高精度的独特优势。三维激光扫描技术能够提供扫描物体表面的三维点云数据，因此，可以用于获取高精度高分辨率的数字模型，主要通过高速激光扫描测量的方法，大面积分辨率地快速获取被测对象表面的三维坐标数据，大量的空间点位信息，是一种快速建立物体的三维影像模型的全新的技术手段。

目前三维激光扫描测量技术在地铁隧道变形监测与病害检测领域的应用发展快速，主要用于建设期地铁隧道的施工超欠挖、调线调坡、断面变形、侵界检测等，以及运营期间地铁的隧道变形和隧道病害检测等。通过扫描获取隧道表面海量点云的三维坐标、反射率等信息，对这些点云数据进行处理后，可以获得被扫描隧道空间的三维模型，并可对隧道模型表面各个点、线、面的图形数据进行更加具体细致地分析，从而判断隧道表面是否有渗漏水、形变等病害现象，可快速生成不同里程隧道断面图和变化分析图，实现三维激光扫描技术在地铁隧道变形监测中的应用。

9.2.2 基本原理

三维激光扫描仪利用激光测距的原理，通过内置的伺服驱动电机系统精密控制多面扫描棱镜的转动，决定激光束的出射方向，能够让脉冲激光束沿着横轴方向与纵轴方向进行快速的扫描，通过高速测量记录被测物体表面大量的、密集的、点的三维坐标后、反射率和纹理等信息，可快速复建出被测目标的三维模型及线、面、体等各种图件数据。

当前应用于地铁隧道检测的三维激光扫描仪主要有两种：

（1）静态扫描仪，采用分站固定式扫描方式，进行一站一站的扫描，处理数据时需要拼接点云，效率相对较低，适合于竣工后尚未铺轨的隧道监测。

静态扫描仪根据发射光源的不同，主要分两种测量方法：相位法与脉冲法。两种方法都有其优缺点，而主要是集中在测程和精度的关系上，脉冲测量的距离最长，可是其精度会随距离的增加而降低。相位法用于中程测量，具有比较高的测量精度，且速度快，可它是通过两个间接测量才能够得到距离值。目前主要的静态三维激光扫描仪有瑞士Leica公司的ScanStation P40/P50，美国FARO公司的FARO Focus3D，奥地利RIGEL公司的Riegl VZ1000/ VZ4000，加拿大Op Tech公司的ILRIS-3D等。

（2）移动式扫描仪，采用基于钢轨轨道的移动式扫描方式，移动式三维激光扫描技术是集激光扫描技术、实时定位技术、姿态测量技术、通信技术、计算机技术为一体的监测系统，可快速获取隧道表面大量的点的三维坐标和图像灰度值等信息，使得隧道监测采集的人工数据分散获取方式转变为数据连续获取方式，提升了数据获取的准确度和效率，使获取数据和处理数据的过程日益智能化，极大地促进了地铁隧道监测技术的发展，尤其适合于运营期大范围地铁线路的变形监测与病害检测。

移动式三维激光扫描系统集成度高，系统复杂，主要包括轨道车、激光扫描仪、IMU惯导系统、里程计、电力驱动模块、笔记本电脑、其他测量传感器等，目前产品主要有瑞士 AMBERG 公司的 GRP5000 移动三维激光扫描系统、瑞士徕卡公司的 SiTrack One 移动轨道扫描系统，这两套系统硬软件集成相对成熟，均有配套的后数据处理软件，如 AM-BERG 公司的 Amberg Rail 数据采集和后处理软件、TunnelMap 隧道信息管理和评价系统。

9.2.3 数据采集与数据处理

1. 外业数据获取

固定式扫描前需要准备工作主要包含控制网布设和扫描站点布设。

由于隧道空间狭小，控制网的布设主要考虑到控制点之间的通视性和控制网的几何图形，同时要结合实地不同的情况需要进行合理的选点。在布设好的控制网基础上，可以设立站点，站点的设计既要保证能够完全采集所需要的对象的数据，还要能和控制网连接起来，以便整体距离影像配准及坐标转换。外业数据扫描就是通过实际的扫描站点布设，根据特征合理地扫描点间距和范围，采集多个视角、多个位置的数据构成完整的目标对象。

移动式三维扫描需要准备的主要工作是现场设备安装、系统自检校、控制网的布设，如果测量工作是相对的隧道变形与病害检测，则无须控制网的布设。现场扫描前首先依据监测要求与隧道环境确定移动平台速度，然后推动测量车进行连续扫描测量，扫描过程中应检查系统的工作状态，保证数据的连续性与完整性。

城市轨道交通激光扫描监测的激光扫描仪，25m 测程内的距离测量精度不应低于 ±2mm，数据采集速度不宜小于 100 万点/s，外业采集的激光点云分辨率不应低于 1cm。

采用固定设站激光扫描仪法时，应根据隧道的内径、激光扫描仪的性能，计算测站间距，满足点云分辨率的要求；采用切片计算收敛测量时，应根据分辨率要求，配置进行速度和扫描参数，保证螺旋线间隔及每个螺旋线的相邻点间距满足点云分辨率要求；移动扫描里程方向的计算精度应不低于 ±5mm，可采用里程计、惯导、里程标靶、RFID 标靶、匀速控制装置等方法提高里程方向的计算精度。激光扫描监测宜同步采集激光点云的反射率信息，利用反射率信息生成隧道内壁影像、进行结构巡检。三维激光扫描仪及移动式三维激光扫描系统如图 9.2-1 所示。

2. 数据配准（拼接）与预处理

原始数据采集包含不同视点和位置的数据，这些数据需要统一到一个整体的位置，必须要在相邻站点中寻找控制点或类似的公共部分，通过这些特征条件来利用这些约束关系将距离影像配准，最终将所有距离影像统一到基准坐标系中。坐标系统也要根据具体情况而定，一般需要转换到测量坐标系或者是建筑坐标系，或者是空间对象的局部坐标系。

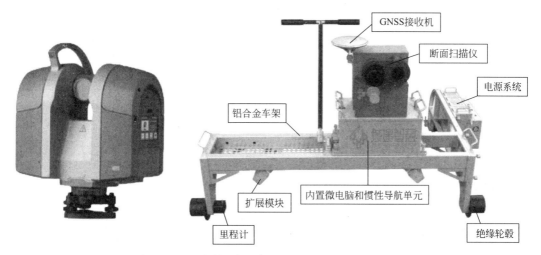

图 9.2-1 三维激光扫描仪及移动式三维激光扫描系统

数据预处理包含噪声消减与去除两部分。原始数据噪声主要包括两部分：一部分是由于激光本身在获取对象表面数据过程中，包括外界不相干目标的遮挡而产生的点云数据本身存在的噪声。另一种噪声就是数据配准过程中存在的误差。在利用数据之前，需要对这些噪声做一定的处理工作，对于第一类数据噪声通常可以采用手工选择删除的方法，预处理时应结合隧道断面的几何特性建立数学处理模型，删除激光点云中的异常点，对于后者一般采用重叠区域的重采样或者其他消减的手段。

3. 数据处理与成果输出

采用数据后处理软件对数据进行批量处理与分析，生成与输出成果，主要成果宜包括：自动提取轨道线与生成轨道中线、基于轨道中线任意或批量提取横纵断面、净空收敛变形与统计分析、椭圆度检测（盾构隧道）、隧道断面变形检测、竣工设计比对、侵界检测、隧道正射影像灰度图、隧道正射影像变形量彩色分析图、隧道病害检测影像图、隧道病害检测统计报告等。

激光扫描监测数据处理应进行不同期数据的比较分析，应定期采用常规方法检测收敛测量值得正确性，检测校差的中误差不宜大于 4mm。激光扫描测量结果存在明显的常数差时，采用定期检测的结果对激光扫描测量的结果进行修正。

9.2.4 应用案例

南宁轨道交通 1、3 号线某区间隧道进行了移动三维激光扫描监测，主要内容有隧道水平直径收敛、椭圆度分析、错台分析、渗漏水检测等，通过融合解算得到隧道三维点云成果和正射灰度影像图，并提交点云成果对比精度报告。并输出不同扫描速度点云密度报告。通过隧道的正射灰度影像图，可以得到隧道内整体情况和隧道内细节数据。轨道交通移动式三维监测系统可以准确地得到地下隧道的水平收敛值、椭圆度值、错台情况、渗漏水情况等。通过环片收敛、椭圆度、错台、渗漏水信息可以直观地得到隧道的变形情况。

隧道点云如图 9.2-2 所示，隧道点云细节图如图 9.2-3 所示，隧道灰度正射影像图如图 9.2-4 所示。

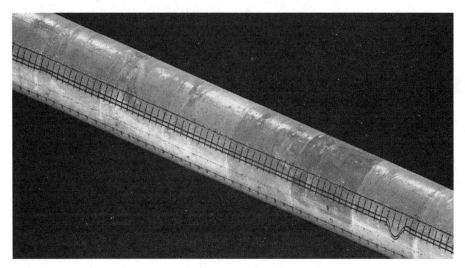

图 9.2-2　隧道点云

图 9.2-3　隧道点云细节图

图 9.2-4　隧道灰度正射影像图

9.3　数字化近景摄影监测技术

9.3.1　技术现状

随着数字技术与图像处理技术的不断发展，以数字化近景摄影测量为代表的非接触测量方法在土木工程安全监测领域受到了广泛的重视。其基本原理是利用高精度的数字化成像设备，通过相关的图像处理技术，由 2D 数字化影像恢复 3D 坐标，通过对比不同时刻成像的 3D 坐标变化情况而得出结构的变形情况，从而达到对变形进行监测的目的。

使用近景摄影测量技术进行安全监测具有以下优点：

（1）能快速地获得结构变形和移动的瞬间整体信息；

（2）摄影是一种遥感方法，可实现非接触测量结构的三维状态；

（3）可以提供整体大面积的变形测量结果。

近三十年来，国内外的专家学者就该测量方法在土木工程中的应用开展了大量的研究工作。该方法曾先后应用在城市轨道交通工程变形测量、大坝的位移观测、水电站消能"水舌"形状的测量等领域，其中比较有代表性的成果为日本 Miura Satoru 等人应用摄影测量方法进行的隧道收敛测量技术，在直径 7m 的地铁隧道内，观测点的三维坐标精度已经达到全站仪的水平，标志着数字化摄影测量可以用于隧道的变形监测。

综合国内目前关于近景摄影测量应用于隧道安全监测的研究现状，该方法还没有达到成熟的阶段。其主要原因是：（1）通常的近景摄影测量解析方法对地物方控制点的分布和数量有较高的要求，这在某些现场条件下难以得到满足，因此量测精度不易保证；（2）为了获得高精度的量测数据，需要使用专门的仪器设备和专业测量分析人员，不利于现场的推广普及和使用；（3）常规的摄影测量解算公式形式复杂，在摄站构形不理想的情况下，往往难以求解，不能满足隧道变形摄影测量的需要。

尽管如此，随着数字化技术和摄影测量仪器设备的不断发展，该方法将成为未来地下空间开发中变形测量的发展方向之一。

9.3.2　基本原理

近景摄影测量通常是指摄影距离在毫米以下至 300m 距离内的非地形摄影测量，其任务是根据物体的二维影像恢复其三维信息。在本质上，近景摄影测量与工程测量中的前方交会法颇为相似，即根据在不同位置所拍摄的关于同一场景的不同照片，按照立体像对上同名像点所隐含的几何关系，利用类似前方交会的方法确定物点的三维坐标。随着计算机技术和光电子技术的不断进步，近景摄影测量开始采用数码相机特别是非量测普通数码相机，借助计算机图像处理技术，实现了近景摄影测量的数字化。

如果不需要知道物点的绝对坐标，则使用相对定向法是非常方便的。相对定向是指确定立体像对中两张照片的相对位置关系，依据此关系即可通过类似前方交会的方法得到物点在一个任意坐标系中的坐标，通常也称为模型坐标或独立模型坐标，图 9.3-1 所示为两摄站相对定向时的几何构形。

图中 P_i 为三维空间中的任一点，P_i，P_i'，分别为对应的两个像点。$O_c-X_c-Y_c-$

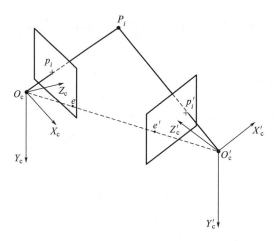

图 9.3-1 两摄站相对定向时的几何构形

Z_c 和 $O'_c-X'_c-Y'_c-Z'_c$ 分别为左、右两照片各自的像空间坐标系。P_i 在两个坐标系中的坐标分别为 (X_i,Y_i,Z_i) 和 (X'_i,Y'_i,Z'_i)，则通过坐标系的旋转和平移变换，可以将物点在不同坐标系中的坐标规划到同一坐标系中，即

$$\begin{Bmatrix}X_i\\Y_i\\Z_i\end{Bmatrix}=\boldsymbol{R}\begin{Bmatrix}X'_i\\Y'_i\\Z'_i\end{Bmatrix}+\boldsymbol{T} \tag{9.3-1}$$

式中 $\boldsymbol{R}$、$\boldsymbol{T}$——均为外定向参数。

确定 $\boldsymbol{R}$、$\boldsymbol{T}$ 的过程也就是摄像机外定向的过程。如果 $\boldsymbol{R}$、$\boldsymbol{T}$ 反映的是两张照片的相对位置关系，则定向就是所谓的相对方向。

通过相对定向，获得了反映立体像对相对位置关系的旋转矩阵 $\boldsymbol{R}$，在引入物方距离控制后即可得到平移矢量 $\boldsymbol{T}$。随后就可以按照前方交会的原理来求解物方点的坐标，这个坐标可以是相对于左片的像空间坐标系的，通常称为模型坐标。如果已知 3 个以上点的绝对坐标，则可通过坐标变换求出所有点的绝对坐标。

9.3.3 数据处理与分析

采用数字近景摄影测量变形监测系统进行监测和数据处理及分析工作，监测系统一般由影像采集设备、影像处理设备、辅助设备（如平面标定板、照明光源、基线尺等）以及支持软件构成。近景摄影测量变形监测数据处理功能模块架构图如图 9.3-2 所示。

数字化近景摄影测量的影像采集设备是 CCD 数码相机，所获得影像为数字化图像，为

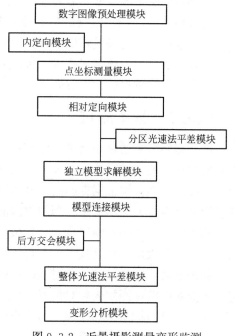

图 9.3-2 近景摄影测量变形监测数据处理模块架构图

了进行摄影测量计算和分析，最重要的一步就是同名像点坐标的量测，像点坐标的量测精度也在很大程度上决定了摄影测量结果的精度。数字图像处理研究的内容比较广泛，主要包括：

图像变换：通过图像变换，改变图像的表示域及表示数据。

图像增强：主要目的是纠正失真，改善图像质量。

图像分析：为了有效地研究和分析图像，需要对给定的图像及已分割的图像区域用更为简单明确的数值、符号或图形，按一定的概念和公式从原图中提取出来的，它们反映原图像的重要信息及原图像的主要特性。

图像压缩：主要目的是方便图像传输和存储。

对于数字化近景摄影测量来说，最重要的是边缘检测和直线的提取。在摄影测量中，标志点的一个共同特征本身是面状目标，有明确的几何中心，而这些几何中心就是要量测的像点。通过提取目标的边缘轮廓线，就可以计算获得几何中心的精确坐标，从而使标志点几何中心位置的确定精度达到子像素级。而对于十字线标志，十字线的交点就是要测量的像点，此时可先提取两条直线，通过计算其交点就可得到需提取的像点坐标。如图 9.3-3、图 9.3-4 所示。

图 9.3-3　特制测点反光标志

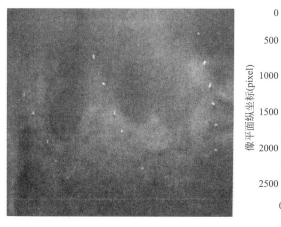
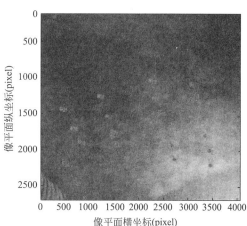

图 9.3-4　隧道现场图像与坐标换算

9.3.4　应用案例

某隧道进口地层覆盖风积砂厚约 5m，砂粒为棕黄色，砂质纯净，颗粒均一，松散稍湿，为工级松土；隧道拱脚以下为黄土质黏砂土，以粉质土为主，土质均匀，含大量粉粒，黏性尚好，为Ⅱ类围岩，洞内无地下水，左侧靠山，右侧靠沟。该隧道采用台阶式开挖，由于围岩软弱造成多次坍塌，无法成洞，经过旋喷水平桩预支护后才能正常掘进。

在隧道施工中，先用水平旋喷拱进行预支护，开挖上台阶，再用型钢拱架、钢筋格栅和喷细石混凝土进行初期支护，随即选择一个断面布设测点标志，在多个不同位置对测点进行摄影测量和用收敛计收敛量测，以便检测预支护效果和判别其稳定性。

数字化近景测量测点摄影布置如图 9.3-5 所示，测点标志用彩纸做成 4 个对顶三角形贴在白铁板上，并将其侧边插入喷射的混凝土内。

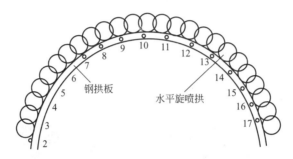

图 9.3-5　数字化近景测量测点摄影布置

数字化近景摄影测量，不设固定摄站和控制点，测点布置完毕后，仅在初期支护结构上或洞底放置基准杆；随即在洞内手持普通相机，在两个以上合适的位置对测点标志和基准杆进行拍照，要使各相片之间有一定的重叠度；然后，输入计算机用鼠标进行像点量测，再用程序计算出各点的三维坐标。普通相机可以用模拟相机，也可用数码相机，两者都要事先进行检测，以便在计算程序中施加镜头畸变和调焦误差改正（数码相机要在 400 万像素以上）。

随着后续量测数据的获取，将每期的测算数据与第一期进行位移分析，得到二、三、四期的三维位移值，其值大小列于表 9.3-1 所示。

在隧道断面内水平方向为 X 轴，向右为正方向，垂直方向为 Z 轴，向上为正方向，隧道中线为 Y 轴，按隧道里程增加的方向为正方向。表 9.3-1 中 ΔX，ΔY，ΔZ，相当于第一期的 X、Y、Z 值分别减去后续各期对应的 X、Y、Z 值。

由表 9.3-1 可以看出隧道左侧向洞内位移量较大，而右侧较小，左侧 6、7、8、9 点水平位移最大，洞顶 10、11 点垂直位移量最大。

摄影测量三维位移值（mm）　　　　　　　　　　　　　　　　　　表 9.3-1

点号	第一、二期			第一、三期			第一、四期		
	ΔX	ΔY	ΔZ	ΔX	ΔY	ΔZ	ΔX	ΔY	ΔZ
2	−1.3	−1.6	−0.6	−2.8	0.2	−0.2	−2.0	−1.1	−1.9
3	−1.1	−1.7	−1.4	−1.4	1.0	0.1	−2.0	−2.9	−2.0

续表

点号	第一、二期			第一、三期			第一、四期		
	ΔX	ΔY	ΔZ	ΔX	ΔY	ΔZ	ΔX	ΔY	ΔZ
4	−2.4	−1.6	0.2	−3.1	1.5	−3.4	−3.4	−1.4	−0.9
5	−25	−1.4	0.2	−3.8	1.2	0.9	−1.5	0.9	0.8
6	−2.6	0.8	1.2	−2.6	−0.9	1.4	−4.8	−3.0	1.0
7	−1.4	1.0	1.5	−2.2	−1.2	2.3	−4.0	1.3	2.4
8	−2.5	−0.8	1.5	−3.6	0.8	1.5	−3.9	−1.1	0.7
9	0.7	1.2	2.3	−1.6	−2.4	1.5	−3.9	−0.7	1.3
10	−0.2	0.4	1.9	−0.9	0.2	2.0	−3.0	0.5	4.2
11	0.7	−0.8	2.6	2.5	−1.1	2.3	1.3	3.3	3.6
12	1.7	1.5	2.1	2.0	0.3	1.5	2.0	1.7	3.4
13	1.7	1.4	1.3	1.4	4.1	0.3	2.9	4.4	3.7
14	1.5	−0.7	1.1	1.8	−0.6	0.2	2.5	1.5	1.2
15	1.8	2.8	1.1	1.5	4.6	0.3	3.1	0.6	−0.2
16	1.2	−0.4	0.7	0.8	−0.1	−1.1	1.6	−1.1	−1.1
17	0.9	1.8	1.4	2.3	2.3	1.2	1.5	1.6	0.6

9.4 InSAR 监测技术

9.4.1 技术现状

星载 InSAR（合成孔径雷达干涉）测量技术作为一种新型对地观测技术，具有全天候，大范围、高精度等优点。空间影像雷达使用的微波信号很少受气象条件及是否有太阳照射影响，可以全天候获取全球表面信息，非常适用于地表监测工作，地表监测是 InSAR 技术应用最为成熟的领域之一。

InSAR 监测技术适用于城市轨道交通工程沿线的地面沉降监测、建（构）筑物沉降监测等，可从空间上完整表现城市轨道交通工程沿线地面沉降的分布特征，从时间上揭示轨道交通工程施工和运营各阶段沿线地面沉降的变化特征，计算出沉降幅度（速率和累积沉降量）、沉降影响范围和最大沉降量等参数。

9.4.2 基本原理

干涉雷达指采用干涉测量技术的合成孔径雷达（InSAR），是新近发展起来的空间对地观测技术，是传统的 SAR 遥感技术与射点天文干涉技术相结合的产物。它利用雷达向目标区域发射微波，然后接收目标反射的回波，得到同一目标区域成像的 SAR 复图像对，若复图像对之间存在相干条件，SAR 复图像对共轭相乘可以得到干涉图，根据干涉图的相位值，得出两次成像中微波的路程差，从而计算出目标地区的地形、地貌以及表面的微小变化，可用于数字高程模型建立、地球表面形变探测等。

以永久散射体干涉测量（Permanent Scatterer Interferometry）为代表的 InSAR 时序分析技术，其基本原理是利用多景同一地区的 SAR 影像，通过统计分析时间序列上幅度和相位信息的稳定性，探测不受时间、空间基线去相干影响的稳定点目标。这些点目标可能是人工建筑物、裸露的岩石、人工布设的角反射器等，由于它们在时间序列 SAR 影像中几乎不受斑点噪声的影响，经过很长的时间间隔仍然保持稳定的散射特性，所以被称永久散射体（PS）。由于不受时间、空间基线去相干影响，PS 点的相位信息具有很高的信噪比。通过这些密集的 PS 点可以精确地估计并消除大气效应对相位的影响，从而获得毫米级地表形变信息。

基于 InSAR 技术，对 N+1 幅 SAR 单视复数影像，经配准、辐射定标、PS 探测和干涉处理，并借助已知 DEM 进行差分干涉处理，得到 N 幅干涉和差分干涉图、PS 点以及各 PS 点在各差分干涉图中的差分干涉相位集。在考虑地表形变、高程误差、大气影响及失相关的情况下，得到每个 PS 点在每幅差分干涉图上的差分干涉相位组成，其中，对形变速率增量和高程误差增量积分，可以得到每个 PS 点相对于主参考点的形变速率和高程误差。同时，根据求解结果在 PS 离散点上进行相位解缠，经过积分，还可以获得解缠的线性相位残差（相对于主参考点）。通过时间域高通滤波和空间域低通滤波就可以估计出空间相关项，最终恢复形变相位，求解地面沉降速率。

9.4.3 数据处理与分析

数据预处理。包括 SAR 原始数据的聚焦成像处理，生成单视复数 SAR 影像（Single Look Complex，SLC）。

公共主影像选取。综合考察干涉对的所有组合在时间基线、有效空间基线和多普勒质心频率差异等的分布情况，从中选择整体最优的一幅影像作为所有干涉对的公共主影像，其他影像作为辅影像。公共主影像选取示意图如图 9.4-1 所示。

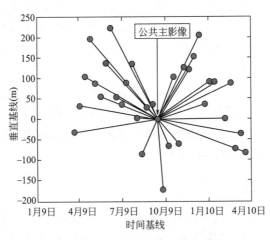

图 9.4-1　公共主影像选取示意图

SAR 影像配准。配准步骤可分为粗配准和精配准两步，SAR 复数影像配准就是使计算干涉相位的两幅影像的像素点必须对应地面的同一点。如果配准误差大于一个或等于一个像元，则两幅影像完全不相干，干涉图为纯噪声，因此，SAR 复数影像配准精度一定要达到亚像元级。一般而言，当 SAR 复数影像的配准精度优于 1/8 像元时，所造成的去相干会很小（4% 左右），符合 SAR 干涉处理的精度需求。

干涉相位计算。对已配准主辅影像进行前置滤波，并计算生成干涉图，具体步骤如下：（1）前置滤波：频率域，截取主、辅影像的公共频带进行前置滤波，生成滤波后的主、辅影像。（2）干涉相位计算：对已经过前置滤波的主辅影像像元对进行共轭相乘，生成干涉相位值，逐像元计算生成干涉图，如图 9.4-2（a）所示。

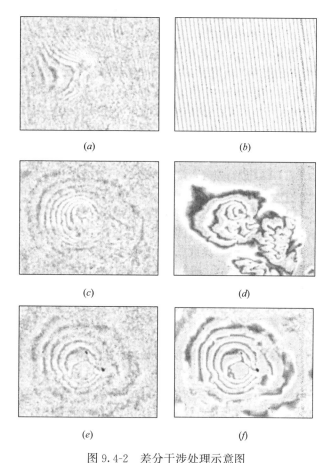

图 9.4-2　差分干涉处理示意图

（a）原始干涉图；（b）平地相位；（c）去除平地相位后的干涉图；（d）模拟的地形相位图；
（e）去除地形后的差分干涉图；（f）滤波后的差分干涉图

平地相位去除。两幅 SAR 复图像共轭相乘得到干涉图，提取干涉图的相位部分得到干涉相位图，干涉图的相位主要是由地形的高度变化引起的，此外，相同高度的平地在干涉图中的相位也会周期性变化，称之为平地相位，产生平地相位的现象称为平地效应。在干涉相位图中，平地相位的存在也使得干涉相位条纹发生周期性的改变，同时，条纹的密集增加了相位解缠的难度。所以在干涉相位图相位解缠前，有必要去平地效应。依据空间基线参数和地球椭球体参数，计算得到平地相位，如图 9.4-2（b）所示，并从干涉图中减去得到去除平地相位后的干涉图，如图 9.4-2（c）所示。

地形相位去除，生成差分干涉图。要从干涉图中提取地表形变量，需要进一步去除地形相位的影响，根据外部 DEM 数据进行模拟，从干涉相位中去除地形相位，生成差分干涉相位，逐像元计算生成差分干涉图，如图 9.4-2（d）、（e）所示。

差分干涉图滤波。干涉图噪声主要来自 SAR 成像过程的相干斑、热噪点，SAR 图像之间的时间，基线等失相关噪声，数据处理引起的噪声等。需要选用自适应滤波方法，对干涉图差分相位滤波，得到相位缠绕的差分干涉图，如图 9.4-2（f）所示。

PS-InSAR 时序处理，PS-InSAR 数据处理流程如图 9.4-3 所示。分为如下步骤。

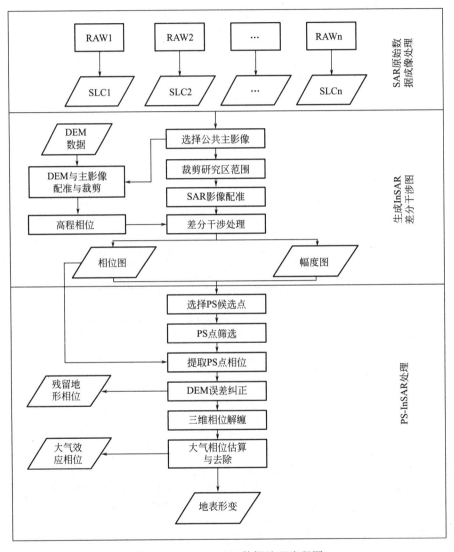

图 9.4-3　PS-InSAR 数据处理流程图

PS 点的鉴别和提取。在 PS-InSAR 方法中，单独基于振幅离差指数或者相位相关系数的方法提取 PS 点目标都有其优点和缺点。但是，这两种方法都需要有足够大的数据集（25 景以上）以获取 PS 点，如果可以同时结合这两种方法，利用幅度离散系数先快速设立 PS 候选点集，而后结合相位相关系数和信噪比等因子加入迭代运算，可以在小数据集中鉴别出有效的 PS 点。

从干涉相位中提取 PS 点目标的相位，生成 PS 点目标的干涉相位序列。对 DEM 误差进行估算和去除。三维相位解缠（空间两维和时间一维）获得绝对干涉相位值。大气相位估算与去除，通过大气校正模块去除大气延迟相位。

最后，对整个区域选取的 PS 点进行时间上和空间上的综合分析，建立沉降量、沉降速率和时间基线之间的模型，最终提取处各 PS 点雷达视线方向（根据需要也可转换为垂直向）的平均沉降速率，并以平均幅度图为底图得到时序上的累积沉降量以及年平均沉降速率图，完成地表沉降数据的获取。

9.4.4 应用案例

（1）目前 InSAR 技术在大面积地表沉降监测项目中应用越来越多，某市地铁线网河西地区段地面沉降监测项目、某市地铁 2 号线地表沉降监测项目中采取 PS-InSAR 技术对地铁沿线地表沉降进行了数据处理与分析，图 9.4-4、图 9.4-5 为处理后得到的平均沉降速率图，完成地表沉降数据的获取。

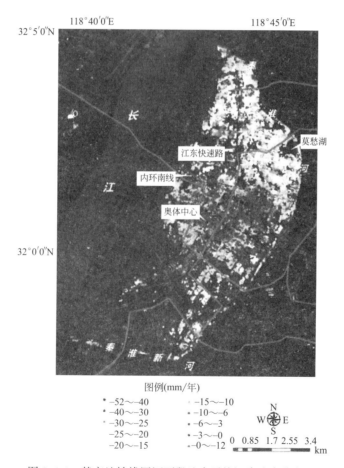

图 9.4-4　某市地铁线网河西段地表平均沉降速率分布图

（2）郑州市沉降区主要分布在郑州市区的北部、西北部以及东部区域。其中北部最为严重，已构成连片沉降区，并且形变漏斗具有向外延扩展的趋势；中心城区和南部区域比较稳定。可监测到的最大形变速率为 -0.101m/a，形变速率小于 -0.02m/a 的面积为

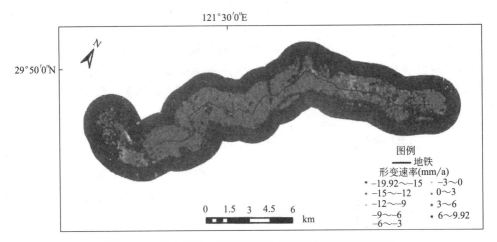

图 9.4-5　某市地铁 2 号线沿线地表平均沉降速率分布图

304km²，占郑州面积的 12.79％。郑州市变形速率图如图 9.4-6 所示。

图 9.4-6　郑州市变形速率图

9.5　无人机遥感监测技术

9.5.1　技术现状

　　无人机是一种以无线电遥控或自身程序控制为主的不载人飞机，结合摄影测量技术、图像三维建模技术（后处理），进行高空飞行作业、摄影测量数据采集，是工程监测领域又一革命性创新技术，它突破了传统的单点监测方法，提高工作效率，保证监测的可靠度，实现无人化，高效化，可及时反馈化管理。无人机实景图如图 9.5-1 所示。

图 9.5-1　无人机实景照片

无人机遥感技术的特点：

（1）响应速度快。

无人机遥感系统运输便利、升空准备时间短、操作简单，可快速到达监测区域，机载高精度遥感载荷可以在 1～2h 内即可获取遥感监测结果。

（2）图像分辨率高。

无人机遥感获技术取图像的空间分辨率高，无人机搭载的高精度数码成像设备，还具备大面积覆盖、垂直或倾斜成像的能力。

（3）自主性强。

无人机可按预定飞行航线自主飞行、拍摄、航线控制精度高。

（4）操作简单。

无人机飞行操作自动化、智能化程度高，且操作简单，有故障自动诊断及显示功能，便于掌握和培训；一旦遥控失灵或出现其他故障，可自动返航到起飞点上空，盘旋等待；若故障解除，则按照地面人员控制继续飞行，否则自动开伞回收。

（5）无人机遥感系统和有人驾驶的飞机相比，运营成本低，飞行操控相对简单，培训时间较短，设备存放、维护比较简便，可节省调机、停机等费用。

因此，无人机遥感技术可用于现场巡视，还可以快速建立立体模型，与 BIM 结合，进行进度统计、变形分析等。

9.5.2　监测系统

无人机遥感监测系统主要由无人机平台、机载系统和数据地面处理系统 3 大部分组成，无人机属于飞行平台，是进行遥感监测的载体工具，主要包括无人固定翼、无人直升机和无人飞艇 3 大平台。机载系统包括机载仪器和机载控制系统两部分，机载仪器目前主要分为监测仪器（含传感器）和影像设备（高分辨率 CCD 相机等）两大部分。机载控制系统主要用于信号控制、数据采集、数据传输。信号控制部分用于控制机载仪器的运行，数据采集和传输部分用于采集和传输机载仪器的测量数据。数据地面处理系统包括影像、监测数据接收系统和数据处理系统两大部分，对机载仪器的数据进行地面接收和处理。无人机遥感监测系统如图 9.5-2 所示。

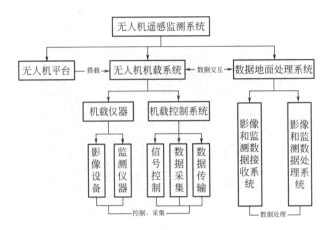

图 9.5-2　无人机遥感监测系统

9.5.3　应用案例

（1）北京大兴国际机场航站区基坑巡视：北京大兴国际机场航站区基坑面积达 279500m²，属于超大基坑，单纯依靠人工巡视难度较大，且耗时、费力，采用无人机航拍的形式进行宏观巡视，再局部辅以人工巡视，可把握重点，提高效率，且无人机巡视可对人工无法到达的部位重点拍摄，以相互弥补。北京大兴国际机场航站区基坑巡视照片如图 9.5-3 所示。

图 9.5-3　北京大兴国际机场航站区基坑巡视照片

（2）轨道交通工程运营上方道路病害检测：交通线路分布点多面广，所处地形复杂，传统的人工巡查方法不仅工作量大而且条件艰苦。特别是对居民区和大范围路网的交通线路的巡查，以及在冰灾、水灾、地震、滑坡、夜晚期间道路巡查，所花时间长且人力成本高、距离远、困难大。

无人机是近年来兴起的低空摄影测量平台，通过机载相机、LiDAR 系统可以快速、准确地获取地面影像及高程信息，特别适用于城市轨道交通、公路、铁路、电力线等线状资产的巡查和相关测量。

利用多图像匹配技术、倾斜摄影技术可以快速获取地面精细三维模型，配合地面控制点，无人机获取的数据可达厘米级精度，满足 1：500 制图需要。

通过对无人机影像的分析和识别，可以对路面情况进行巡查，结合自动提取算法，可实现路面病害的提取。道路病害巡查照片如图 9.5-4 所示。

图 9.5-4　道路病害巡查照片

（3）实景三维模型构建：在同一飞行平台上搭载多台传感器，同时从一个垂直、四个倾斜等五个不同的角度采集影像，将用户引入到符合人眼视觉的真实直观世界。根据采集到的影像数据构建三维模型。如图 9.5-5、图 9.5-6 所示。

图 9.5-5　搭载多角度摄像头的无人机

图 9.5-6　无人机数据采集及实景三维模型构建

9.6　监测新技术展望

随着现代化技术的发展，监测新技术将会逐步取代传统的监测技术，监测新技术的应用将更加广泛，技术更加完善。伴随着监测新技术的不断进步，现代工程监测必将朝着一个更加科学和集成化、智能化、智慧化的方向发展。

附录 A 接近程度和外部作业的工程影响分区

1. 外部作业影响等级的划分见表 A.1。

外部作业影响等级的划分 表 A.1

外部作业的工程影响分区	接近程度			
	非常接近（Ⅰ）	接近（Ⅱ）	较接近（Ⅲ）	相对远离（Ⅳ）
强烈影响区（A）	特级	特级	一级	二级
显著影响区（B）	特级	一级	二级	三级
一般影响区（C）	一级	二级	三级	四级
较小影响区（D）	二级	三级	四级	—

注：1. 本表适用于围岩级别为Ⅳ、Ⅴ的情况；围岩级别为Ⅰ～Ⅲ的情况，表 A.1 中的影响等级可降低一级；围岩级别为Ⅵ的软土地区，表中的影响等级应提高一级，特级时不再提高。

2. 围岩级别应按《城市轨道交通岩土工程勘察规范》GB 50307 中的规定确定。

3. 当城市轨道交通既有结构所处地层为复杂的特殊工程地质条件或存在地质灾害的情况时，外部作业影响等级应结合类似工程经验综合确定，且不宜低于一级。

4. 当城市轨道交通既有结构现状不佳时，还应结合结构现状调查成果综合确定。

2. 接近程度应根据城市轨道交通既有结构的类型及其与外部作业的空间关系确定，接近程度的判定见表 A.2、图 A.1～图 A.3。

接近程度的判定 表 A.2

城市轨道交通既有结构类型	相对净距	接近程度
明挖、盖挖法	$L \leqslant 0.5H$	非常接近（Ⅰ）
	$0.5H < L \leqslant 1.0H$	接近（Ⅱ）
	$1.0H < L \leqslant 2.0H$	较接近（Ⅲ）
	$L > 2.0H$	相对远离（Ⅳ）
矿山法	$L \leqslant 1.0W$	非常接近（Ⅰ）
	$1.0W < L \leqslant 1.5W$	接近（Ⅱ）
	$1.5W < L \leqslant 2.5W$	较接近（Ⅲ）
	$L > 2.5W$	相对远离（Ⅳ）

城市轨道交通既有结构类型	相对净距	接近程度
盾构法、顶管法	$L \leqslant 1.0D$	非常接近（Ⅰ）
	$1.0 < L \leqslant 2.0D$	接近（Ⅱ）
	$2.0 < L \leqslant 3.0D$	较接近（Ⅲ）
	$L > 3.0D$	相对远离（Ⅳ）

注：1. L 为城市轨道交通既有结构与外部作业的最小相对净距；H 为明挖、盖挖法的基坑开挖深度；W 为矿山法的隧道毛洞跨度；D 为盾构法的隧道外径，圆形顶管的外径或矩形顶管隧道的长边宽度。

2. 相对净距指外部作业的结构外边线与城市轨道交通结构外边线的最小净距离。

3. 城市轨道交通非轨行区结构可按相关经验进行适当调整。

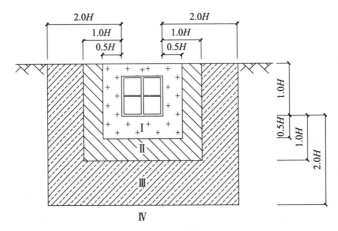

图 A.1 明、盖挖法既有结构的接近程度判定

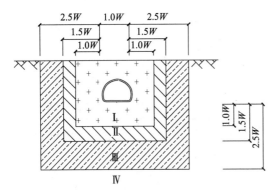

图 A.2 矿山法既有结构的接近程度判定

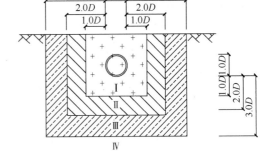

图 A.3 盾构法或顶管法既有结构的接近程度判定

3. 外部作业的工程影响分区宜根据外部作业的施工方法确定：

（1）明挖、盖挖法外部作业工程影响分区见表 A.3 和图 A.4；

（2）浅埋矿山法和浅埋盾构法外部作业的工程影响分区，见表 A.4 和图 A.5；

（3）深埋矿山法和深埋盾构法外部作业工程影响分区，见表 A.5 和图 A.6。

明挖、盖挖法外部作业的工程影响分区　　　　　　表 A. 3

工程影响分区	区域范围
强烈影响区(A)	结构正上方及外侧 $0.7h_1$ 范围内
显著影响区(B)	结构外侧 $(0.7\sim1.0)h_1$ 范围
一般影响区(C)	结构外侧 $(1.0\sim2.0)h_1$ 范围
较小影响区(D)	结构外侧 $2.0h_1$ 范围以外

注：1. h_1 为明挖、盖挖法外部作业结构底板的深度。

　　2. 当需施工锚杆、锚索、土钉时，作业边界以锚杆、锚索、土钉末端的水平投影位置为准。

　　3. 软土地区的工程影响分区适当扩大区域范围。

浅埋矿山法和盾构法外部作业的工程影响分区　　　　　　表 A. 4

工程影响分区	区域范围
强烈影响区(A)	隧道正上方及外侧 $0.7h_2$ 范围内
显著影响区(B)	隧道外侧 $(0.7\sim1.0)h_2$ 范围
一般影响区(C)	隧道外侧 $(1.0\sim2.0)h_2$ 范围
较小影响区(D)	隧道外侧 $2.0h_2$ 范围以外

注：1. h_2 为矿山法和盾构法外部作业的隧道底板深度。

　　2. 当需施工锚杆、锚索、土钉时，作业边界以锚杆、锚索、土钉末端的水平投影位置为准。

　　3. 本表适用于矿山法和盾构法外部作业的浅埋隧道，隧道顶埋深$<3b$（b 为隧道毛洞跨度）。

　　4. 软土地区的工程影响分区适当扩大区域范围。

深埋矿山法和盾构法外部作业的工程影响分区　　　　　　表 A. 5

工程影响分区	区域范围
强烈影响区(A)	隧道正上方及外侧 $1.0b$ 范围内
显著影响区(B)	隧道外侧 $(1.0\sim2.0)b$ 范围
一般影响区(C)	隧道外侧 $(2.0\sim3.0)b$ 范围
较小影响区(D)	隧道外侧 $3.0b$ 范围以外

注：1. b 为矿山法和盾构法隧道的毛洞跨度。

　　2. 当外部作业需施工锚杆、锚索、土钉时，作业边界以锚杆、锚索、土钉末端的水平投影位置为准。

　　3. 本表适用于矿山法和盾构法隧道顶埋深大于 $3b$（b 为隧道毛洞跨度）的深埋隧道。

　　4. 软土地区的工程影响分区适当扩大区域范围。

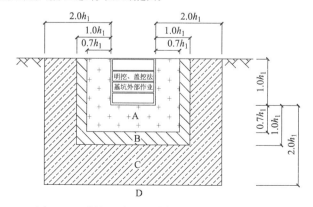

图 A.4　明挖、盖挖法外部作业的工程影响分区

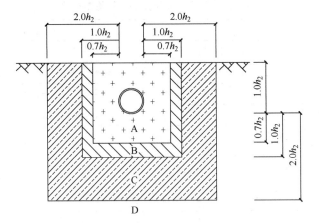

图 A.5　浅埋矿山法和盾构法外部作业的工程影响分区

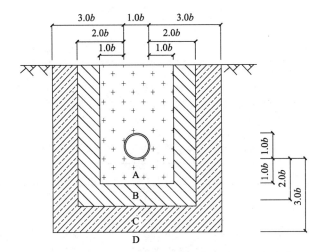

图 A.6　深埋矿山法和盾构法外部作业的工程影响分区

附录 B　健康度分级

隧道健康度评定宜采用单项指标法，健康度分级见表 B.1。

健康度分级表　　　　　　　　　　　　　　　　　　　　　表 B.1

健康度	评定因素			
	病害程度	病害发展趋势	病害对运营安全的影响	病害对隧道结构安全的影响
1级	无	无	无影响	无影响
2级	轻微	趋于稳定	目前尚无影响	目前尚无影响
3级	中等	较慢	将来影响运营安全	将来影响隧道结构安全
4级	较严重	较快	已经影响运营安全	已经影响隧道结构安全
5级	严重	迅速	严重影响运营安全	严重影响隧道结构安全

附录 C　测点样式图

测点样式图见图 C.1~图 C.6。

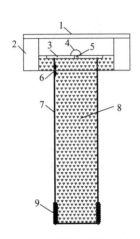

图 C.1　地面深桩基准点标志图

1—顶部盖板；2—厚 180mm 灰砂砖；3—不锈钢顶盖；

4—半球形带十字黄铜预制件；5—连接螺栓；

6—加工的连接螺纹；7—ϕ108 的地质专用无缝钢管；

8—碎石水泥浆；9—底部 2m 花管

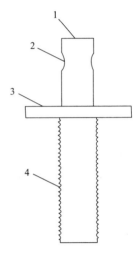

图 C.2　道床沉降监测点标志图

1—ϕ12 顶部不锈钢；2—ϕ10 凹槽不锈钢卡扣；

3—ϕ40 刻字不锈钢；4—ϕ14 磨砂不锈钢

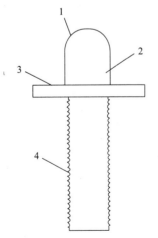

图 C.3　隧道结构沉降监测点标志图

1—ϕ16 磨圆不锈钢；2—ϕ16 不锈钢；

3—ϕ40 刻字不锈钢；4—ϕ14 磨砂不锈钢

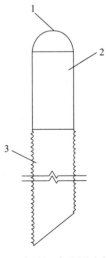

图 C.4　路基沉降监测点标志图

1—ϕ16 磨圆刻十字不锈钢；2—ϕ16 不锈钢；

3—ϕ16 镀锌螺纹钢

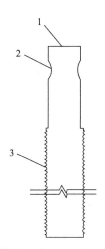

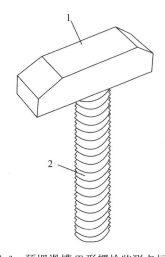

图 C.5 支挡结构沉降及水平位移监测点标志图

1—φ12 顶部不锈钢；2—φ10 凹槽不锈钢卡扣；

3—φ14 磨砂不锈钢

图 C.6 预埋滑槽 T 形螺栓监测点标志图

1—顶部不锈钢；2—磨砂不锈钢；

T 形螺栓尺寸应根据预埋滑槽尺寸确定

附录 D 长期监测报表格式

长期监测报表格式见表 D.1。

长期监测报表格式   表 D.1

水平(竖向)位移监测报表										
工程名称：					天气：				报表编号：	
本次监测时间： 年 月 日 时						上次监测时间： 年 月 日 时				
仪器型号：					仪器编号：			检定日期：		
监测点号	测点位置	初始值(m)	上次值(m)	本次值(m)	本次变化量(mm)	累计变化量(mm)	控制值		预警等级	备注
							单次控制值(mm)	累计控制值(mm)		
监测结论及建议：										
监测变化时程曲线图(可单独附图)										
现场监测人：				计算人：				复核人：		
单位名称：								第 页 共 页		

注："＋"表示_____;"－"表示_____,隧道断面收敛监测项目也可参考本表。

附录 E 专项监测报表格式

专项监测报表格式见表 E.1。

专项监测报表格式　　　　　　　　　　　　　　　　　　　　**表 E.1**

水平(竖向)位移监测日报表										
工程名称:				天气:					报表编号:	
本次监测时间:　年　月　日　时						上次监测时间:　年　月　日　时				
仪器型号:				仪器编号:			检定日期:			
监测点号	测点位置	初始值(mm)	上次累计变化量(mm)	本次累计变化量(mm)	本次变化量(mm)	变化速率(mm/d)	控制值		预警等级	备注
							累计变化值(mm)	变化速率值(mm/d)		
施工工况:(可附示意图或照片)										
监测结论及建议:										
监测变化时程曲线图(可单独附图)										
现场监测人:			计算人:				复核人:			
单位名称:							第　页　共　页			

附录 F 现场巡查表格式

现场巡查表格式见表 F.1。

现场巡查表格式   表 F.1

现场巡查表			
工程名称： 天气： 报表编号：			
巡查时间： 年 月 日 时			
分类	巡查内容	巡查结果	备注
车站结构	接缝错台、裂缝、破损、起鼓、掉块、剥落剥离、渗漏水		
道床结构	裂缝、错台、起鼓、渗漏水		
隧道结构	裂缝、错台、破损、起鼓、掉块、剥落剥离、渗漏水		
高架结构	桥台、支座、墩柱裂缝、掉块、剥落剥离		
路基	裂缝、沉陷、排水设施及防护加固设施		
建(构)筑物	裂缝、掉块、剥落剥离		
支挡结构及边坡防护	裂缝、渗漏水、滑坡、沉陷、坍塌		
边沟及排水设施	边沟开裂、排水情况		
轨道	平顺性、异物侵入、裂缝、扣件脱落		
接触网	异物侵入、烧伤、损坏、防护罩完好情况		
外部作业	施工工况、施工是否按设计要求、支护结构情况		
监测设施	基准点、监测点、仪器设备完好状况、保护情况		
巡查照片：			
结论及建议：			
现场巡查人： 审核人：			
单位名称： 第 页 共 页			

附录 G 周边环境初始状态调查报告格式

（1）调查依据。

（2）调查目的。

（3）工程概况。

（4）调查范围和重点。

1）调查范围。

2）调查重点。

（5）调查方法和手段。

1）调查方法。

2）调查人员组成。

（6）周边环境情况。

1）周边建（构）筑物。

2）周边地下管线。

3）其他周边环境。

（7）调查结论与建议。

附录 H 监测方案格式

（1）编制依据。

1）任务委托（委托单位的合同、任务书、招标投标、来往函件等）。

2）法规文件（层次分类，按照国家、部委、地方）。

3）技术标准（层次分类，按照国家标准、行业标准、地方标准、企业标准等列项）。

4）管理办法（委托单位、运营单位、本单位的相关办法制度）。

5）工程资料［轨道和项目勘察、轨道和项目设计、施工、调查（历史穿越工程）、安全评估、检测、验收、运营相关资料（结构监测数据、维修养护）、轨道公司回函等资料］

（2）工程概况

1）工程背景概述（要求做监测的背景、项目名称、位置、为什么做监测、参建单位等）。

2）工程周边环境概况。

① 轨道交通结构设施（结构形式、竣工时间、开通运营时间、现状调查、维修被穿越资料、结构监测资料）。

② 其他周边环境对象。

3）工程地质及水文地质条件。

① 工程地质及岩土层力学参数。

② 水文地质条件。

③ 抗浮设防水位。

④ 场地和地基地震效应。

⑤ 不良地质作用及特殊性岩土。

4）项目设计施工概况。

① 项目设计。

② 项目施工。

5）工程穿越位置关系。

6）工程安全评估情况（评估结果、对监测提的要求、监测范围、控制指标、监测项目等内容）。

（3）监测目的（为什么服务、达到什么效果）。

（4）工程风险分析及应对措施。

1）风险辨识与分析（外部工程自身的风险、工程施工附加影响、深入到工序施工的影响）。

2）监测应对措施。

（5）监测内容及要求。

1）监测等级划分。

2） 监测范围。

3） 监测对象、项目及精度。

4） 监测频率及周期。

5） 监测控制值及预警标准。

6） 监测初始信息采集要求。

7） 监测点布置原则。

8） 监测点破坏后的处理措施。

9） 与运营监测的数据比对。

（6） 仪器监测作业实施方法。

1） 监测基准网。

2） 自动化监测。

3） 人工监测。

（7） 现场巡查作业方法。

（8） 监测成果分析方法。

（9） 监测成果内容及形式。

（10） 监测信息反馈。

1） 信息反馈总体要求。

2） 正常情况下的信息反馈。

3） 预警状态下的信息反馈。

（11） 监测工作量预计。

1） 现场监测工作量。

2） 现场巡查工作量。

（12） 监测实施作业组织计划。

1） 监测组织机构及人员。

2） 监测投入仪器设备。

3） 监测工作进度计划。

（13） 质量、环境、职业健康及安全保障措施。

1） 质量保障措施。

2） 环境保障措施。

3） 职业健康及安全保障措施。

（14） 工程监测应急预案。

1） 应急监测组织机构。

2） 应急监测处理流程。

3） 应急预案启动条件及影响应措施。

（15） 与工程相关单位的配合措施。

（16） 其他说明。

（17） 附件。

附录 I 监测消警申请表格式

消警字第　　年　　号　　总第　　号

工程名称			
对应预警单号		预警级别	
施工单位		监理单位	
预警响应及处理			
监测、巡查状况及安全评价			

监理单位意见：		专项监测单位意见：	
总监签字：	日期：	项目负责人签字：	日期：
设计单位意见：		运营监测单位意见：	
项目负责人签字：	日期：	项目负责人签字：	日期：
建设单位意见：		运营单位意见：	
部门负责人签字：	日期：	部门负责人签字：	日期：
申请单位		申请人签字		日期	

注：本表可根据不同的消警管理制度保留不同层级的签字栏。

附录 J 监测周报格式

周报需反映工程进展情况；本周监测数据变化情况；报警及消警情况；数据分析情况；现场巡查情况及下周工作安排。具体可参照以下大纲进行编写：

（1）施工进度。

（2）监测工作概况。

（3）监测数据统计与分析。

1）监测数据统计如表 J.1 所示。

监测数据最大值统计表　　　　　　　　　　　　表 J.1

监测项目	测点号	阶段变化最大值（mm）	累计变化最大值（mm）	阶段变化速率（mm/d）	累计变化控制值（mm）	平均变化速率控制值（mm/d）	监测预警状态

2）监测数据分析。

包括每个监测项目本周内监测数据变化情况，数据变化的原因分析，变形曲线图等。

（4）巡查情况。

（5）结论与建议。

1）监测结论与建议。

2）下周工作安排及工作重点。

（6）附件。

包括各监测项目本周监测的所有数据汇总表、监测布点平面图等。

附录 K 监测阶段性报告格式（长期监测）

监测阶段性报告主要应用于长期监测中，其需要周期性地展示：本阶段内的工作进度；本阶段内的监测数据变化情况；本阶段内的数据分析情况；本阶段内的预警、消警情况；本阶段内的巡查工作情况及下一个阶段内的中作重点。具体可参照以下大纲进行编写。

（1）工程概况。

主要包括项目的具体情况、线路走向及特殊地质情况等。

（2）监测范围和内容。

主要包括本期的监测范围、监测内容、监测点布点原则、监测频率、工作量和周期等。

1）监测范围。

2）监测工作主要内容。

3）监测点布点原则。

4）监测频率、本期完成的工作量。

（3）标准技术规范。

主要包括监测工作开展及报告编制中所使用到的标准和规程等。

（4）监测控制值指标。

主要包括不同监测项目的控制指标。

（5）监测项目及监测方法。

主要包括本期所有监测项目及其监测方法（包含测点布设原则、测点埋设方法、观测方法及数据采集、成果数据计算及整理）。

1）隧道沉降监测。

2）隧道收敛监测。

3）隧道水平位移监测。

......

（6）本期数据分析

主要包括沉降监测符合差统计、各监测段内的监测最大值及最小值统计等。

（7）本期监测结论与建议

对本期的监测数据进行总结，并对下一个阶段内的监测工作提出有效建议。

（8）监测报表

本期内所有监测项目的数据报表见表 K.1、表 K.2。

沉降（水平）监测阶段报表

表 K.1

沉降(水平)监测阶段报表							编号	
工程名称：			天气：	气温：		报表编号：		
本次监测时间：				上次监测时间：				
仪器型号：			仪器编号：			检定日期：		
监测点号	测点位置	初始值(m)（观测时间）	上次值(m)（观测时间）	本次值(m)（观测时间）	本次变化量(mm)	累计变化量(mm)	预警等级	备注
现场监测人：		计算人：			复核人：			
监测单位：							第　页　共　页	
注："+"表示　　　　；"-"表示　　　　。单次变化量控制值为　　　　，累计变化量控制值为								

收敛监测阶段报表 表 **K. 2**

收敛监测阶段报表							编号			
工程名称：				天气：		气温：		报表编号：		
本次监测时间：					上次监测时间：					
仪器型号：				编号：				检定日期：		
监测点号	测点位置	方向	初始值(m)(观测时间)	上次值(m)(观测时间)	本次值(m)(观测时间)	本次变化量(mm)	累计变化量(mm)	预警等级	备注
		横向							
		竖向							
现场监测人：			计算人：			复核人：			
监测单位：								第 页 共 页	
注："＋"表示扩张；"－"表示收缩。单次变化量控制值为　　　　，累计变化量控制值为　　　　。									

（9）附件

主要包括仪器鉴定证书及测点布点示意图。

附录 L　监测总结报告格式

监测总结报告主要应用于专项监测中（长期监测的总结报告参考本书附录 K 的格式修改即可），其需要在项目监测工作结束后向相关参建单位展示：本项目的监测工作开展情况（是否按照合同及方案落实）；本项目的监测数据变化情况；本项目的数据分析情况；本项目的预警、消警情况；本项目的巡查工作情况；本项目安全风险结论及后续项目开展的建议。具体可参照以下大纲进行编写：

（1）编制依据。

主要包括任务委托来源、主要技术标准及参考的工程相关资料。

（2）工程概况。

主要包括项目背景、项目周边环境情况、工程地质水文条件、工程结构设计及施工工法、项目风险源清单和监测工作开展的进度统计等。

（3）监测技术设计及执行情况。

主要包括监测等级及范围、监测对象、项目及精度、监测频率及周期、基准网布设情况、监测项目的监测方法及技术要求、监测信息反馈情况、项目预警和消警情况汇总、监测工作量统计等。

（4）监测成果分析与评述。

主要包括项目内所有监测项目的数据统计及成果分析（包含监测数据极值统计、时程曲线图、项目变形分析）。

（5）监测结论与建议。

对本监测工作开展完成后的项目的详细安全风险进行结论判定，并对后期施工提出可行有效的建议。

（6）其他说明及附件。

主要为数据附件、仪器检定证书及布点图。

附录 M 监测项目编号及图例

工程监测断面、监测点编号应结合监测项目及其图例，按工点统一编制（表 M.1～表 M.5），监测点编号宜符合下列规定：

(1) 监测点编号组成格式宜由监测项目代号与监测点序列号共同组成；

(2) 监测项目代号宜采用大写英文字母的形式表示；

(3) 监测点序列号宜采用阿拉伯数字并按一定的顺序或方向进行编号；

(4) 监测项目代号和图例应具有唯一性。

周边环境及周边岩土体监测项目编号和图例表　　　　表 M.1

监测项目		项目编号	点号编制原则	图例
建(构)筑物沉降		J	(1)测点编号由项目编号、建筑物编号、测点编号组成,建筑物编号与测点编号以"-"隔开。 (2)建筑物的编号从车站(区间)西北角建(构)筑物开始,顺时针逐一进行;每栋建筑物的测点单独编号,从西北角开始,顺时针逐一增加。 (3)如西北角第 1 栋建(构)筑物从西北角开始第 1 个测点为 J1-1,该建筑物其他测点依次为 J1-2、J1-3……第 2 栋建(构)筑物西北角开始第 1 个测点编号为 J2-1,其他依次为 J2-2、J2-3……其余测点编号以此类推	●
桥梁墩台沉降及差异沉降		Q	编号原则同建(构)筑物沉降相关内容	●
建(构)筑物、桥梁墩台、挡墙倾斜		QX	(1)倾斜测点编号由项目编号、建筑物编号、测点编号加上(S)下(X)代码组成,建筑物编号与测点编号以"-"隔开。 (2)楼号的编号从车站(区间)西北角监测对象开始,顺时针逐一进行;每个监测对象的监测点单独编号,从该对象西北角开始,顺时针逐一增加;同一断面测点上下测点用 S 或 X 代码区分。 (3)如西北角第 1 个监测对象西北角的测点为 QX1-1,该断面上面测点编号为 QX1-1S,下面测点 QX1-1X。其余对象、测点编号以此类推	◐
地下管线	沉降(管顶)	GX	(1)管线编号由项目编号、管线编号、管线测点编号组成,管线编号与管线测点编号以"-"隔开。 (2)对于下穿的管线,按线路走向里程由小向大对管线编号,管线测点按线路走向方向由左向右统一编号;对于平行的管线,按线路走向由左向右对管线编号,管线测点由小里程向大里程统一编号。编制过程中,先编下穿管线,再编平行管线。 (3)如某车站下穿的第一条管线编号为 GX1,该断面最左侧监测点编号为 GX1-1,第二测点 GX1-2。其余断面、测点编号以此类推,编制完下穿管线后编制平行管线	▼
	沉降(地表)	GX		▽

212

续表

监测项目	项目编号	点号编制原则	图例
路面、路基沉降、地表沉降(隆起)	D	(1)地表沉降编号由项目编号、断面编号、断面测点编号组成,断面编号与断面测点编号以"-"隔开。 (2)监测断面按线路走向里程由小向大编号;每个断面监测点按线路走向方向由左向右逐一编号。 (3)如最小里程处监测断面为第一断面,编号为 D1,该断面最左侧监测点编号为 D1-1,第二测点 D1-2,其余断面、测点编号以此类推	▼
裂缝	LF	(1)裂缝编号由项目编号、裂缝编号、裂缝测点编号组成,裂缝编号与裂缝测点编号以"-"隔开。 (2)按裂缝出现先后顺序由小向大对裂缝编号,对于横向裂缝,裂缝测点按线路走向方向由左向右统一编号;对于竖向的裂缝,裂缝测点按从上到下统一编号。 (3)如某车站出现的第一条裂缝编号为 LF1,该裂缝最左侧监测点编号为 LF1-1,第二测点 LF1-2。其余方向、测点编号以此类推	
土体沉降	TC	(1)由代码及测点编号组成,代码及测点编号以"-"隔开。 编号从西北角开始,顺时针进行。 (2)如西北角处测点编号为 TC1、顺时针至第二测点为 TC2。其余测点编号以此类推	
土体水平位移	TS		
基坑底部隆起	LQ		↑
围岩压力	WL	编号原则同土体沉降相关内容	
地下水位	SW		
孔隙水压力	SL		

明(盖)挖法及竖井施工支护结构监测项目编号和图例表   表 M.2

监测项目	项目编号	点号编制原则	图例
桩(墙)顶水平位移	ZQS	(1)水平位移编号由代码及测点编号组成,代码及测点编号以"-"隔开。 (2)编号从西北角开始,顺时针进行。 (3)如西北角处测点编号为 ZQS1、顺时针至第二测点为 ZQS2。其余测点编号以此类推	→
桩(墙)顶垂直位移	ZQC	编号原则同桩(墙)顶水平位移相关内容	
桩(墙)体变形	ZQT		

监测项目	项目编号	点号编制原则	图例
支撑立柱沉降	LZC	(1)监测点编号由代码及测点编号组成,代码及测点编号以"-"隔开。 (2)监测点按线路走向里程由小向大逐一编号。 (3)如最小里程处监测点编号为LZC1,第二测点LZC2。其余测点编号以此类推	
支撑轴力	ZCL	(1)监测点号先按支撑层数分,然后每层支撑编号沿线路里程由小到大进行。 (2)如第一层支撑最小里程处的测点编号为ZL1-1,往里程增大方向依次为ZL1-2、ZL1-3……第二层支撑最小里程处的测点编号为ZL2-1,往里程增大方向依次为ZL2-2、ZL2-3……其余的测点编号以此类推。除第一道混凝土支撑外,其他层支撑轴力点应布设在同一竖向断面内,如ZL2-8与ZL3-8应该为同一竖向断面内的测点	
支护桩(墙)结构应力	ZQL	编号原则同支撑轴力相关内容	
锚杆拉力	MGL	编号原则同支撑轴力相关内容	
土钉拉力	TDL	编号原则同支撑轴力相关内容	

盾构法支护结构监测项目编号和图例表 表 M. 3

监测项目	项目编号	点号编制原则	图例
管片衬砌拱顶沉降	DGD	(1)监测点编号取7位,代码及测点编号以"-"隔开。 (2)按监测点里程进行编号。 (3)如里程为K01+030处监测点编号为DGD-K01+030,里程为K12+105处监测点编号为DGD-K12+105。其余测点编号以此类推	
管片衬砌净空收敛	DJK	(1)监测断面编号取2位,断面监测点编号取1位,代码断面编号及断面测点编号以"-"隔开。 (2)监测断面按线路走向里程由小向大编号;同一断面监测点由竖直方向起顺时针依次编号。 (3)如最小里程监测断面编号为DJK-01,则该断面竖直方向测点编号为DJK-01-1,顺时针至第二测点DJK-01-2。其余断面、测点编号以此类推	
管片内力	DNL	编号原则同管片衬砌净空收敛相关内容	

矿山(暗挖)法支护结构监测项目编号和图例表 表 M. 4

监测项目	项目编号	点号编制原则	图例
初期支护结构拱顶沉降	KGD	(1)监测点编号取7位,代码及测点编号以"-"隔开。 (2)按监测点里程进行编号。 (3)如里程为K15+005处监测点编号为KGD-K15+005。其余测点编号以此类推	

续表

监测项目	项目编号	点号编制原则	图例
初期支护结构净空收敛	KJK	(1)监测断面编号取 2 位,断面监测点编号取 1 位,代码断面编号及断面测点编号以"-"隔开。 (2)监测断面按线路走向里程由小向大编号,同一断面监测点由平行线路走向向垂直线路走向方向依次编号。 (3)如最小里程处监测断面编号为 KJK-01,则该断面最上面测点编号为 KJK-01-1,第二测点 KJK-01-2。其余断面、测点编号以此类推	▷- - -◁
初期支护结构内力	KZH	编号原则同初期支护结构净空收敛相关内容	◼
中柱沉降	KZC	编号原则同初期支护结构拱顶沉降相关内容	⊘
中柱内力	KZN		▢

运营隧道监测项目编号和图例表 表 M. 5

监测项目	项目编号	点号编制原则	图例
隧道结构沉降	SGC	(1)监测点编号取 7 位,代码及测点编号以"-"隔开。 (2)按监测点里程进行编号。 (3)如里程为 K15＋005 处监测点编号为 SGC-K15＋005。其余测点编号以此类推	⬤
隧道结构水平位移	SWY		⊖
道床结构沉降	DCJ		◯
隧道结构净空收敛	SJK		▷- - -◁
地铁轨道结构轨距变化	GGJ	编号原则同隧道结构沉降相关内容	▮
地铁轨道高差变化测点	GGC		▮
地铁无缝线路钢轨位移测点	GPX		▶◀
地铁结构变形缝开合度	BXF		▶▮◀

附录 N 监测点保护、标识及图例

1. 监测控制网

（1）沉降控制网埋设与保护

1）每个监测工点布设 3 个以上基准点，根据现场实际情况，酌情增设工作基点。

2）基准点应当埋设在地质条件稳定且远离现场施工的位置，工作基点应当埋设在相对稳定的位置且便于日常监测工作开展。

3）地面沉降监测控制网基准点及工作基点可采用地标或者墙标。

4）基准点和工作基点应当定期进行联测，对整个监测控制网进行稳定性分析评价。

5）地面沉降基准点及工作基点应当采用不锈钢测量标志，点位有利于长期保存。

6）基准点及工作基点点名、点号均需要清晰标识，采用统一的测点标识牌进行标识并固定。

基准点实景图及埋设示意图见图 N.1～图 N.4。

图 N.1 沉降基准点实景图

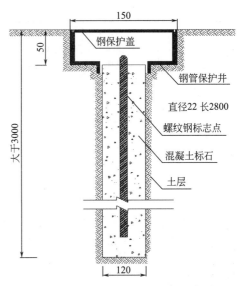

图 N.2 沉降基准点埋设示意图

（2）平面控制网埋设与保护

1）每个工点布设至少 4 个基准点，地面水平位移监测控制网基准点及工作基点宜采用观测墩形式，顶部固定强制对中观测标志。强制对中标志直径为 10mm，不锈钢底座直径为 150mm，观测墩直径为 250mm，观测墩应高于平台 1200mm。观测平台高度 2500mm 为参考值，应根据现场实际情况布设观测墩高度，确保观测平台能够监测所有监测点。

216

图 N.3　墙标基准点实景图

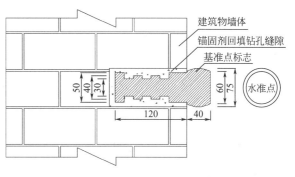

图 N.4　墙标基准点埋设示意图

2）基准点及工作基点点名、点号均需要清晰标识，采用统一的测点标识牌进行标识并固定。

水平位移观测墩平台剖面、实景图如图 N.5、图 N.6 所示。

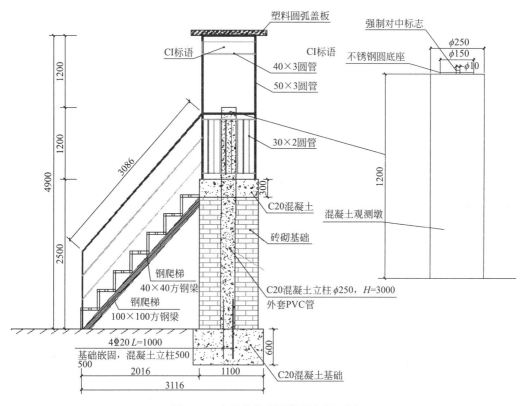

图 N.5　水平位移观测墩平台剖面图

2. 建筑物沉降

（1）建筑物沉降点埋设与保护

1）建筑物沉降测点埋设时应注意避开如雨水管、窗台线、电器开关等有碍设标与观测的障碍物；

（2）框架、砖混结构监测对象采用钻孔埋入测点标志，埋设长度为墙体为 80mm，测

图 N.6　水平位移观测墩平台实景图

点顶部与建筑物外表面距离宜为 30～40mm，周边空隙用锚固剂或水泥砂浆回填密实，测点高度宜位于地面以上 30cm；

3）建筑物沉降测点应当采用定制的沉降监测标志，宜采用不锈钢直杆圆头标志；

4）建筑物沉降测点应当悬挂测点标识牌，包含测点类型、点号、负责人及联系电话等信息（图 N.7、图 N.8）。

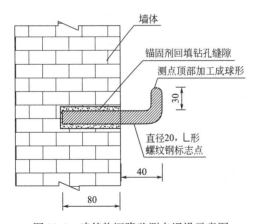

图 N.7　建筑物沉降监测点埋设示意图　　　图 N.8　建筑物沉降监测点实景图

3.地表沉降

（1）地表沉降点埋设与保护

1）地表沉降测点采用钻孔方式埋设，钻具选择根据硬化层厚度确定，可采用水钻或地质钻机；

2）钻孔直径为 120mm，必须穿透道路或地表硬化层，孔口直径不小于 120mm，深度不小于 1000mm 且必须钻透硬化地面达到原状土；

3）清孔后将钢筋插入原状土层，钢筋顶部距离盖板超过 5cm，孔内中部用细砂进行回填。

4）地表沉降测点可采用不锈钢标志加焊钢筋，也可使用螺纹钢筋顶部磨圆，直径不小于 22mm；

5）地表沉降测点应当采用保护盖进行保护，保护盖应当安装平整，高度与地面齐平，保护盖厚度为 5mm，直径为 150mm，每次测量完成之后应当及时关闭保护盖；

6）施工单位应当派专人定期对测点进行维护管理，中间填充物若有固结，应当及时换填细沙；

7）地表沉降测点应当标识清晰，包含测点类型、测点编号、联系人及联系方式等信息（图 N.9～图 N.11）。

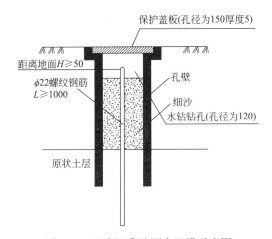

图 N.9 地表沉降监测点埋设示意图

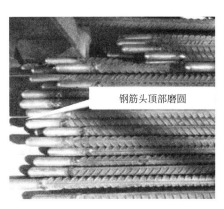

图 N.10 地表沉降监测点磨圆图

图 N.11 地表沉降监测点保护措施实景图

4. 桩（墙）顶竖向及水平位移

桩（墙）顶竖向及水平位移监测点埋设与保护（图 N.12）。

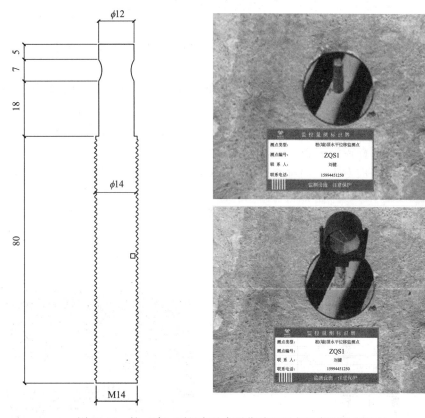

图 N.12 桩（墙）顶竖向及水平位移监测点示意图及实景图

（1）监测点埋设在圈梁、支护桩或地下连续墙的顶部；

（2）监测点可埋设强制对中连接杆，对中杆顶部为 $\phi12$ 的配套使用大棱镜；或埋设固定式小棱镜，方向对准测站位置；

（3）测点埋设时，保证与测站通视；

（4）桩（墙）顶竖向及水平位移监测同点监测。

（5）测点保护要求：

1）选对埋设位置，施工不易干扰；

2）加设黄黑相间的圆形条纹进行保护；

3）悬挂或粘贴标识牌。

5. 桩（墙、土）体水平位移

桩（墙、土）体水平位移监测点埋设与保护（图 N.13）。

（1）桩（墙）体测斜采用绑扎埋设。

（2）土体测斜采用钻孔埋设，钻孔直径不小于 110mm，深度与对应桩（墙）体水平位移深度一致且满足设计要求，测斜孔与钻孔之间的缝隙采用细砂回填，测斜孔的拼接及底部封堵同桩（墙）体测斜。

（3）其他注意事项：

1）管底宜与钢筋笼底部持平或略高于钢筋笼底部，顶部达到地面（或导墙顶）；

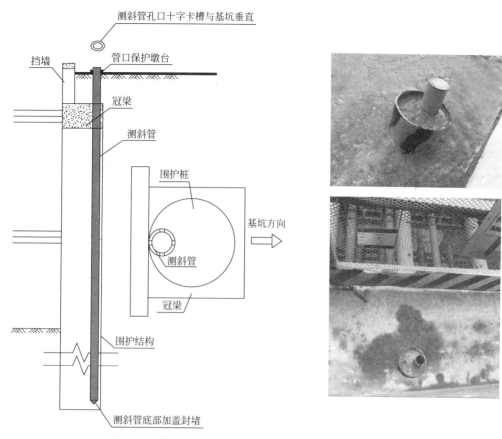

图 N.13 桩（墙、土）体水平位移监测点示意图及实景图

2）测斜管绑扎间距不宜大于 1.5m，绑扎必须稳固，防止浇筑混凝土时，测斜管脱落堵管；

3）测斜管的上下管间应对接良好，无缝隙，接头处牢固固定、密封；

4）管绑扎时应调正方向，使管内的一对测槽垂直于测量面（即平行于位移方向）；

5）封好底部和顶部，保持测斜管的干净、通畅和平直；

6）做好清晰的标识和可靠的保护措施。

（4）测点保护要求：

1）对于桩（墙、土）体测斜，管口高出冠梁顶部或硬化地面 20～30cm，测斜孔周围加设黄黑相间的 PVC 护筒进行保护，内部浇筑水泥进行固定，管口加盖保护；

2）悬挂标识牌；

3）测点破坏时，及时钻孔补设。

6. 支撑轴力

（1）支撑轴力-钢支撑监测点埋设与保护（图 N.14～图 N.17）

1）轴力安装架圆形钢筒上没有开槽的一端面与支撑的牛腿（活络头）上的钢板电焊焊接牢固；

2）钢支撑中心轴线与安装中心点须对齐，不能偏心；

3）钢支撑吊装到位后，即安装架的另一端（空缺的那一端）与围护墙体上的钢板对上，中间加一块 250mm×250mm×25mm 的加强钢垫板，以扩大轴力计受力面积，防止轴力计受力后陷入钢板影响测试结果；

4）钢支撑线缆向上排布时沿着基坑侧壁排布并固定，应对轴力线缆集束绑扎、编号并置于专用集线箱内。

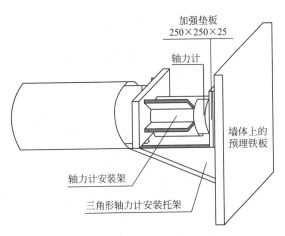

图 N.14　钢支撑轴力计安装示意图

图 N.15　轴力计实景图

图 N.16　钢支撑轴力计安装实景图

图 N.17　支撑轴力标识及保护

（2）支撑轴力-混凝土支撑监测点埋设与保护（图 N.18～图 N.21）

1）监测断面应选择混凝土支撑 1/3 处，监测断面选定后，在四条边或者四个角上，分别埋设与主筋相匹配的四个钢筋计；

2）钢筋计与主筋串联闪光对焊或进行直螺纹套筒连接，钢筋计应于位于同一直径的受力钢筋上并保持在同一轴线上；

3）如采用焊接方式时仪器要包上湿棉纱并不断在棉纱上浇冷水，直至焊接完毕后钢筋冷却到一定温度为止，焊接在发黑（未冷却）之前，切记浇上冷水，焊接过程中仪器测出的温度应低于 60℃；

4）安装前测量一下轴力计的初频，是否与出厂时的初频相符合（≤±20Hz），如果不符合应重新标定或者然后另选用符合要求的钢筋应力计。

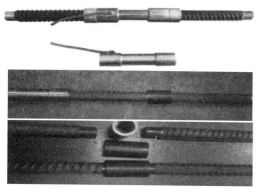

图 N.18　支撑轴力钢筋计连接图

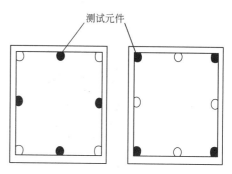

图 N.19　支撑轴力测试原件示意图

图 N.20　支撑轴力钢筋计安装实景图

图 N.21　撑轴力保护及标识牌

5）混凝土支撑线缆出支撑之后采用 PVC 管收纳。最后接入专用集线箱内，悬挂或粘贴测点标识并固定。

7. 地下水位

地下水位监测点埋设与保护（图 N.22、图 N.23）

（1）水位观测管的管底埋置深度不宜小于基坑开挖深度以下 3m；

（2）水位管选用直径 50mm 左右的钢管或硬质塑料管，管底加盖密封，防止泥沙进入管中；下部留出 0.5～1m 的沉淀段（不打孔），用来沉积滤水段带入的少量泥沙；中部管壁周围钻出 6～8 列直径为 6mm 左右的滤水孔，纵向孔距 50～100mm。相邻两列的孔交错排列，呈梅花状布置；管壁外部包扎过滤层，过滤层可选用土工织物或网纱；上部管口段不打孔，以保证封口质量；

（3）水位孔可采用地质钻机成孔，孔径不小于 90mm。成孔至设计高程后，放入裹有滤网的水位管，管壁与孔壁之间用净砂回填过滤头，顶部用黏土进行封堵，以防地表水流入；水位顶部保护盖距离地面高度不小于 5cm；

（4）在监测一段时间后，应对水位孔逐个进行抽水或灌水试验，看其恢复至原来水位所需的时间，以判断其工作的可靠性。

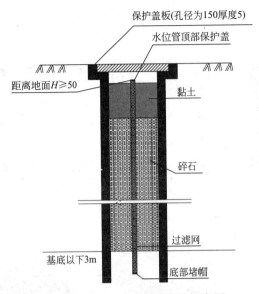

保护盖板(孔径为150厚度5)

水位管顶部保护盖

距离地面H≥50

黏土

碎石

过滤网

基底以下3m

底部堵帽

图N.22 地下水位测点埋设示意图

图N.23 地下水位测点保护及标识

8. 隧道管片沉降

隧道管片沉降监测点埋设与保护（图N.24、图N.25）。

（1）监测点材质为：国标304不锈钢

（2）监测点顶部采用与桩（墙）顶水平位移相同的强制对中杆进行替换，以确保监测点的一点多用；

（3）监测点埋设采用φ18的电钻在管片的4点钟或8点钟左右的方向钻孔布设，注意避开后期的铺轨及走道板，钻孔孔深应超过5cm，测点与钻孔之间的缝隙采用植筋胶进行填充；

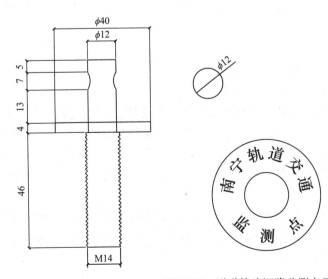

说明：
(1) 名称：监测点测量标志；
(2) 材质：国标304不锈钢；
(3) 工艺：采用车削、激光切割、钻孔、氩弧焊接等工艺成型；
(4) 中心孔：无；
(5) 刻字：南宁轨道交通监测点；
(6) 数量：按需要调整；
(7) 单位mm，比例：1:1

图N.24 隧道管片沉降监测点示意图

图 N.25 隧道管片沉降监测点实景图

（4）测点标识牌应粘贴稳固，防止掉落。

9. 隧道净空收敛

隧道净空收敛监测点埋设与保护（图 N.26、图 N.27）。

（1）暗挖净空收敛测点埋设可在初期支护结构中预埋直径约 20mm 的钢筋，长度应露出初支不少于 50mm，然后在预埋的钢筋上焊接弯钩；或用电锤钻孔埋设带挂钩的膨胀螺栓。

（2）暗挖净空收敛也可采用 30mm×30mm 的测量专用反光片形式进行布点，测点制作时可在钢筋头上焊接铁片或角钢，在铁片或角钢上粘贴反光片。也可采用 ϕ20 以上钢筋，将一头切成 45°斜面，在斜面上粘贴反光片；暗挖的拱顶沉降也可采用此方法布设测点。

（3）盾构管片净空收敛用 3mm 左右厚度的钢片制作L 40mm×40mm×4mm 角钢，表面贴上 30mm×30mm 的测量专用反光片，固定在管片拱腰位置，也可直接将反射片粘贴固定在盾构管片拱腰位置。

（4）测点周边粘贴测点标识牌，防止掉落。

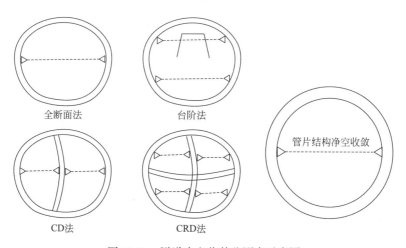

图 N.26 隧道净空收敛监测点示意图

图 N. 27 隧道净空收敛监测点实景图

10. 裂缝开合度

裂缝开合度监测点埋设与保护（图 N. 28）。

（1）监测点采用专门的裂缝观测标尺；

（2）标尺分为带有刻度的底面及带有十字线的顶面，初始读数为十字线对应的刻度，通过每次读数的变化来测量裂缝的开合度，标尺的十字线应尽量保持与裂缝的垂直，标尺两端应粘贴稳固；

（3）测点标识牌应在裂缝监测点的附近，粘贴稳固，防止掉落。

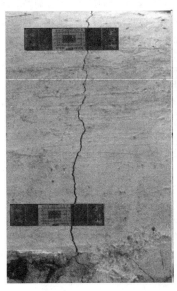
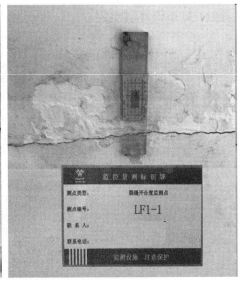

图 N. 28 裂缝监测点实景图

11. 自动化监测

（1）自动化监测—竖向位移监测点埋设与保护（图 N. 29～图 N. 32）。

1）竖向位移自动化宜采用静力水准仪监测；

2）静力水准的安装应符合监测要求，且不影响列车运营，基准点应布设在影响范围之外的稳固位置；

3）安装完成后应检查仪器的严密性、稳固性，防止仪器漏水及松动影响监测；

4）做好仪器的传输工作，确保网络和监测数据的不间断传输；

5）竖向位移自动化监测也可采用测量机器人配合小棱镜监测三角高的方式计算竖向位移的变化量。

图 N.29　静力水准仪采集器

图 N.30　静力水准实景图

图 N.31　全站仪及采集器

图 N.32　L 形小棱镜

（2）自动化监测—水平位移监测监测点埋设与保护（图 N.33～图 N.36）。

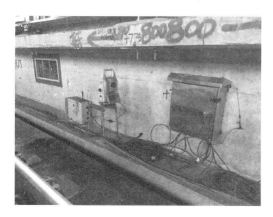

图 N.33　全站仪及采集器

图 N.34　后视基准点

图 N.35　L形小棱镜　　　　　　　图 N.36　基准点实景图

1）水平位移自动化监测宜采用测量机器人配合小棱镜的方法进行监测；

2）在影响范围以外的稳定位置应布设至少 3 个后视基准点，采用圆棱镜进行布设，并用胶水固定防止滑动；

3）管片水平位移监测点应布设在管片拱腰位置，道床水平位移监测点宜布设在轨道外侧的道床上；

4）测点布设时应注意与仪器的通视，防止遮挡；

5）做好仪器的传输工作，确保网络和监测数据的不间断传输。

12. 测点标识牌

标识牌样式及要求（图 N.37）。

图 N.37　测点标识牌换示意图

（1）标识牌材质为：PVC 板。

小标识牌尺寸为：210mm×148.5mm。

大标识牌尺寸为：420mm×297mm。

（2）标识牌应安装在监测点旁且易于查看的位置。

（3）小标识牌为单个测项的测点标识，应包含测点类型、测点编号、联系人及联系电话。

（4）大标识牌为监测断面的测点标识，监测单位可根据实际断面的监测项目及测点编号进行调整，右侧附上该断面的监测点示意图，下部将监测单位标注清楚。

（5）做好标识牌的保护措施，必要时，可用透明玻璃或透明 ABS 版进行保护。

（6）在布设有监测点的围护结构周边必须做好安全防护措施，以保证监测人员安全。

附录O 地表水体水位变化影响隧道变形案例

该案例在某地铁隧道运营后第1年期间，监测过程中发现隧道结构及道床结构出现上浮均超过控制指标，监测单位发布红色预警，同时加密了监测点及监测与巡查频率，运营管理单位启动了应急预案，迅速组织召开预警分析会，并采取相应的应急处置措施。到了雨期后又出现下沉趋势，呈现季节性规律变化。

1. 工程概况

（1）设计概况

1）该区间长约1130m，区间设置一处联络通道兼废水泵房，线间距13～14m，曲线最小半径为700m，线路埋深4.23～16.89m。

2）区间隧道采用盾构法进行施工，隧道内径：5400mm，管片厚度：300mm，隧道外径：600mm，宽度：1500mm，分块数：6块。普通衬砌环由钢筋混凝土管片构成，混凝土强度等级为C50，钢筋采用HRB400级、HPB300级。

3）跨河段YDK25+896.733-YDK25+984.550设计有抗浮板作为抗浮处理措施。抗浮板长87.817m，宽31m，采用C35混凝土，纵向每隔30m设置一条伸缩缝，缝宽20mm。

（2）工程地质水文地质概况

1）场区工程地质条件

根据勘察范围内揭露地层的地质年代、成因类型、岩性特征等工程特性，场地内可划分为6个岩土层，各岩土层分别按岩土层代号、岩土名、时代成因、岩性描述如表O.1、图O.1、图O.2，本区间隧道洞身主要在角砾土$⑥_{5-2}$以及含砾黏土$⑥_{4-2}$中穿过。

地层岩性特征一览表　　　　　　　　　　　　　　　　　　表O.1

地层代号	地层岩性	颜色	地层描述
$①_1$	杂填土	杂色	干燥，松散，主要由建筑垃圾、沥青路面、碎石块组成，含少量黏性土，欠压实～稍压实，均匀性差，道路上钻孔揭露的杂填土呈稍密状态，为近两年修筑道路时堆填的。层厚0.50～8.30m，平均层厚1.92m，层顶标高为77.94～97.92m。该层分布范围广，开孔时大部分已用人工掏孔挖除
$①_2$	素填土	褐黄色	干燥，经人工压实后呈稍密状态，主要由黏性土组成，局部含少量砾石，均匀性一般。层厚3.30～8.40m，平均层厚6.54m，层顶标高为86.53～90.32m。该层仅本区间南部分布，为新近人工填土
$⑥_{1-2}$	黏土	褐黄色、局部棕红色、有时杂灰白、灰黄色条纹	硬塑，主要成分为黏粒和粉粒，局部含铁锰质结核及砾石。无摇振反应，干强度高，韧性中等。全区均有分布，层厚1.80～26.80m，厚度分布不均，平均层厚6.09m，层顶标高为52.73～95.29m。压缩系数平均值$a_{0.1-0.2}=0.238MPa^{-1}$，属中等偏低压缩性土，进行标贯试验72次，实测击数7～30击，平均18.2击。自由膨胀率平均值45.04%，胀缩总率平均值3.24%，相对膨胀率平均值0.34%，根据本场地判定为Ⅱ类场地，本层土具有中等胀缩性，判定大气影响深度da=7.0m

续表

地层代号	地层岩性	颜色	地层描述
⑥₄₋₂	含砾黏土	褐黄色	饱和,主要呈中密状态,局部密实,含较多粉粒,局部夹粒径 0.2～2cm 砾石。摇振反应较灵敏,干强度差,韧性差。主在分布在区间南部,局部地段呈透镜体状分布,层厚 2.20～18.00m,平均层厚 8.61m,层顶标高为 54.95～84.59m。压缩系数平均值 0.213MPa^{-1},属中等压缩性土,进行标贯试验 5 次,实测击数 15～30 击,平均 19.4 击
⑥₅₋₂	角砾土	灰褐色、褐黄色、局部棕红色	主要呈中密状态,粒径大于 20mm 碎石含量范围值 2.6%～86.5%、平均值为 8.6%,粒径 2～20mm 角砾含量范围值 2.6%～99.9%、平均值为 62.5%,呈菱角形,主要成分为硅质泥岩及少量灰岩,充填物为黏性土和粗砂。分布较广,层厚 1.00～33.50m,层顶标高为 56.28～96.63m
⑧ₙₕ₃	中风化泥灰岩	紫红色、灰白色夹灰黄色	隐晶质结构,薄层、中厚层状构造,以碳酸盐矿物及硅质矿物为主,主要分布于灰岩上部;节理裂隙发育,网纹状裂隙发育,倾角以近水平 30° 为主,多为闭合裂隙,部分裂隙宽 2～3mm,裂隙面较粗糙,部分充填方解石;受溶蚀影响取出岩芯较破碎,多呈碎块状、片状、短柱状,个别长柱状,质较软,锤击易沿裂隙破碎。饱和单轴抗压强度标准值为 27.08MPa。岩体基本质量等级为 V 级。有 45 个钻孔揭示该层,部分钻孔未揭穿该层,揭露最大层厚为 26.1m,层顶标高为 70.43～102.73m
⑧ₕ₃	中等风化灰岩	青灰色、局部灰白色	隐晶质结构,中厚层状构造,以碳酸盐矿物及硅质矿物为主;节理裂隙发育,倾角以近水平 30° 为主,多为闭合裂隙,部分裂隙宽 2～3mm,裂隙面较粗糙,部分充填方解石;受溶蚀影响取出岩芯较破碎,多呈碎块～短柱状,个别长柱状,质较软,锤击声脆,锤击不易断。饱和单轴抗压强度标准值为 29.49MPa。岩体基本质量等级为 IV 级。有 65 个钻孔揭示该层,本次钻探最大揭露厚度为 28.0m,层顶标高为 63.28～100.77m
⑧ₙ₂ (K₁ₓ)	强风化泥岩	棕红色	泥质结构,层状构造,胶结程度较差,岩芯风化严重呈硬塑至坚硬土柱状,局部有机质含量较高,局部可见铁锰质结核,黏性强,偶见强风化碎块。进行标贯试验 10 次,实测击数 21～39 击,平均 30.6 击。该层分布在本区间南侧,仅在与南端车站相邻的 7 个钻孔有发现。层厚为 2.00～13.50m,平均层厚 6.40m,层顶标高为 56.09～73.82m
⑧ₙₛ₂ (K₁ₓ)	强风化泥质粉砂岩	棕红色、黄褐色	风化严重,取出岩芯大部分呈砂土状,部分呈土柱状,局部夹强风化岩块。进行标贯试验 140 次,实测击数 14～50 击,平均 30.9 击。该层分布在本区间中和南侧层,层厚为 9.40～39.40m,平均层厚 26.18m,厚度大,层顶标高为 75.38～94.71m
⑧ɢ₂ (C)	强风化硅质岩	灰褐色、灰黄色	岩体结构基本破坏,局部风化程度较弱,块状、薄层状构造,局部夹薄层泥岩,取出岩芯呈角砾～碎块状,粒径一般为 2～30mm,最大 40～60mm,个别达 80～100mm。该层层厚为 6.00～33.40m,平均层厚 20.14m,层顶标高为 71.37～97.12m。参考附近工点详勘报告得知,该层通过点荷载试验结果换算的硅质岩饱和单轴抗压强度标准值为 38.17MPa
⑧ₕ₃ (C)	中等风化灰岩	青灰色、局部灰白色	隐晶质结构,中厚层状构造,以碳酸盐矿物及硅质矿物为主;节理裂隙发育,倾角以近水平 30° 为主,多为闭合裂隙,部分裂隙宽 2～3mm,裂隙面较粗糙,部分充填方解石;受溶蚀影响取出岩芯较破碎,多呈碎块～短柱状,个别长柱状,质较硬,锤击声脆,锤击不易断。饱和单轴抗压强度 30.00～41.20MPa,平均值 35.22MPa,标准值为 31.88MPa。岩体基本质量等级为 IV 级。该层分布在本区间南侧,有 18 个钻孔揭示该层,本次钻探最大揭露厚度为 10.5m,层顶标高为 49.69～69.12m

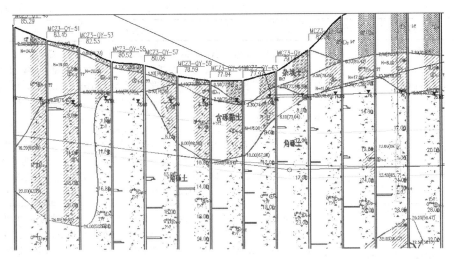

图 O.1 区间左线地质剖面图

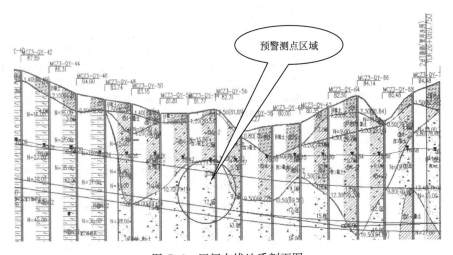

图 O.2 区间右线地质剖面图

2）场区水文条件

根据场地地下水赋存条件、含水介质及水力特征分析，可将场地地下水划分为三种基本类型：第四系孔隙水、基岩裂隙水和碳酸盐岩岩溶水。

① 第四系孔隙水，主要赋存于第四系填土及坡残积土层中，地下水水量有限。

② 基岩裂隙水，主要赋存于硅质岩、泥岩、泥质粉砂岩中。基岩裂隙水的透水性和富水性取决于基岩裂隙的发育程度和裂隙的充填情况，水量贫乏。

③ 碳酸盐岩岩溶水，主要赋存于灰岩溶洞中，溶洞多为含砾黏性土充填，水量有限，具有微承压性。

场地地表水主要有一条河流与湖泊，湖泊水深 2～3m。

（3）区间周边情况

区间沿线主要有城市道路及立交桥，在 Z（Y）DK25＋900～Z（Y）DK26＋100 里程位置穿越湖泊。

2. 监测工作概况

（1）监测项目及监测点布设

1）该区间对区间隧道的道床、区间管片结构进行沉降监测。沿地铁线路每隔 30m 在整体道床上布设 1 个道床沉降监测点。每隔 60m 在管片结构上布设 1 个管片结构沉降监测点。在角砾土不良地质段加密布设了道床、管片结构沉降监测点，每隔 10m 布设 1 个监测点。

2）该区间对区间隧道的道床进行水平位移观测，沿地铁线路每隔 60m 在整体道床上布设 1 个水平位移监测点。

3）对隧道结构进行断面收敛监测，沿地铁线路不少于 60m 布置 1 个收敛监测断面（含两条测线），监测点布设在道床以及隧道盾构管片上，加密为每隔 10m 布设 1 个收敛监测断面。

（2）监测频率

1）常规时期监测频率（表 O.2）

常规时期监测频率　　　　　　　　　　表 O.2

监测项目	沉降监测	收敛监测	水平位移监测
第一年	1 次/1 个月	1 次/1 个月	1 次/3 个月
第二年	1 次/3 个月	1 次/3 个月	1 次/6 个月
第二年以后	1 次/6 个月	1 次/6 个月	1 次/12 个月

2）预警时期沉降及收敛监测频率（表 O.3）

预警时期沉降及收敛监测频率　　　　　　　　　　表 O.3

监测时间段	监测频率
2019 年 5 月～2020 年 4 月	1 次/1 个月
2020 年 4 月～2020 年 11 月	2 次/月
2020 年 11 月～2021 年 4 月	1 次/1 月
2021 年 4 月～2021 年 11 月	1 次/3 月

3. 监测预警

（1）监测数据变化情况与位置关系

2020 年 4 月 13 日运营监测单位对该盾构区间特殊地段进行加密监测发现右线里程 K25＋909～K25＋951 位置的道床及隧道结构竖向位移累计变化量处在＋3.9～＋6.1mm 之间，其中道床竖向位移监测点 QWYD25＋929 和隧道结构竖向位移监测点 QWYJ25＋919、QWYJ25＋929 累计变化量分别达到了＋5.5mm、＋5.9mm、＋6.1mm，已经超过累计变化量的监测预警标准（＋5.0mm），达到了红色监测预警。预警部位监测布点图如图 O.3 所示。

（2）监测数据典型变化案例

为了更加直观地了解到监测数据的变化情况，现以右线区间的管片结构沉降监测测项为区间变化的典型案例，用其时程曲线图来展示区间整体的变形情况。

如图 O.4 所示，从 2020 年 4 月 13 日到 2020 年 5 月 15 日，监测数据显示整个加密的

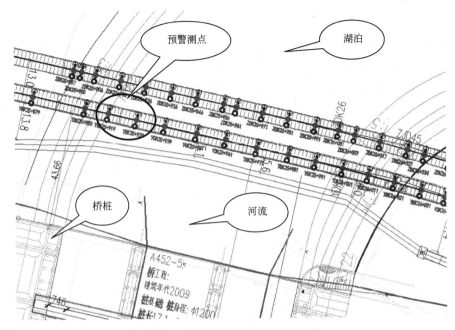

图 O.3　预警部位监测布点平面图

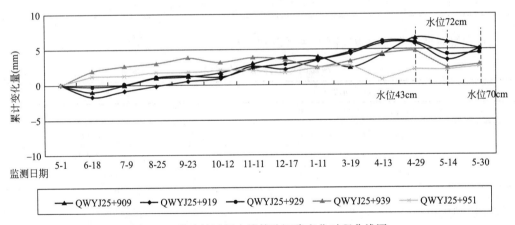

图 O.4　某地铁区间右线管片沉降变化时程曲线图

区域普遍出现下沉的情况，阶段变化量处在-2.7～+1.8mm 之间，2020 年 5 月 15 日至 2020 年 5 月 30 日整个加密区域的测点出现上浮的情况，普遍变化在 1mm 以内（后续至 2021 年的变化曲线更新，数据更新如图 O.5）。

（3）地面外部施工情况

该特殊地段对应里程位置为盾构下穿河流，河流连接东西两侧的湖泊。湖泊尚处于施工建设阶段未正常蓄水，地表水位呈现无规律变化。通过巡查照片比对和走访了解，从 2019 年 5 月开展监测工作以来该区域的地铁保护巡查未发现地表有外部施工作业，盾构隧道上方的河流在 2019 年 11 月河道水位较高，在 2020 年 4 月河道水位较低，水位差 1.5～ 2.0m，湖面蓄水情况照片如图 O.6 和图 O.7 所示。

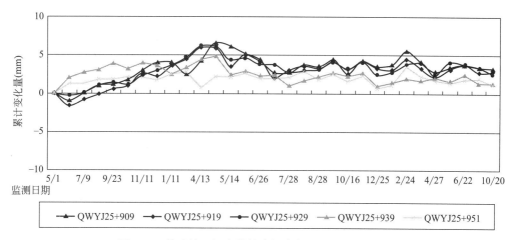

图 O.5 某地铁区间右线管片沉降变化时程曲线更新图

图 O.6 2019 年 11 月现场照片

图 O.7 2020 年 4 月现场照片

4. 预警分析

（1）预警段与地下水位变化时间关系

由于该位置保护区范围内没有外部施工，外部存在的变化仅有地表水，因此，在湖泊内布设了水位标尺观测水位变化（水位标尺仅测取布设位置的水位深度，不代表湖泊整体的水位深度），水位标尺及变化情况如图 O.8～图 O.10 所示。

2020年4月29日湖泊水位约43cm

图 O.8　2020 年 4 月 29 日湖泊水位

5月15日湖泊水位约72cm

图 O.9　2020 年 5 月 15 日湖泊水位

2020年5月30日湖泊水位约70cm

图 O.10　2020 年 5 月 30 日湖泊水位

从水位变化来看 2019 年 11 月至 2020 年 4 月期间，该市属于旱季，水位整体呈下降趋势，2020 年 4 月进入雨期后，水位上涨。

从变形曲线图上看，从 2020 年 4 月 13 日到 5 月 15 日，监测数据显示整个加密的区域普遍出现下沉的情况，阶段变化量处在 -2.7～$+1.8$mm 之间，2020 年 5 月 15 日至 5 月 30 日整个加密区域的测点出现上浮的情况，普遍变化在 1mm 以内。隧道监测点的变化随着湖泊水位的变化而变化。地表水水位上升，隧道上方受的荷载压力增大导致隧道下沉；地表水水位下降，隧道上方受的荷载压力减小导致隧道上浮。

从该市穿越邕江位置的长期监测数据曲线图也可以看出类似规律，如图 O.11 和图 O.12 所示。4～10 月份该市进入雨期，水位上涨，隧道呈现整体下沉趋势；10～3 月份该市进入旱季，水位下降，隧道呈现整体上浮趋势。

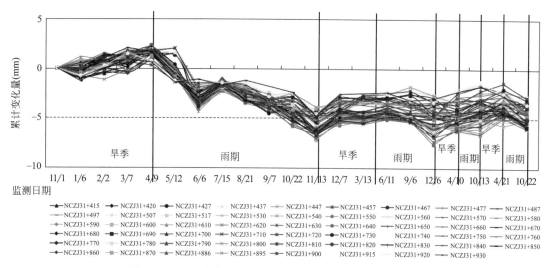

图 O.11　2 号线穿某段管片结构竖向位移变化时程曲线图

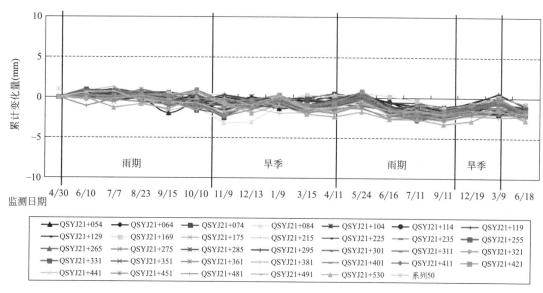

图 O.12　3 号线穿某段管片结构竖向位移变化时程曲线图

（2）预警段与地质情况的关系

从地质剖面图可以看出，隧道所处地层为角砾土和含砾黏土层交界部位，相对于线路其他位于泥岩、粉砂质泥岩以及富水圆砾层地段的隧道来说抗变形能力要弱；且地下水位位于隧道顶面附近，季节性地下水位下降会让盾构隧道周边的角砾土失水固结，对隧道变形造成不利影响。

（3）预警段与结构埋深的关系

从曲线图上可以看出，虽然 2、3 号线穿越某江水位变化更大，但其变化幅度及最大累计变化量均没有本区间大，分析主要与隧道埋深有关，本案例中穿越湖泊位置埋深仅4.2～6.9m，隧道埋深浅，虽然布置有抗浮压板，但由于未设计桩基，抗浮压板作用有限。而 2、3 号线穿越某江部位隧道埋深达到了 9.6～24m，隧道埋深深。通过对比可以看出隧道埋深越浅，其受地表水位变化的影响越大。

（4）分析总结

1）受地表水与地下水水位变化影响：该区段位于河流下，两侧湖泊尚处于施工建设阶段未正常蓄水，地表水位无规律变化及地下水位的季节性变化导致隧道承受的荷载持续变化。同时，此处地下水位位于隧道拱顶附近，地下水位潮汐变化会让盾构隧道围岩中的角砾土失水固结，对隧道变形造成不利影响。

2）地质条件不良：上浮区段隧道覆土浅，隧道所处地层为角砾土和含砾黏土层交界部位，相对于其他位于泥岩、粉砂质泥岩以及富水圆砾层地段的隧道来说抗变形能力要弱。

3）抗浮处理措施未充分发挥作用：该区段线路已采用抗浮板的抗浮处理措施，但抗浮板未设计桩基，从现阶段隧道上浮的情况看抗浮设计在运营期并未充分发挥作用。

综上所述，该区段隧道位于河底且埋深极浅、地形地貌与水文地质条件复杂、地表水与地下水位长期变化、抗浮处理设施可能未充分发挥作用等综合因素导致该区间下行线 YDK25＋909—YDK25＋951 区段盾构隧道出现异常上浮。

5. 预警处置

本区间出现了预警之后，首先由监测单位发布预警联系单，各相关单位对预警进行响应，运营单位组织召开预警分析会，随后按照分析会制定的措施落实各项工作，根据后续监测数据变化情况再确定处理措施。详细的预警响应和预警处置如下。

（1）预警联系单发布

监测单位发现监测数据异常之后立即将异常的监测数据情况报告轨道公司。同时结合本区间监测数据变化情况、地质勘察报告、周边环境巡查情况等一系列因素对本次预警的初步原因进行分析，编写正式的预警工作联系单报送轨道公司。预警联系单的主要内容包含预警情况的描述，预警位置的平面布置图、相关的时程曲线图和断面变化图，预警初步原因分析以及风险处理建议等。

（2）预警响应

监测单位在发布预警联系单后立即申请临时作业计划，复核此次预警的监测数据，同时将该区域的监测点加密为 5m 间距，增加对湖泊的水位观测，并结合后续的监测数据情况及搜集到的各种资料，不断完善和更新监测预警分析报告。

在收到监测单位正式的预警联系单之后，运营分公司立即启动应急预案，通知相关部门开展预警部位隧道结构、轨道结构、接触网等设施的专项检查，检查项目包括管片开裂、崩角、错台、渗漏水、道床开裂、漏水、线路水平、轨距、高低、轨向、接触网导高、拉出值数据测量，并一一记录现场检查的各项问题，留存影像资料。

（3）召开预警分析会

在搜集了运营监测数据的复核情况及相关设施的专项检查资料后，轨道公司组织运营监测单位、设计单位以及轨道公司各相关部门召开预警分析会，共同分析此次预警的原因并制定后续的处理措施。

会上经各部门各单位讨论分析得出：地下水位季节性变化是造成了本次隧道结构变形预警的主要因素，而浅覆土、不良地质条件则加剧了该因素的影响。

经过认真研讨，会上制定的后续处理措施如下：

1) 目前即将进入雨期，隧道可能会在雨期来临前达到上浮的峰值，在雨期来临后再次下沉。加强监测和巡查，密切关注该区域地铁结构的监测数据变形情况，如监测数据仍持续上浮未见收敛，则需进一步评估分析并采取相应的处理措施；如后续监测数据停止上浮并呈现下沉趋势且各项监测数据、巡查情况未见异常，则可正常开展各项工作。

2) 加强对上浮区段的隧道结构、轨道线路、接触网、电缆等行车设备设施的检查，重点关注结构有无开裂、错台、剥离掉块和渗漏水等情况。

3) 列车司机在行驶至该区间右线时加强瞭望，一旦发现突发的异常情况及时上报。

4) 若累计上浮值超 10mm 时，应组织区间土建设计、勘察、监理、施工等参建单位召开专题会议进行分析，必要时聘请专家进行专项评估，分析异常上浮的原因，讨论上浮区段的后续处理方案，并制定应急处置预案。

（4）落实各项措施

监测单位按照会议制定的要求开展现场的加密监测工作，并增加对湖泊的水位观测，结合水位变化对监测数据进行细致分析，密切关注监测数据的后续变化情况。

轨道公司加强了对上浮区段的隧道结构、轨道线路、接触网、电缆等行车设备设施的检查，列车司机在行驶至该区间右线时加强了瞭望。

6. 结论与建议

（1）结论

1) 区间隧道穿越地表水体时，其隧道结构变形将随地表水体的水位变形呈现规律性变化，一般表现为地表水水位上升时，隧道上方受的荷载压力增大导致隧道下沉；地表水水位下降时，隧道上方受的荷载压力减小导致隧道上浮。

2) 隧道位于泥岩等稳定岩层时或覆土较深时，受水位变化影响相对较小，虽呈现同样的变形规律，但变化幅度相对较小。像本区间隧道既位于地下水位交界面位置、受角砾土不良地质影响，又属于浅覆土，则加剧了水位变化对隧道结构变形的影响，出现了预警。

（2）建议

1) 设计阶段提前考虑抗变形措施

在设计施工阶段类似浅覆土的情况，应提前考虑抗变形措施。这样在后续运营过程中才不容易受到外部环境变化的影响。

2) 增加地表水体区域的水位观测

在隧道穿越地表水体位置建议增加地表水体区域的水位观测，结合水位变化情况来分析隧道结构变形。

3) 加强穿越水体区域的变形分析总结

针对隧道穿越地表水体位置在运营监测的第一年加密监测频率，加强对变形情况的分析总结，至少经历完整的一个雨期旱季后了解其变形规律和变化幅度，为后续的运营监测工作提供指导，保障运营安全。

附录 P 某运营地铁区间预警案例

该案例在某地铁隧道运营后第 2 年期间，监测过程中发现隧道结构及道床结构出现上浮均超过控制指标，并有加大趋势，监测单位发布红色预警，同时加密了监测点及监测与巡查频率，运营管理单位启动了应急预案，迅速组织召开预警分析会，并采取相应的应急处置措施。

1. 工程概况

（1）设计概况

1）该区间里程为 DK9＋556～DK10＋618，长 1062m，区间设置一处联络通道，里程为 DK10＋098，该段区间平面设 1 处交点，曲线半径为 450m；最小线间距约为 13m，最大线间距约为 17m；线路最大纵坡为 23.606‰，最小纵坡为 2‰；竖曲线左右线各 3 处；隧道埋深约为 19.6～30m。区间里程为 DK9＋950～DK10＋300 因上方有学校同期施工，该区段设计为浮置板道床区段。

2）区间隧道采用盾构法进行施工，隧道内径：5400mm，管片厚度：300mm，隧道外径：6000 度：1500mm，分块数：6 块。普通衬砌环由钢筋混凝土管片构成，混凝土强度等级为 C50，钢筋采用 HRB400 级、HPB300 级。

（2）工程地质水文地质概况

1）该区间地层自上而下依次为填土、黏土、粉质黏土、泥岩、粉砂质泥岩、泥质粉砂岩、粉砂岩，该区间穿越地质为⑦$_{1-3}$泥岩、粉砂质泥岩、⑦$_{2-3}$粉砂岩、泥质粉砂岩层。

区间勘探揭露，泥岩、粉砂质泥岩⑦$_{1-0}$ 至 ⑦$_{1-3}$，胀限 16.89％～36.57％，平均 25.55％，自由膨胀率 30％～83％，平均 60％。按《广西膨胀土地区建筑勘察设计施工技术规程》（DB45/T 396—2007）表 1，属 A$_1$ 亚类膨胀土。线缩率 5.0％，δse50 膨胀率 0.98％，胀缩总率 5.857％，依据《广西膨胀土地区建筑勘察设计施工技术规程》（DB45/T 396—2007）表 3。古近系泥岩、粉砂质泥岩（⑦$_{1-1}$、⑦$_{1-2}$、⑦$_{1-3}$）层可评定为中等～强胀缩土。古近系泥岩、粉砂质泥岩⑦$_{1-1}$ 层、⑦$_{1-2}$ 层和⑦$_{1-3}$ 层及泥岩⑦$_4$ 层均为 A$_1$ 亚类膨胀土，上述岩土层抗风化能差，风干易裂，再吸水便完全崩解强度急剧降低，特别是在遇水和失水的情况下，工程力学性质变化较大，因此对工程施工有显著不利影响。水泡后强度显著降低，易导致基坑壁失稳；对地基（或桩基）持力层稳定性明显影响。

2）该区间地下水水量微贫乏，地下水的主要有上层滞水、潜水和微承压三类。

区间勘探揭露地层为填土层，粉质黏土层，基岩为新近系半成岩地层；地下水位的变化受地形地貌、地层岩性、地下水补给来源等因素控制。地下水位的变化与地下水的赋存、补给及排泄关系密切，每年 4～10 月为雨期，降雨充沛，水位会明显上升，而在冬季因降雨减少，地下水位随之下降。主要是受大气降水补给，上层滞水的水位、水量、埋深受补给条件影响，尤其是地形起伏变化等因素，因很多因素影响，钻孔混合水位变化较大。稳定钻孔混合水位埋深 0.30～10.00m，变化幅度 9.70m。

（3）区间周边情况

区间隧道贯通后，区间外部先后有 3 个区域存在施工：1）学校及学校周边配套道路施工区域（DK10＋088～DK10＋233）；2）区间北侧道路二期施工（DK9＋555～DK9＋615）；3）区间北侧道路三期施工（DK9＋615～DK9＋760）（图 P.1）。

图 P.1 区间周边情况

2. 监测工作概况

（1）监测项目

某轨道交通某号线运营期结构变形监测项目。

（2）监测项目及监测点布设

1）该区间对区间隧道的道床、区间管片结构进行沉降监测。沿地铁线路每隔 30m 在整体道床上布设 1 个道床沉降监测点。每隔 60m 在管片结构上布设 1 个管片结构沉降监测点。浮置板道床区段因无法布设道床沉降监测点，对该区段管片结构沉降监测点进行加密布设，每隔 25m 布设 1 个监测点。

2）该区间对区间隧道的道床进行水平位移观测，沿地铁线路每隔 60m 在整体道床上布设 1 个水平位移监测点，浮置板道床区段未进行水平位移监测点布设。

3）对隧道结构进行断面收敛监测，沿地铁线路不少于 60m 布置 1 个收敛监测断面（含两条测线），监测点布设在道床以及隧道盾构管片上，浮置板道床区段只有一条水平射线，加密为每隔 25m 布设 1 个监测点。

图 P.2 为监测点布设平面图。图 P.3 为监测点布设剖面图。

（3）监测频率

1）常规时期监测频率（表 P.1）

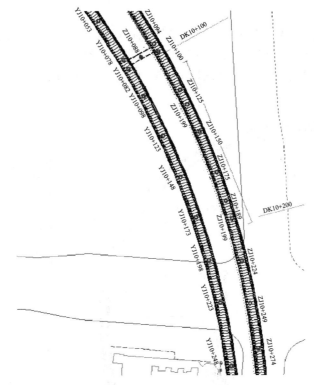

图 P.2 监测点布设平面图

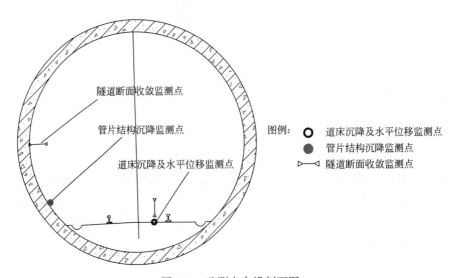

图 P.3 监测点布设剖面图

常规时期监测频率 表 P.1

监测项目	沉降监测	收敛监测	水平位移监测
第 1 年	1 次/3 个月	1 次/3 个月	1 次/6 个月
第 2 年	1 次/6 个月	1 次/6 个月	1 次/12 个月
第 2 年以后	1 次/12 个月	1 次/12 个月	1 次/12 个月

2）预警时期沉降及收敛监测频率（表 P.2）

预警时期沉降及收敛监测频率　　　　　　　　　　　　　表 P.2

监测时间段	监测频率
2019 年 5 月～2020 年 7 月	1 次/3 个月
2020 年 8 月～2020 年 9 月 20 日	2 次/周
2020 年 9 月 20 日～2020 年 10 月 14 日	1 次/周
2020 年 10 月 14 日～2020 年 12 月 29 日	1 次/2 周
2020 年 12 月 29 日～2021 年 5 月 1 日	1 次/月
2020 年 12 月 29 日～2021 年 5 月 1 日	1 次/周
2020 年 12 月 29 日～2021 年 5 月 1 日	1 次/月
2021 年 5 月 1 日～2021 年 8 月 25 日	1 次/周
2021 年 8 月 25 日～2021 年 9 月 22 日	1 次/2 周
2021 年 9 月 22 日～2021 年 1 月 23 日	1 次/月

3. 监测预警

（1）监测数据变化情况与位置关系

本项目区间全线根据时间线可以将其沉降监测数据可分 4 个阶段进行描述。

1）2019 年 5 月采集初始值监测至 2020 年 4 月，该区间管片、道床结构沉降的数据处于相对稳定的阶段。

2）2020 年 4 月监测至 2020 年 8 月，Z（Y）DK9+858-Z（Y）DK10+300 和 Z（Y）DK10+125-Z（Y）DK10+199 段的管片、道床结构沉降监测数据发生突变，阶段变化量最大达+15.3mm（图 P.4）。

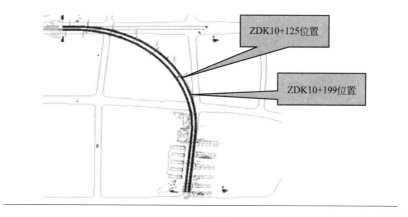

图 P.4　监测位置（一）

3）2020 年 8 月监测至 2021 年 3 月，自首次监测预警后预警段的监测数据变化不大，处于稳定状态。

4）2021 年 3 月 28 日监测至 2021 年 5 月 1 日，再次出现监测数据突变。34 天时间内，全线隧道的管片、道床结构沉降监测均出现不同程度的上浮，其中阶段变化量超过+3mm 的测点有 51 个点，最大阶段变化量为+5.5mm，为左线管片结构测点 DXZJ10＋

069，整个区间出现上浮情况，累计最大值为＋29.4mm，为左线测点 DXZJ10＋150（图 P.5）。

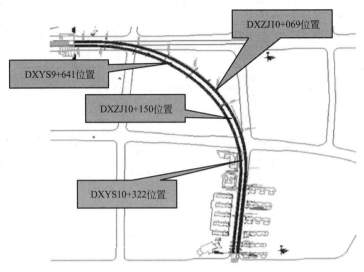

图 P.5　监测位置（二）

（2）左线监测数据典型变化案例

为了更加直观地了解到监测数据的变化情况，现以左线区间的管片结构沉降监测测项为区间变化的典型案例，用其时程曲线图来展示区间整体的变形情况（图 P.6）。

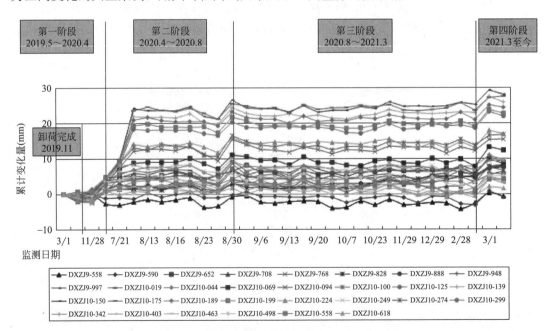

图 P.6　盾构区间左线管片沉降变化时程曲线图

（3）预警段对应地面沉降的监测情况

在第一次监测预警后在预警最大段对应地面上方的学校与周边地面布设了地面沉降监

测点，其监测时间从 2020 年 9 月监测～2021 年 5 月。其变化情况从 2020 年的 10 月～2021 年的 5 月开始出现上浮，该阶段最大上浮量为＋22.0mm（图 P.7）。

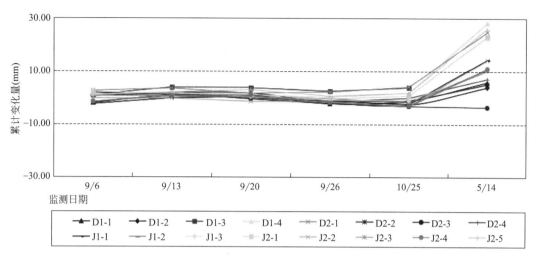

图 P.7　地面沉降监测变化时程曲线图

（4）地面外部施工情况

外部施工主要分 3 个区域：1）学校及学校周边配套道路施工区域（DK10＋088～DK10＋233）；2）区间北侧道路二期施工（DK9＋555～DK9＋615）；3）区间北侧道路三期施工（DK9＋615～DK9＋760）（图 P.8）。

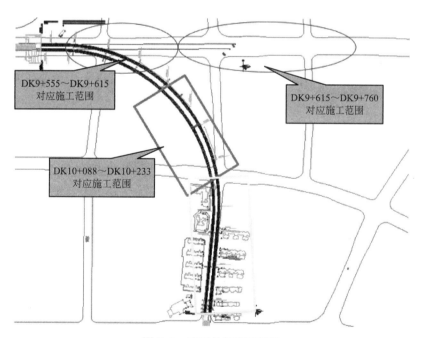

图 P.8　地面外部施工情况

1）学校及学校周边配套道路施工区域（DK10＋088～DK10＋233）

现场巡查发现隧道上方里程 DK10＋088～DK10＋233 进行道路及学校行政办公楼施

工。地铁隧道下穿新建学校所在地块，在某路与降桥路局部下穿新建道路实施范围，下穿长度约为 15m。影响范围内的覆土厚度为 37.46～52.64m，新建道路挖方深度为 0.726～27.106m，道路实施后路面与地铁隧道竖向距离为 23.4～26.1m。

该部位土方卸载施工从 2019 年 9 月开始，大约 2019 年 11 月 15 日，隧道上方及周边的土方已基本卸载完成。图 P.9～图 P.11 为本项目巡查照片。

图 P.9　项目巡查照片（一）

图 P.10　项目巡查照片（二）

图 P.11　项目巡查照片（三）

2）区间北侧道路二期施工（DK9+555～DK9+615）

北侧道路二期施工基本与学校周边道路施工同期进行，巡查发现 2020 年 6 月前，区间 DK9+555～DK9+615 范围已施工完成。

3）区间北侧道路三期施工（DK9+615～DK9+760）

巡查发现 2020 年 11 月至 2021 年 5 月期间，隧道上方里程 DK9+615～DK9+760，未进行大面积的土方卸载，基本维持原状，但修建了施工便道，作为道路施工期间土方车辆运输使用。

4. 预警分析

（1）预警段与地面施工时间关系

为了找出变形原因，首先从外部施工影响情况入手，第一步需要弄明白预警时间与地面施工段的时间关系。结合上文所述，外部施工时间与其影响范围内预警变化时间对比图如图 P.12 所示。

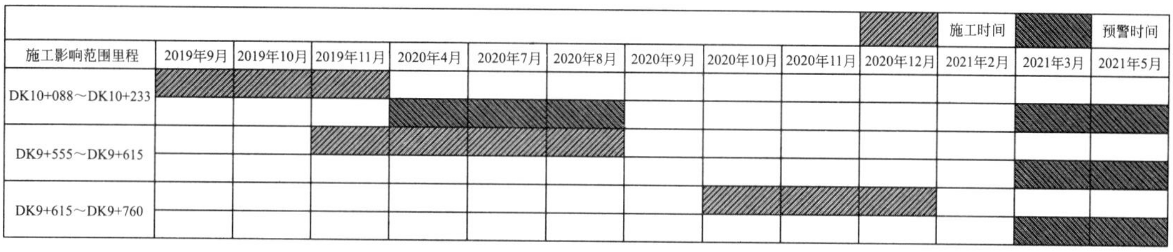

											施工时间		预警时间
施工影响范围里程	2019年9月	2019年10月	2019年11月	2020年4月	2020年7月	2020年8月	2020年9月	2020年10月	2020年11月	2020年12月	2021年2月	2021年3月	2021年5月
DK10+088～DK10+233													
DK9+555～DK9+615													
DK9+615～DK9+760													

图 P.12　外部施工时间与其影响范围内预警变化时间对比图

由上可见，外部施工的时间与监测预警发生的时间基本不重合，施工期间监测数据未发生异常，监测数据发生异常的时间对应地面未发生大面的施工。

（2）预警段与土方卸载的关系

然后第二步分析预警段的数据出现是否与地面土方卸载有关，现将地面卸载量较大的位置与区间对应预警位置进行数据分析。详见表 P.3、图 P.13、图 P.14。

卸土厚度与变形量累计　　　　　　　　　　　　表 P.3

左线里程	卸土厚度 （m）	变形量累计 （mm）	右线里程	卸土厚度 （m）	变形量累计 （mm）
33	12	9.3	41	12	8.8
75	19	11.8	72	16	11
100	22	16	103	23	14.9
123	25	22.2	133	25	19.3
151	27	27.7	164	14	18.5
182	18	26	194	2	15

由上可知，卸载较大处的对应管片位置变化也较大，而卸载有所减缓处对应的管边位置变化也较为减缓，故区间上方的卸载施工对管片结构是存在的一定影响的。

（3）预警段与地质情况的关系

最后分析区间预警段与地质条件的关系。本区间地层自上而下依次为填土、黏土、粉

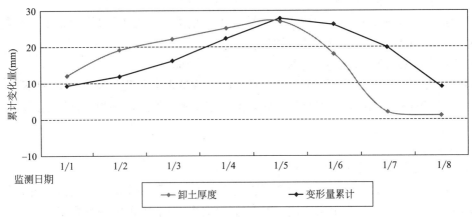

图 P.13 区间左线管片沉降变化断面图

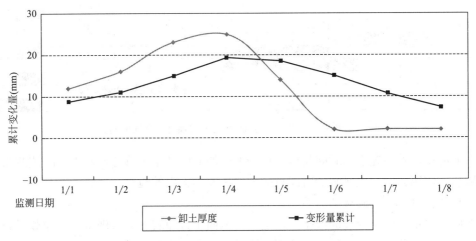

图 P.14 盾构区间右线管片沉降变化断面图

质黏土、泥岩、粉砂质泥岩、泥质粉砂岩、粉砂岩，隧道结构处于全断面泥岩、粉砂质泥岩层中（图 P.15、图 P.16）。

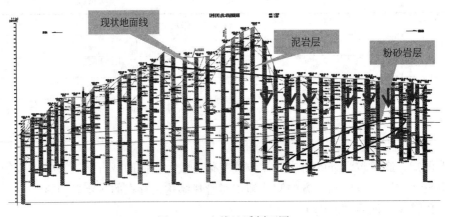

图 P.15 左线地质剖面图

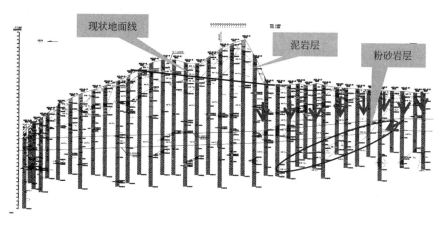

图 P.16 右线地质剖面图

详细地分析地质条件可见，粉砂岩层与泥岩的分界面由区间的下部逐渐延伸至地面，该段的泥岩层为不透水层，粉砂岩层为透水层，地下水随着粉砂岩层逐渐汇聚在隧道底部，不断地形成上浮推力。

（4）分析总结

1）分析

结合上述分析，该区间段预警的上浮的过程可以还原如下：首先，上部的大量土方卸载对该处地质形成了两方面的影响，一方面是将长期堆压在泥岩层的荷载卸掉，泥岩层逐渐进行应力释放对区间形成了上浮力，这个在对应地面测点的上浮变化与卸载关系的章节可以得到验证；另一方面是卸载将该区域内的粉砂岩层暴露出来，增加了地下水的汇水通道；其次，该处泥岩与粉砂岩层的界面正好位于区间下方，因泥岩不透水而粉砂岩层透水，故地下水多汇聚于此，增加了地下水的汇水通道后更加丰富的水量汇聚也长期对区间施加一部分的上浮力；最后，区间结构是以刚性连接存在的，在长期受到上浮力的施加后自身结构为了保持稳定内部受力会调整进行抗浮作用，直到结构连接出现屈服变形，该处的变形反映到数据来说就是 2020 年 8 月与 2021 年 3 月的两次监测数据阶段变化。

2）总结

① 泥岩的应力释放与地下水的汇聚形成上浮力是需要一定的时间的，并且隧道结构是刚性结构，会在屈服后才产生数据的变化，反映到监测数据上就是结构变形会相对卸载情况会存在一定的滞后。故以后对类似大量卸土施工对区间的影响分析的时间需要将影响的时间段拉长。

② 该段特殊的地质条件（泥岩与粉砂岩层的界面正好位于区间下方）和大量的土方卸载是导致区间上浮的主要原因。

5. 预警处置

本区间出现了预警之后，首先由监测单位发布预警联系单，各相关单位对预警进行响应，运营单位组织召开预警分析会，随后按照分析会制定的措施落实各项工作，当监测数据再次突变时，再次召开了预警分析会并咨询专家，最后按照专家咨询会的意见落实各项工作。详细的预警响应和预警处置如下。

（1）预警联系单发布

监测单位发现监测数据异常之后立即将异常的监测数据情况报送给业主。监测单位通过分析本区间监测数据变化情况、地质勘察报告、周边环境变化情况及保护区施工情况等一系列因素进行本次预警的初步原因分析。编写正式的预警联系单发送给业主，预警联系单的主要内容包含预警情况的描述，预警位置的平面布置图、相关的时程曲线图和断面变化图，预警初步原因分析以及风险处理建议。

（2）预警响应

监测单位在发布预警联系单后立即联系运营分公司申请临时计划，复核此次预警的监测数据。并结合后续的监测数据情况及收集到的各种资料，不断完善和更新监测预警分析报告。

在收到监测单位正式的预警联系单之后，运营分公司立即启动应急预案，通知相关部门开展预警部位隧道结构、轨道结构、接触网等设施的专项检查，检查项目包括管片开裂、崩角、错台、渗漏水、道床开裂、漏水、线路水平、轨距、高低、轨向、接触网导高、拉出值数据测量，并一一记录现场检查的各项问题，留存影像资料。

（3）召开预警分析会

在收集了运营监测数据的复核情况及相关设施的专项检查资料后，运营分公司召开预警分析会，邀请了运营监测单位及保护区作业方案审查单位共同分析此次预警的原因并制定后续的处理措施。

会上由各相关单位汇报了各自领域的相关内容，并对此次预警的原因进行初步分析得出：隧道土方卸载、超固结土的卸荷回弹、地下水位变化情况等一系列原因造成了本次隧道结构的异常上浮。

经过认真研讨，会上制定的后续处理措施如下：

1）由于累计上浮值 $L>20$mm、但结构功能未出现严重受损的现象，依据《运营分公司区间隧道及车站结构、砌体裂损专项应急预案》可暂定为二级较重，并启动相应措施。现对上行 K9＋940-10＋280 区段进行限速，限行 45km/h。

2）加强对上浮区段的隧道变形监测及增加水平位移监测，监测频次加密至每周两次，密切关注该区域地铁结构的监测数据变化情况。

3）监测单位在预警部位的地面正上方布设地表沉降监测点，同步监测地面监测数据情况。

4）加强对上浮区段的隧道结构、轨道线路及接触网等行车设备设施的检查，重点关注有无结构开裂、剥离掉块、渗漏水及道床起拱等异常情况，如有异常及时上报。

5）列车司机在行驶至本区间下行线时加强瞭望，一旦发现突发的异常情况及时上报。

6）如该区段监测数据显示隧道仍持续上浮，或隧道结构出现开裂、剥离掉块、渗漏水及道床起拱等异常情况，达到启动运营相关应急预案的条件，则立即按预案进行响应和应急处理，并报请集团公司召开专题会议分析并制定处理方案，必要时组织隧道专项评估，以确保隧道运营安全。

（4）落实各项措施

监测单位按照会议制定的要求开展现场的加密监测工作。并增加了浮置板区域的管片水平位移监测项目，包含拱腰位置的水平位移以及管片底部的水平位移。在预警变形较大的区间正上方及附近位置布设地面沉降监测点，并按照既定频率开展地面变形监测工作。区间的沉降及收敛监测最高的频率按照每周 2 次进行加密，水平位移按照每周 1 次进行加密。并结合监测数据的稳定情况逐渐调整监测频率，监测频率最小调整为 1 月 1 次。

运营分公司的相关生产部门按照每半月 1 次对预警区段的轨道、隧道、接触网进行加密检查，一一记录现场发现的各项问题，并留存影像资料。列车在上行 K9＋940-10＋280 区段进行限速，限行 45km/h。列车司机在行驶至本区间上下行线时也加强瞭望，密切关注列车行驶过程中的异常情况。

（5）数据突变的响应

预警段的数据自 2021 年 5 月 1 日再次出现突变，监测单位再次发布预警联系单，结合已开展的运营监测数据情况、地质水文条件情况、周边环境变化情况、气候季节情况等一系列因素分析此次预警的初步原因。

运营分公司收到预警联系单后，再次启动应急预案，通知结构、线路及接触网等相关专业继续加密检查隧道的异常情况，检查发现轨道平顺度超过正常指标，申请作业对轨道平顺度进行了调整。运营分公司再次召开预警分析会，分析此次预警的原因及后续采取的措施。各相关单位经过认真讨论，研究分析得出此次预警的原因如下：

1）外部施工项目施工，隧道上方附近卸载使土体发生变形，带动土体中的隧道产生位移，外部施工项目施工影响区域为 DK9＋615～DK9＋860，该区域的卸土施工对隧道里程 DK9＋615～DK9＋860 范围内的结构变化有一定的影响，但是本次预警包含整个区间。初步分析外部项目施工不是本次预警的主要原因。

2）勘察报告显示累计变化最大区域隧道结构下部为泥岩与粉砂岩互层，粉砂岩层通常存在进水通道，受大气降水补给，渗透性较小，补给时间较长。该市在 4 月份进入雨期后，该处粉砂岩层受大气降水补给，地下水水头逐渐增大，对上部地层的浮力也逐渐增大，地下水水头上升较快，浮力持续增大，造成隧道上浮变形。地下水位的变化可能是本次大范围预警的主要原因。

会上制定了后续进一步的处理措施如下：

1）维修中心工建三分中心、供电三分中心加强对上浮区段的隧道结构、轨道线路及接触网等行车设备设施的检查，重点关注隧道结构有无开裂、剥离掉块、渗漏水、道床起拱；轨道线路几何尺寸有无明显变化；接触网导高异常变化及联络通道处泵房水量有无明显增加等情况，并做好巡检记录，如有异常及时上报。

2）车辆中心列车司机在行驶至该区间上下行时，注意瞭望隧道结构状态，发现异常情况及时上报。

3）监测单位增加隧道结构水平位移监测及地表监测，监测频次加密至每周一次，数据采集后 24h 内将监测结果报运营分公司维修中心。

4）若预警区段监测数据显示隧道结构仍持续上浮，或隧道结构出现开裂、剥离掉块、渗漏水及道床起拱等异常情况，达到启动运营相关应急预案的条件，立即按预案进行响应和应急处理。

5）请维修中心工建三分中心将有关材料整理上报分公司，提请组织召开专家咨询会以指导下一步工作。

6）请维修中心工建三分中心牵头、综合检测分中心配合，根据《轨道交通结构检修规程》关于"隧道结构沉降累计变形 $L \geqslant 16mm$ 时，需组织专家开展隧道结构专项评估，并制定处理措施"的规定，立即启动专家评估相关工作，以确定下一步的处理措施。

7）请生产技术部将本区间隧道结构变形情况函告建设分公司，并商请其提供勘察设计、施工过程控制等相关资料。

（6）专家分析会

鉴于第二次预警出现了沉降、收敛、水平位移等整体椭变的趋势，考虑到隧道目前的沉降变形已接近 +30mm，运营分公司于 2021 年 5 月 23 日组织 5 位专家、轨道公司相关部门、运营分公司相关部门、监测单位、保护区方案审查单位，以及地铁原设计单位、勘察单位召开了本区间预警的专家咨询会。会议由监测单位汇报了此次预警的情况及详细分析，运营分公司汇报了隧道内巡检的情况，设计单位汇报了本区间设计情况，勘察单位汇报了本区间地质情况，各位专家经过相关单位的汇报，经过质询和认证讨论，认为目前本区间隧道结构安全风险较高，建议立即开展如下工作：

1）针对该区间开展专项监测，加密监测点及监测频率，定期对重点变形区域进行三维激光扫描，掌握隧道整体变形和管片椭变、错台、接缝张开、渗漏水等情况。对整个区间隧道管片壁后充填情况进行探测，对椭圆度变化较大的部位进行注浆孔取芯检测；

2）对轨道、接触网、管片结构等设施加强检查，针对情况随时进行安全研判。组织专业机构对整个区间进行专项安全评价，制定隧道洞内外加固方案及应急预案；

3）加强运营分公司各部门间的信息沟通与联动，确保运营安全；

4）组织专家开展现场踏勘，掌握现场情况，进一步提出针对性建议。

（7）专家会后采取的措施

专家分析会之后，各相关单位充分认识到此次预警的安全风险较高，需要立即采取相关措施确保隧道运营的安全。

运营分公司制定了隧道可能出现的各种应急预案，并组织相关单位进行贯彻学习。并提请轨道公司开展专项评估工作，咨询专业的评估单位开展三维激光扫描、地质雷达检测、管片注浆孔钻孔取芯检测及建模分析评估等工作，评价目前隧道的安全状况并提出处理意见。相关部门落实各项限速、加密巡检、加强信息联动等处理措施，密切关注本区间的各项情况，及时汇报异常情况。

监测单位对上浮变形超过 +10mm 的区域进行监测点的加密，每个断面加密沉降、收敛及水平位移监测点，并将监测频率调整为 1 周 1 次，密切关注隧道结构后续的变形情况，出现异常情况及时上报。

截至目前，本区间加密监测继续正常开展，监测数据未出现异常的变化，隧道内各项巡检情况未出现新的异常情况，专项评估工作正在进行招标投标的各项流程，近期将会落实。

6. 结论与建议

（1）结论

1）本区间的预警原因涉及地下水变化、泥岩膨胀性、前期土方卸载等多种因素，各个因素之间的主次关系及相关性暂时无法明确，需结合上浮预警与土方卸载在空间和时间上的相关性，通过进一步的检测、监测和建模分析进行判断。

2）由于再次预警后半年时间的监测数据已暂时趋于稳定，且轨道几何形位检查数据正常，隧道巡检未发现明显的变化趋势，结合上述监测及巡检情况分析隧道变形暂不影响行车安全。

3）须开展专项的检测工作，搜集齐全隧道椭圆度、收敛、错台、破损、渗漏水、背后空洞等相关信息并进行建模分析后才可评估隧道目前的安全状态，指导后续方案的制定。

（2）建议

1）设计阶段提前考虑抗变形措施

在结构设计阶段，需与周边的规划相结合，梳理地铁保护区内已规划的需要大量堆卸载的区域，提前考虑堆卸载可能造成的影响，制定相应的抗变形措施，防止后续外部施工变形过大影响行车安全。

2）关注堆卸载的滞后性，调整监测周期及频率

土方卸载将打破地层原有的平衡，受工程地质条件和地下水影响，重新建立平衡可能需要很长时间，地铁隧道结构的变形也会相应滞后，因此地铁保护专项监测应持续更长时间，建议至少延长到施工完成后 1 年，经历一个完整的季节性水位变化周期。

3）运营监测加密布点、针对性监测

在运营监测方案制订阶段，梳理隧道建设时期或后续将进行大量堆卸载的区域，加密该区域的监测布点，在卸载期间或卸载后的季节性水位变化期间加密监测频率，以便及时、准确发现隧道结构变形，提前采取处理措施。

4）开展三维激光扫描

在运营前对地铁隧道结构开展三维激光扫描，准确记录隧道的椭圆度、收敛、错台、渗漏水、破损等初始状态，待后续隧道出现变形较大或其他病害时，再次进行三维激光扫描可迅速判断隧道现状情况，准确找出变化大或出现病害的部位，以便于针对性采取处理措施。

5）开展地质水文专项研究

地质水文条件的影响是隧道结构变形不可忽视的一个重要因素，尤其是地下水位处在隧道结构底板附近的情况，地下水位的变化将会直接影响隧道的浮力，地下水位变幅的影响有多大，是否呈现出规律性变化等需要通过专项研究来分析地下水位对隧道结构变形的影响。膨胀土的吸水膨胀、失水收缩等特性对隧道结构变形的影响有多大，开展此类专项研究能够为今后遇到的类似问题提供宝贵经验。

6）监测数据的综合分析

监测数据要进行综合分析，有时从单个测项来看不一定能看出隧道整体的变形规律，结合多项监测数据进行综合分析，能够分析出隧道实际的变形情况，从而为后续的原因分析以及采取的应对措施提供有利依据。

附录Q 某运营地铁区间监测案例

该案例是在监测过程中发现外部施工可能会影响隧道结构及道床结构变形，运营监测单位及时加密监测与巡查频率，了解到区间隧道的变形情况，及时反馈监测信息，为运营隧道保驾护航。

1. 工程概况

（1）设计概况

1）该区间里程为DK8＋273～DK9＋092，长819m，区间设置一处联络通道，里程为DK8＋755，该段区间平面设1处交点，曲线半径为600m；最小线间距约为14m，最大线间距约为15m；线路最大纵坡为28.854‰，最小纵坡为2‰；竖曲线左右线各2处；隧道埋深为8.0～11.5m。

2）区间隧道采用盾构法进行施工，隧道内径：5400mm，管片厚度：300mm，隧道外径：6000度：1500mm，分块数：6块。普通衬砌环由钢筋混凝土管片构成，混凝土强度等级为C50，钢筋采用HRB400级、HPB300级。

（2）工程地质水文地质概况

1）该区间地层自上而下依次为填土，粉质黏土，粉砂、细砂、圆砾，泥岩、砂质泥岩、泥质砂岩、砂岩等。区间隧道主要落在泥岩层中。

2）该区间地下水的本工程影响范围内的地下水主要为上层滞水、碎屑岩类孔隙裂隙水。水位埋深1.30～6.9m（图Q.1）。

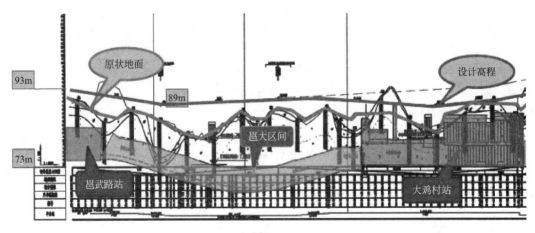

图 Q.1

（3）区间周边情况

区间隧道贯通后，区间上部道路工程施工。道路敷设于区间正上方部分需在既有地面回填3～9m（平均填土6m）厚土体（图Q.2）。

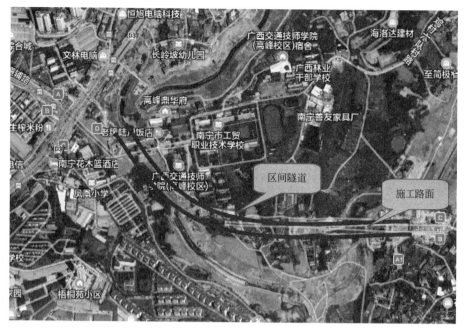

图 Q.2　区间周边情况

2. 监测工作概况

（1）监测项目及监测点布设

1）该区间对区间隧道的道床、区间管片结构进行沉降监测。沿地铁线路每隔 30m 在整体道床上布设 1 个道床沉降监测点。每隔 60m 在管片结构上布设 1 个管片结构沉降监测点。

2）该区间对区间隧道的道床进行水平位移观测，沿地铁线路每隔 60m 在整体道床上布设 1 个水平位移监测点。

3）对隧道结构进行断面收敛监测，沿地铁线路 60m 布置 1 个收敛监测断面（含两条测线），监测点布设在道床以及隧道盾构管片上（图 Q.3）。

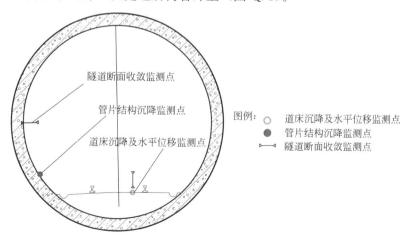

图 Q.3　监测点布设剖面图

（2）监测频率

1）常规时期监测频率（表 Q.1）

常规时期监测频率　　　　　　　　　　　　　　　　表 Q.1

监测项目	沉降监测	收敛监测	水平位移监测
第 1 年	1 次/3 个月	1 次/3 个月	1 次/6 个月
第 2 年	1 次/6 个月	1 次/6 个月	1 次/12 个月
第 2 年以后	1 次/12 个月	1 次/12 个月	1 次/12 个月

2）外部施工影响时期沉降及收敛监测频率（表 Q.2）

外部施工影响时期沉降及收敛监测频率　　　　　　　　　　表 Q.2

监测时间段	监测频率
2019 年 7 月至 2020 年 1 月	2 次/月

3. 监测情况

（1）监测数据变化情况及对应监测措施

本项目区间全线根据时间线可以将其沉降监测数据可分 4 个阶段进行描述。

1）2019 年 5 月采集初始值监测至 2019 年 7 月，该区间管片、道床结构沉降的数据未出现明显变化。

2）2019 年 7 月监测至 2019 年 11 月，根据道路回填情况进行加密监测，期间区间管片、道床结构沉降出现下沉情况，截至 2019 年 11 月最大下沉量为－7.1mm。期间通过监测数据变化情况及外部施工情况分析，道路施工大量土方回填，对地铁隧道产生较大影响，从而与外部施工单位协商需对施工影响范围内隧道结构进行自动化专项监测，更好地掌握隧道变形情况。

3）2019 年 11 月～2020 年 5 月，外部作业单位开展自动化监测，运营监测单位人工监测频率逐渐降低，并进行人工监测数据和对外部单位自动化监测数据进行对比分析，截至 2020 年 5 月最大下沉量为－9.1mm。期间人工监测与自动化监测进行数据对比满足要求。

4）2020 年 5 月至今 2021 年 5 月，施工完毕，区间管片、道床结构沉降相对稳定。

（2）监测数据典型变化情况

为了更加直观地了解到监测数据的变化情况，现以右线区间的管片结构沉降监测测项为区间变化的典型案例，用其时程曲线图来展示区间整体的变形情况（图 Q.4）。

（3）地面外部施工情况

道路工程于 2018 年 11 月开工，2019 年 10 月道路基本回填完成，（还未进行路面硬化，比设计地面低 1m），2019 年 10 月～2019 年 12 月未进行回填作业。2020 年 6 月，道路回填完成（图 Q.5）。

4. 沉降原因分析

（1）沉降变化段与地面土方回填施工关系（图 Q.6）

由上可知，路面回填加载和管片结构沉降有一定的线性关系，故区间上方的加载施工对管片结构是存在的一定影响的。

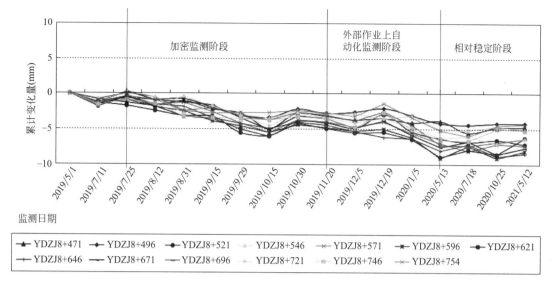

图 Q.4　某盾构区间沉降变化时程曲线图

图 Q.5　地面外部施工情况

（2）沉降变化段与地层方面的关系

区间勘探揭露，泥岩、粉砂质泥岩⑦$_{1-0}$ 至 ⑦$_{1-3}$，胀限 16.89% ～ 36.57%，平均 25.55%，自由膨胀率 30%～83%，平均 60%。属于中等～强胀缩土。本岩土层抗风化能差，风干易裂，再吸水便完全崩解强度急剧降低，特别是在遇水和失水的情况下，工程力

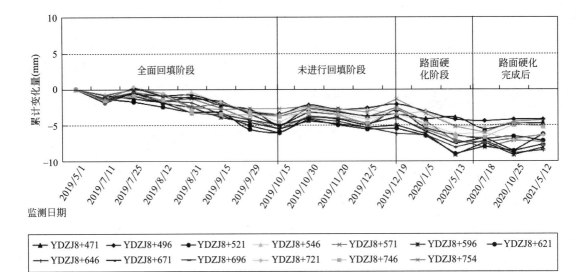

图 Q.6　某盾构区间沉降变化时程曲线图

学性质变化较大，因此对工程施工有显著不利影响。

道路工程开挖和回填过程可能会形成汇水通道，对隧道持力层造成不良影响，再者上加载可能会造成持力层的受力平衡，从而产生沉降。

5. 总结

本案例通过结合外部巡查了解到外部施工后，对隧道进行加密监测，并及时分析反馈，发现数据异常之后汇报给相关单位，最后采取有效的对应措施，保障了监测数据的及时性和运营隧道的安全。

附录 R 立交桥桩施工对既有建设期线路影响情况监测案例

该案例为新建立交桥桩施工对既有建设期线路影响情况监测工作案例,桥桩施工期间造成了影响范围内的既有隧道结构变形,为专项监测的典型案例。通过对该案例 12 号桥桩施工过程中隧道变形预警情况的总结与归纳,能够很好地加强轨道公司对外部施工及专项监测管理工作。

1. 工程概况

(1)外部施工项目基本情况

该立交工程位于主要市政道路交叉口。项目内容包括道路工程、桥梁工程、排(雨)水工程、照明工程、绿化工程、交通工程及其他附属工程等,该项目上跨既有建设期线路,其桥桩施工位于地铁重要影响范围内。该项目效果图与既有隧道位置关系如图 R.1 与图 R.2 所示。

图 R.1 立交项目效果图

桥桩基与邻近隧道外边缘距离 5.30~11.97m,其中 12 号桩基与隧道外边线距离最近为 5.30m;7 号桩基距离地铁隧道外边线 5.40m,剖面位置关系如图 R.3 所示。

(2)工程地质水文地质概况

1)场地岩土层主要为填土、第四系残坡积相的黏性土、碎石土以及泥盆系泥岩、泥盆系硅质岩、灰岩等,其中填土、混合土(砾质黏性土)、风化岩及具胀缩性的黏性土、泥岩为特殊性岩土。影响本区稳定性最大的一条构造断裂为西乡塘~韦村正断层。道路沿线地貌为该市盆地边缘丘陵,沿线为道路、民房、厂房等。场地内未发现明显的滑坡、崩

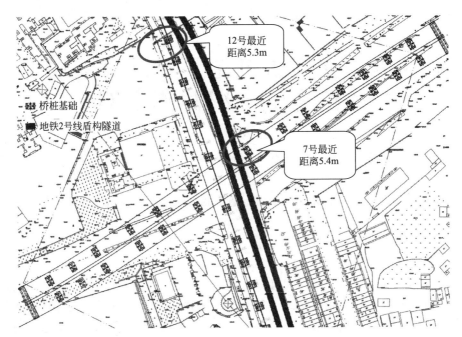

图 R.2　新建立交桥桩与既有隧道结构位置平面关系

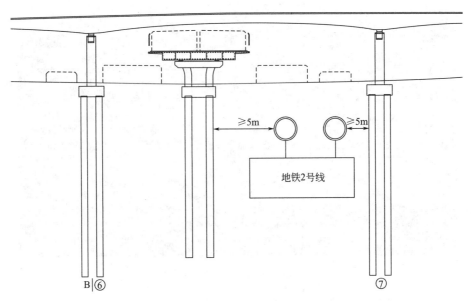

图 R.3　新建立交桥桩与既有隧道结构位置剖面关系

塌等不良地质现象，但场地属岩溶分布区，发育溶洞，可能存在土洞。

2）场地在钻探深度范围内的地下水包括上层滞水、孔隙潜水、孔隙裂隙承压水及岩溶裂隙水，地下水位较低。

2. 监测工作概况

（1）监测范围及项目

本次监测范围为外部施工影响范围内的地铁隧道结构，采用自动化监测为主，人工监

附录 R　立交桥桩施工对既有建设期线路影响情况监测案例

测作为检查核实的监测方式。自动化监测项目包含隧道结构竖向位移、隧道结构水平位移及轨道结构竖向位移监测，人工监测主要以复核自动化监测数据为主。

（2）监测点布设

根据监测方案，其监测点布设如表 R.1 所示。监测布点示意图如图 R.4 所示。

隧道内监测点布设情况 表 R.1

序号	监测对象	监测项目	监测点布置位置	点数（双隧道）
1	既有轨道交通隧道	隧道结构水平位移（自动化）	在桥桩中心相对应的隧道管壁及两侧平均布设，路基回填位于隧道正上方对应位置测点间距为 10m；两端往外扩大 50 布设测点，间距为 10m、10m、15m、15m；左线隧道布设 126 个测点，右线隧道布设 108 个测点	234 点
2		隧道结构竖向位移（自动化）	在桥桩中心相对应的隧道管壁及两侧平均布设，车站与区间两侧、联络通道与区间结构缝两侧加密布设	117 点
3		轨道结构竖向位移（自动化）	与隧道结构竖向位移（自动化）同断面布设	234 点
4		轨道结构竖向位移（人工）	与隧道结构竖向位移（自动化）同断面布设	234 点
5		隧道结构竖向位移（人工）	与轨道结构竖向位同断面布设	234 点
6		隧道结构净空收敛（人工）	与轨道结构竖向位移同断面布设	117 点
7		轨道几何形位（人工）	与隧道结构净空收敛同断面布设	117 点
8		无缝线路钢轨位移（人工）	影响范围内的每条轨道布设 1 组，共 4 组	4 组

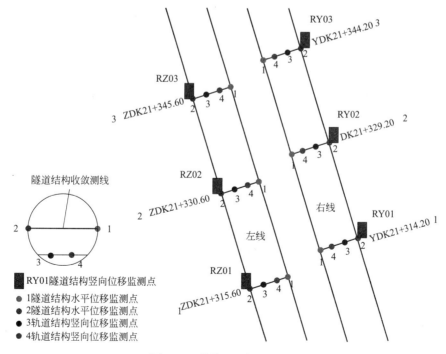

图 R.4　隧道监测布点示意图

人工监测与自动化监测布设在同一断面，采用喷红漆的标记方式监测道床两侧的螺栓以及管片结构上的螺栓，每个断面为 1 个隧道结构竖向位移监测点和 2 个轨道竖向位移监测点，与自动化监测相对应。

（3）监测控制值

各项监测项目控制值如表 R.2 所示。

各项监测项目控制值 表 R.2

序号	监测对象	监测项目	判定内容	控制值
1	某地铁 2 号线某区间隧道	轨道结构竖向位移	标高绝对变形量	累计变形量：5mm；变形速率：1mm/d
2		隧道结构竖向位移	标高绝对变形量	累计变形量：5mm；变形速率：1mm/d
3		隧道结构水平位移	管片水平位移绝对变形量	累计变形量：5mm；变形速率：1mm/d
4		隧道结构净空收敛	管片收敛绝对变形量	累计变形量：5mm；变形速率：1mm/d

3. 施工过程中典型的预警情况及分析

（1）预警情况

本项目在前期场地平整及周边桩基施工期间，2020 年 11 月份影响范围内的隧道竖向结构测点累计变形普遍达到 −4mm 左右，2021 年 4 月 21 日当天 12 号桩基进行施工时，其造成的地质扰动导致其隧道左线结构竖向位移监测测项对应测点最大变形值达 −5.13～−5.04mm（超过控制值 ±5mm），当日变形量 −0.59mm，达红色监测预警。监测点详细布置图与数据汇总表如图 R.5 与表 R.3 所示。

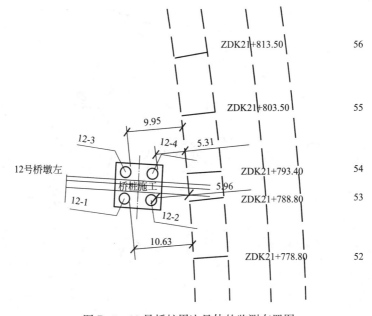

图 R.5　12 号桥桩周边具体的监测布置图

数据变形情况

表 R.3

点号	位置	累计沉降量	控制值(mm)	监测结论	备注
RZ53	位于银海跨线桥 12 号桥桩对应隧道,里程 ZDK21+788.80 处	−5.13mm	±5.00	红色监测预警	12 号桥桩与隧道外边线最近距离为 5.306m
EGZ54-3	位于银海跨线桥 12 号桥桩对应隧道,里程 ZDK21+793.40 处	−5.04mm	±5.00	红色监测预警	12 号桥桩与隧道外边线最近距离为 5.306m

其具体的施工时间如表 R.4 所示。

12 号桩基施工时间

表 R.4

序号	施工日期	现场施工情况	备注
1	2020 年 4 月 3 日～2020 年 4 月 5 日	银海 10-3 桩基施工(2020 年 4 月 5 日混凝土浇筑)	
2	2020 年 4 月 6 日～2020 年 4 月 12 日	银海 12-4 桩基施工(2020 年 4 月 12 日混凝土浇筑)	
3	2020 年 4 月 12 日～2020 年 4 月 20 日	银海 12-3 桩基施工(2020 年 4 月 20 日混凝土浇筑)	
4	2020 年 4 月 20 日～2020 年 4 月 21 日	银海 12-2 桩基施工(尚未浇筑混凝土)	

当日现场施工照片如图 R.6 所示。

图 R.6　现场施工照片

（2）监测数据分析

1）隧道左线隧道结构竖向位移

隧道结构竖向位移监测数据显示，2020 年 4 月 23 日隧道结构竖向位移累积变形量范围在－5.28～1.53mm 之间，自 2020 年 4 月 6 日银海跨线桥 12 号桥桩桩基施工开始，对应地铁隧道监测数据逐步变大，在 2020 年 4 月 11 日数据接近黄色预警－3.41mm（RZ54-3），2020 年 4 月 12 日数据达到黄色预警－3.63mm（RZ54-3），2020 年 4 月 19 日数据达到橙色预警－4.08mm（RZ54-3），2020 年 4 月 23 日数据达到红色预警－5.12mm（RZ54-3）。目前 2020 年 4 月 23 日监测数据为－5.28mm（RZ54-3）（图 R.7、图 R.8）。

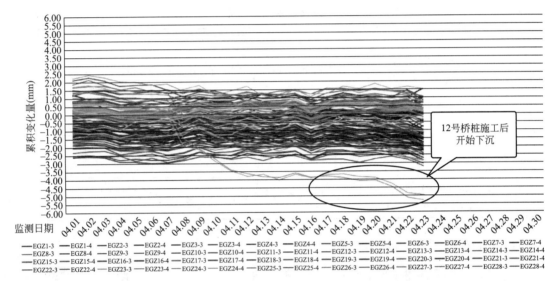

图 R.7　左线隧道结构竖向位移时程曲线图

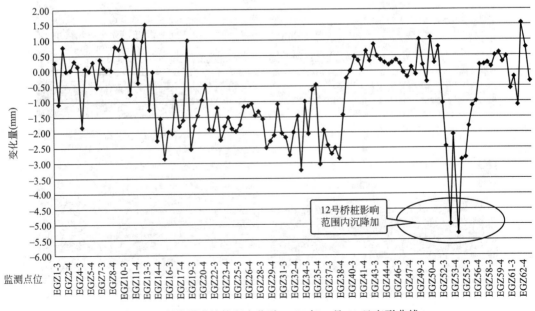

图 R.8　左线隧道结构竖向位移 2021 年 4 月 23 日变形曲线

2）隧道左线隧道结构水平位移

隧道结构水平位移监测数据显示，2020 年 4 月 23 日隧道结构水平位移监测积变形量范围在－2.74～2.56mm 之间，隧道结构水平位移变化速率均较小。2020 年 4 月 23 日隧道结构水平位移监测积变形量最大值为－2.74mm（EGZ13-1）（图 R.9、图 R.10）。

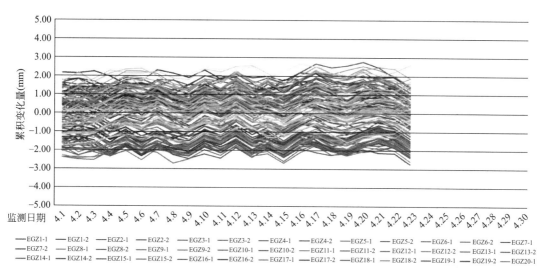

图 R.9　左线隧道结构水平位移时程曲线图

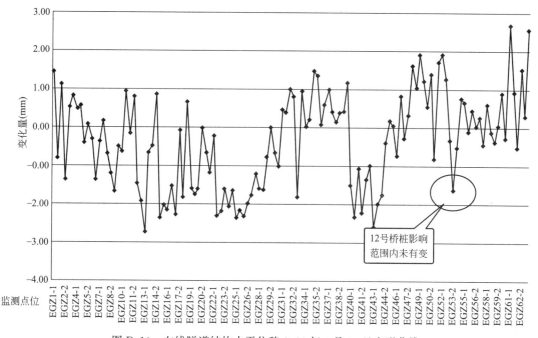

图 R.10　左线隧道结构水平位移 2021 年 4 月 23 日变形曲线

3）隧道左线隧道收敛

隧道结构收敛数据显示，2020 年 4 月 23 日隧道结构水平位移监测积变形量范围在－1.96～1.78mm 之间，隧道结构水平位移变化速率均较小。2020 年 4 月 23 日隧道结构水平位移监测积变形量最大值为-1.96mm（EGZ31-1）（图 R.11、图 R.12）。

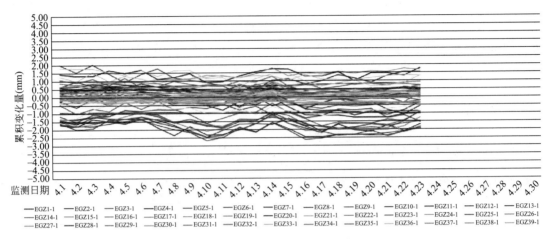

图 R.11　左线隧道结构收敛时程曲线图

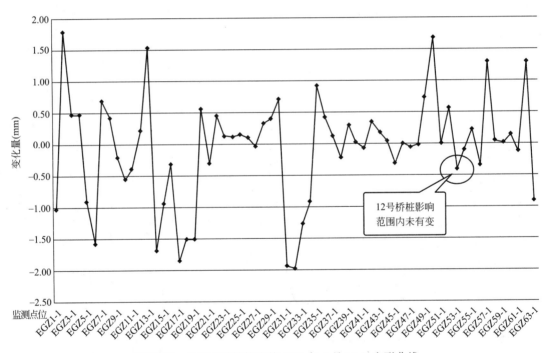

图 R.12　左线隧道结构收敛 2021 年 4 月 23 日变形曲线

　　4）隧道内巡查情况

　　预警发生后组织了隧道结构现状调查，在重点变形区域内未发现任何隧道渗水、管片裂缝及其他情况。

　　5）小结

　　桩基为摩擦桩型，其施工对隧道结构的扰动影响主要原因为施工期间塌孔导致隧道结构周边岩土的扰动。结合实际的监测情况分析，扰动反映在隧道结构的变形上则主要反映在隧道结构竖向位移测项，其水平位移及收敛变形未有变形情况发生。

（3）专家分析会

4月21日预警发布后，通过1天的加密监测及现场停止施工等措施的落实，4月23日组织召开了专家预警分析会。会上专家讨论的意见一致认为桩基施工期间的产生的塌孔现象为主要原因，并提出了如下专家意见：

1）细化后续桩基施工方案，并结合地质变化，采用全套筒加泥浆护壁等工艺，防止成桩过程中塌孔；

2）建议对回灌塌孔区域进行空洞探查，对发现未填充密实区域进行充填，确保回填密实后方可进行相邻桩基施工；

3）建设单位组织相关单位与轨道运营单位对接，确定后续监测控制指标；

4）加密自动化监测频率与人工巡查频率，补充隧道结构现状调查与工前调查的对比分析情况；

5）按照应急预案要求做好相关响应工作。

（4）轨道集团运营监测单位相关工作

运营分公司针对此次既有线路预警情况在多次沟通会议上提出要求，重点对长期监测与专项监测的数据提出联测要求，采用人工监测的方式复核自动化监测数据，确保监测数据的真实准确，有效指导施工。各部门严格按照实施方案落实各项职责，制定应急预案，确保在突发情况下立即启动应急预案，减少损失。

（5）其他单位

本项目的设计单位、勘察单位和专项监测单位在外部项目建设单位的带动下均参与了预警过程中的各项处理过程，会务上积极讨论和解决问题。

4. 后续工作情况

（1）现场施工配合与专项监测工作开展

在本次专家意见的指导下，后期距离轨道交通既有隧道较近的桩基础施工均采用了全套筒施工工艺，后续的专项监测工作一直持续到项目施工完成后30天，监测数据均趋于稳定，说明了采用全套筒施工工艺能够很好地避免桩基施工对地层的扰动，从而能够很好地保护影响范围内的既有隧道。

（2）长期监测工作

在预警发生后，该处区间被归类为病害类段，在后续的长期监测工作中增加了监测频率，达到1月一次，后续的长期监测频率不进行调整。

5. 结论

（1）本案例是专项监测影响既有轨道项目的典型案例，各参建单位通过高度关注并制定各种实施方案和有效措施，各司其职，施工过程中严格落实方案要求，过程中建立了有效的信息联动机制，确保信息化指导施工，最终顺利完成了此次风险级别很高的任务。

（2）当遇到类似地层及超深摩擦桩施工影响既有轨道交通隧道时，应采用全套筒桩基施工工艺，能够很好地避免桩基施工对既有轨道交通隧道的影响。

（3）专项监测与长期监测应互相配合，在专项监测结束后长期监测应按照其病害类型增加监测频率，以观测其受扰动隧道后的长期变形情况。

附录S 某建设期线路下穿运营期线路案例

　　该案例为新建地铁盾构区间下穿既有运营区间隧道，在实施过程中各方通过采取各种措施，协调配合，落实施工与监测等各项联动机制，进行信息化施工，最终顺利完成隧道的穿越施工，各项监测数据处在可控范围之内。本案例重点介绍施工过程中采取的措施及信息联动机制、对监测数据的处理等内容。

　　1. 工程概况

　　（1）穿越工程概况

　　新建盾构区间左（右）线起讫里程 Z（Y）K23＋659.087～Z（Y）DK24＋340.100，左线短链 1.694m。左线长度为 679.319m，右线长度为 681.013m，区间总长度为 1360.332m。

　　被穿越的既有线区间隧道为外径 6m，壁厚 0.3m，为管片拼装衬砌的单洞圆形隧道，区间隧道于 2017 年 1 月 31 日双线洞通，于 2017 年 12 月 28 日开通运营。前期踏勘期间未见渗漏水情况。影响范围内区间隧道道床采用整体道床，道床分段长度约为 12m，轨道轨枕布置标准间距为 625mm，轨道扣件采用 DTⅥ2 型扣件，道床块两端设厚 20mm 的沥青木板伸缩缝，以沥青麻筋封顶。

　　新建线路的车站西端与既有运营线隧道边线水平净距约为 22.3m，与既有线车站（风亭及主体结构）水平净距 22.5m。新建盾构区间下穿既有线运营线区间，下穿位置处新建线隧道隧底埋深约为 18m，与既有运营线区间净距为 2.05～2.11m。影响范围既有线车站围护结构深度 24.9m。新建工程主要影响既有运营线区间隧道。新建线路与既有线路下穿位置关系如图 S.1 所示。

　　（2）工程地质水文地质概况

　　1）穿越位置地形地貌简单，场区地形平坦，地面标高 77.83～78.50m，属于某江Ⅱ级阶地，为侵蚀堆积河谷阶地区的某江低阶地亚区。车站位于某交叉路口东侧，主体结构沿东向西布置，站区范围地面交通繁忙，两边建筑物密集。从上到下土层依次为素填土、粉质黏土、粉土、粉砂、圆砾、泥岩。新建盾构区间洞身主要位于泥岩与圆砾层中，部分拱顶位于圆砾层中。穿越位置的地质剖面图如图 S.2 所示。

　　2）穿越场地在钻探深度范围内，揭示两层地下水：上层滞水、松散岩孔隙类水。在钻探深度范围内，场地下伏的古近系半成岩地层中未揭示基岩裂隙水。

　　上层滞水主要赋存于杂填土①₁、素填土①₂中，水量贫乏，主要由大气降雨及生活废水补给，本次钻探仅在填土层厚度较大或靠近地下污水管道的极少部分钻孔中揭示有渗水迹象，未有明显水位，其水位埋深、水量受填土层厚度、降雨影响较大，不具统一水位。

　　松散盐类孔隙水主要赋存于圆砾⑤₁₋₁、卵石⑤₁₋₂层中，水量丰富，靠大气降水及地下径流补给，与某江河水有水力联系，为相互补给关系，由于某江防洪堤的建设，受防洪堤

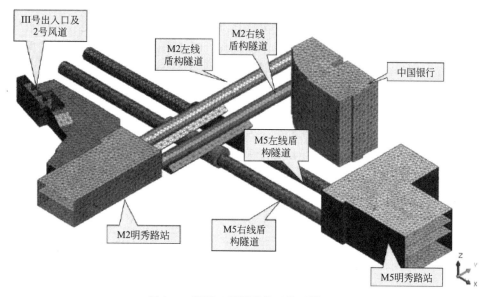

图 S.1　穿越工程隧道位置关系模型图

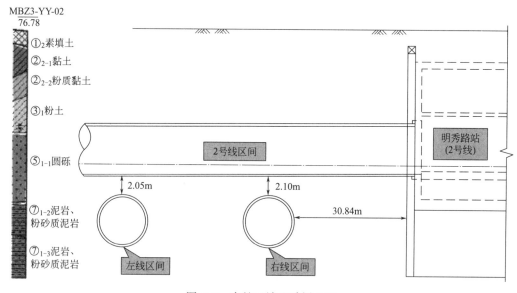

图 S.2　穿越区域地质剖面图

透水性减弱影响，该层地下水与邕江水位的联系趋弱。勘察期间初见水位埋深 10.00～11.70m，标高 64.19～66.19m，多出现在粉土的底部或砂土层的顶部；稳定水埋深在 9.00～10.50m，标高 66.14～67.95m，整体水位西高东低，水力坡度约 0.17%，根据当地测量及施工经验，水位年涨幅约 3～5m。经测量，承压水头高约 0.40～2.50m，受上部相对隔水层底面起伏影响，局部地段承压水头较小。

2. 监测工作概况

（1）监测范围及项目

本次监测范围为新线左右线盾构穿越中心往外 30m 的范围，对应的既有线运营隧道里程大概为 Z（Y）K35＋330～Z（Y）K35＋420 约 90m 范围。

此次新建线路穿越既有地铁运营线路采用自动化监测为主，人工监测作为检查核实的监测方式。自动化监测项目包含隧道结构竖向位移、隧道结构水平位移及道床结构竖向位移监，人工监测项目包含隧道结构竖向位移和道床结构竖向位移。

（2）监测点布设

自动化监测项目按照穿越位置中心往外 3m、4.5m、6m、7.5m 及 9m 的间距布设监测断面，在左右线中心加密 2 个监测断面。左线共布设 14 个断面，右线共布设 16 个监测断面，每个监测断面在道床两侧各布设 1 个 L 形小棱镜、在隧道拱腰 3 点钟和 9 点钟方向各布设 1 个 L 形小棱镜，在拱顶位置布设 1 个 L 形小棱镜，同时监测每个棱镜的竖向和水平位移。隧道监测布点平面如图 S.3 所示，隧道实际布点图如图 S.4 所示。

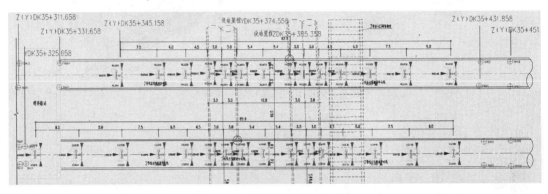

图 S.3 隧道监测布点平面图

图 S.4 隧道实际布点图

人工监测与自动化监测布设在同一断面，采用喷红漆的标记方式监测道床两侧的螺栓以及管片结构上的螺栓，每个断面为 1 个隧道结构竖向位移监测点和 2 个轨道竖向位移监测点，与自动化监测相对应。

（3）监测频率

自动化监测频率如表 S.1 所示。

区间施工期间监测频率　　　　　　　　　　　　　　　　　表 S.1

盾构(左线)区间施工期间监测频率		
1	下穿期间	12 次/1d
2	$L \leqslant 30\text{m}$	6 次/1d
3	$20\text{m} < L \leqslant 30\text{m}$	3 次/1d
4	$30\text{m} < L \leqslant 50\text{m}$	2 次/1d
5	$50\text{m} \leqslant L$	1 次/1d
盾构(右线)区间施工期间监测频率		
1	下穿期间	12 次/1d
2	$L \leqslant 20\text{m}$	6 次/1d
3	$20\text{m} < L \leqslant 30\text{m}$	3 次/1d
4	$30\text{m} < L \leqslant 50\text{m}$	2 次/1d
5	$50\text{m} \leqslant L$	1 次/1d

注：1. L 盾构刀盘至监测点或监测断面的水平距离（m）；

　　2. 当监测数据接近安全控制值指标的预警值时，应提高监测频率；

　　3. 当发现城市轨道交通结构有异常情况或外部活动有危险事故征兆时，应进行不间断实时监测；

　　4. 盾构机下穿既有 2 号线运营隧道期间，若监测速率增大趋势明显时，应进行不间断实时监测；

　　5. 对岩土扰动施工完成后且监测结果正常时可降低监测频率；

　　6. 观测至工程施工超出影响范围且结构变形稳定后一个月方可结束观测。

人工监测频率按照盾构机头进入到影响 30m 范围内开始到盾尾离开 30m 影响范围外为止，每天晚上监测 1 次。

3. 各单位采取的措施

（1）建设单位

本工程建设单位为轨道公司建设分公司，针对本工程的安全风险级别较高，建设单位提前制定穿越实施方案和应急预案，对各参建单位的职责和工作提出要求，责任落实到每个单位和每个人。组织由勘察、设计、施工、监理、第三方监测、风险评估、运营分公司等多家单位及部门召开下穿前的条件验收会，对穿越施工的各项准备情况进行检查验收，确保满足下穿条件后才允许穿越施工。穿越期间要求各单位实施 24h 值班制度，由专人进行考勤考核，统一设置值班室，建立好各单位的信息联动机制，方便各单位的现场信息对接，密切关注穿越过程的各种情况，确保穿越施工的安全。

（2）监理单位

监理单位采用旁站和现场值班的方式，监督施工单位严格按照专项方案确定的各项施工参数进行穿越施工，牵头做好各相关单位之间的信息联动，沟通与协调施工过程中遇到的各类突发情况，确保信息化指导施工。负责核对施工监测的自动化监测数据，对自动化监测数据审核之后进行数据报送。

（3）施工单位

施工单位针对本项目提前编制施工专项方案和专项监测方案，并安排施工监测提前进入隧道布设自动化监测点，在穿越过程中开展自动化监测工作。施工单位按照设计图纸对既有线的下部，新建线路的上部进行洞内径向注浆加固工作，并对加固效果进行检测，确保穿越过程土层的稳定，控制好既有线的沉降，保障既有线运营安全。在施工过程中做好监测数据与盾构施工的信息联动，在值班室进行指挥，在自动化监测数据出现异常时立即联系隧道内盾构机操作手调整盾构掘进的各项参数，确保既有线结构变形满足既定要求。隧道径向注浆加固图如图 S.5 所示。

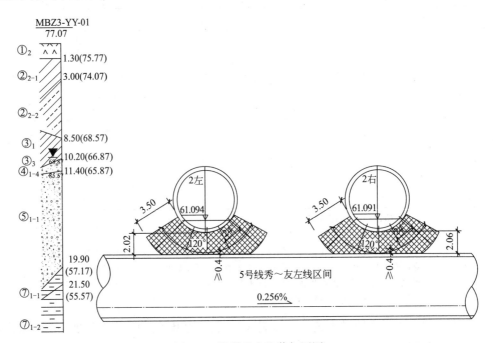

图 S.5　隧道径向注浆加固图

（4）运营单位

运营分公司针对此次新建线路穿越既有线的情况，制定了穿越过程的执行方案和应急预案，在方案中明确规定了相关部门的工作职责，也重点对运营监测、施工监测及第三方监测等三家单位提出三方联测的要求，采用人工监测的方式复核自动化监测数据，确保监测数据的真实准确，有效指导施工。穿越前多次召开会议对自动化监测、三方联测、信息反馈等提出明确要求，穿越过程中各部门严格按照实施方案落实各项职责。提前对此次穿越可能产生的各种应急情况进行梳理分析，制定应急预案，确保在突发情况下立即启动应急预案，减少损失。

（5）其他单位

本工程新建线路的勘察单位、设计单位、风险评估单位、第三方监测单位、施工监测单位、运营监测单位等都按照建设分公司及运营分公司制定的专项方案开展各项工作，严格落实值班制度，各司其职，在遇到异常情况时集体开会讨论，出谋划策，制定处理措施，为此次穿越工程提供各自的技术力量。

4. 三方联测情况

（1）测点布设及初始值采集

三方联测主要为新建线路的施工监测、第三方监测以及既有线运营监测单位。监测点的布点方案在施工单位报审专项监测方案的时候经过多次沟通协调确定了人工复核监测点的具体位置和范围。在下穿开始前半个月的时间由运营分公司组织施工单位、监理单位、三家监测单位共同请点进入隧道，对现场进行人工监测点的标识以及基准点的选取。在下穿影响开始前 1 周，由运营分公司组织请点，三家监测单位共同对影响范围内的人工复核监测点采集完成初始值，并统一发监理单位比对监测数据，监测数据差值超限的统一安排复测，确保初始值满足要求，在初始值比对符合要求之后，三家单位按照各自采集的初始值计算后续的变化量。

（2）现场联测

现场联测统一于请点作业开始前半小时到达车站，由运营分公司组织请点，完善了各种请点手续之后进入隧道开始人工监测点的复核监测。现场从相同的基点开始由三家单位依次立尺子、架设仪器进行观测，采用闭合水准路线进行监测，左右线的监测确保每个闭合差满足要求后才能出清隧道。各家单位现场每次监测都带上前次监测的高程成果，通过输入基点高程现场监测此次高程的方式来核对各监测点的阶段变化量。现场核对阶段变化较大时立即进行监测数据复核，确保监测的准确性。

（3）监测数据反馈

在穿越过程中统一由监理单位汇报审核之后的自动化监测数据。三方联测作为人工监测复核自动化监测数据，作为判断隧道变形情况的另一种手段，起到双重保障的作用。三方联测现场监测结束后统一在值班室进行监测数据的计算，各自通过自带的电脑及相关平差软件进行计算，最终计算出累计变化量。人工监测数据由运营监测单位统一比对三方联测的数据，计算三家监测单位之间的差值，核实并确定最可靠的人工监测数据。然后由施工监测单位统计自动化监测数据上对应部位测点的累计变化量，发给运营监测单位进行最终数据的汇总统计，运营监测单位确保人工复核的数据与自动化监测的数据差值在 1mm 范围内时，将最终的联测数据发给运营分公司。并统计监测结论，是否出现预警情况，汇报当个时段变形最大的自动化监测数据。由运营分公司在出车前报送最终的监测结论至车辆中心，确定监测数据无异常后才开始第二天的发车运营。

5. 监测数据情况

三方联测工作于 2019 年 10 月 15 日采集完成初始值，新建线路右线于 2019 年 11 月 7 日开始穿越，2019 年 11 月 18 日完成穿越，左线于 2020 年 6 月 13 日开始穿越，2020 年 6 月 22 日完成穿越。

（1）人工复核校正自动化监测数据

新建线路右线穿越过程中，从 2019 年 11 月 7 日开始至 2019 年 11 月 11 日，人工复核监测数据与自动化监测数据都能对应，自 2019 年 11 月 12 日至 2019 年 11 月 16 日，人工监测复核的数据出现了明显的下沉，此时累计变化最大的数据已经达到 −2.5mm 左右，但是自动化监测数据累计变化最大仅为 −1.05mm，超过 10 个测点的累计变化量差异超过 1mm，最大差异达到 −1.47mm。分析此时的工况，盾构机已穿越完成既有线的左线。分析了近几天人工监测数据的变化趋势，与穿越地施工工况完全吻合，而自动化监测数据未出现变动，明确了自动化监测数据存在问题。后续经过核实，自动化全站仪架设在穿越的中心位置，施工监测将仪器摆站点按照固定基准点进行设置，其他测点随基准点一同变动，因此，主要变形区域的监测数据未出现下沉。正确设置的方式为仪器摆站点位置作为工作基点，每次测量影响范围之外的基准点反算工作基点的坐标，再通过工作基点测量的角度和距离反算每个监测点的坐标。发现问题后经过基准点调整，自动化监测数据与人工监测数据比对均满足差值1mm以内的要求（图S.6）。

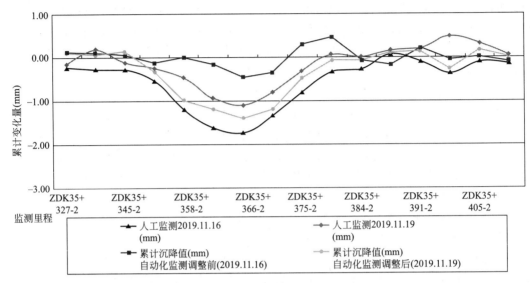

图 S.6　左线自动化监测与人工监测对比图

（2）监测数据的分析

既有线左线监测数据显示，在新建右线穿越完成时，既有线左线道床最大沉降在—1.5mm之内，呈现出了明显的沉降槽。在新建左线穿越完成后出现了累计量的叠加，新建左线完成穿越时，沉降量较右线穿越时要大，穿越中心对应的既有线道床结构最大沉降达到—3.0mm左右。右线对应的穿越中心道床沉降增加到—2.0mm。穿越完成后总体道床沉降控制在—3mm以内，满足既定的要求。左线的人工监测数据和自动化监测数据吻合程度很高。反映了经过基准点计算的调整之后，自动化监测数据准确地反映了隧道实际的变化情况（图S.7）。

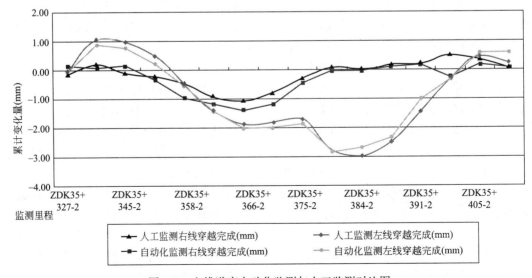

图 S.7　左线道床自动化监测与人工监测对比图

既有线右线监测数据显示，在新建右线穿越完成后，既有线右线道床沉降监测数据累计变化量最大为－1.2mm，也呈现出明显的沉降槽。在新建左线穿越完成后，对应的穿越中心监测数据出现了小量的上浮，上浮最大为＋0.5mm，右线穿越中心对应的既有线结构也出现了小量的上浮情况，自动化监测数据和人工监测数据也具有较高的吻合度。由于新建左线穿越是在右线穿越半年之后进行的，施工单位已积累了经验，对既有线的整体沉降和上浮控制都比右线穿越时要好，最终的既有线道床变形都控制在 2mm 之内，顺利完成新建线路对既有线的穿越（图 S.8）。

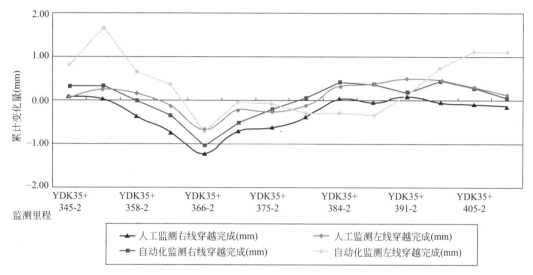

图 S.8　右线道床自动化监测与人工监测对比图

6. 结论与建议

（1）结论

1）本案例是新建地铁线路近距离下穿既有线的典型案例，各参建单位通过高度关注并制定各种实施方案和有效措施，各司其职，施工过程中严格落实方案要求，过程中建立了有效的信息联动机制，确保信息化指导施工，最终顺利完成了此次风险级别很高的任务。

2）新建线路完成穿越时，既有线最终监测数据显示左线隧道内最大沉降－3.7mm，最大上浮量为＋1.8mm，右线隧道内最大沉降－1.1mm，最大上浮量为＋2.1mm，满足既定的－5.0～＋3.0mm 的隧道变形控制要求。隧道内未出现结构破损、开裂、渗漏水、错台等情况，巡查未见异常。

（2）建议

1）自动化监测配合人工检查核实

本工程的监测采用自动化为主，人工监测作为校核的案例，成功地将自动化监测的异常情况校核出来，经过监测系统的调整，最终自动化监测数据真实准确地反映了既有线结构的真实变形情况，做到了监测数据有效指导施工。因此，在类似的风险级别较高的地保监测中，自动化监测配合人工复核是首选的监测方案，在无法满足高频率的人工监测时，一定要严格按照自动化监测的技术要求实施自动化监测，确保自动化监测系统的稳定性和准确性。

2）针对重大风险源提前制定实施方案

本工程是轨道公司作为重大风险源制定实施方案的一个典型案例。建设单位和运营单位都制定了实施方案和应急预案，穿越过程中各单位严格执行方案中的各项要求，高度关注此次施工穿越的全过程，并给出了相应的技术指导。提前预判可能发生的各种突发情况，制定有效的应急预案，在出现突发情况时能够有效应对。在参建各方的共同努力下，成功完成穿越，保障了既有线路运营安全。

3）加强信息联动机制

本工程在实施过程中，通过设置统一的值班室，各单位能够第一时间了解到本项目各方面的情况。出现突发情况时，能够第一时间召开紧急会议制定处理措施，各方根据各自负责的工作提出具体的技术处理措施，能够有效节省沟通的时间。通过监测与施工的信息联动，施工人员第一时间了解到监测数据的变化情况，能够及时采取措施控制既有线的变形，监测作为施工的眼睛有效地运用到了本工程中。

4）三方联测的重要性

本工程三方联测的实施，是监测数据真实准确的一大保障。运营监测作为牵头单位汇总第三方监测和施工监测的人工复核数据以及自动化监测数据，通过三方的人工监测数据之间进行对比，人工监测和自动化监测数据进行对比，对数据的准确性分析形成了多重保障，确保了监测数据的真实准确和及时性。

5）监测数据结合施工工况分析

本工程在穿越过程中出现了人工监测与自动化监测数据不对应的情况，经过监测数据与施工工况的对比，人工数据的变形是在盾构机头到达既有线结构附近时才出现的，且随着盾构的穿越监测数据持续变形，最终盾构机盾尾通过时达到最大，监测数据与施工工况完全吻合。而自动化监测数据显示在穿越过程中一直未出现显著变化，与实际工况不对应，因此断定自动化监测数据存在问题。后续经过多方核实，也确实存在工作基点作为固定点影响了自动化监测数据的准确性，经过调整后，自动化监测数据与人工监测数据基本完全吻合。因此，在后续的类似工程中，结合施工工况分析监测数据是一个必须和非常有效的检核监测数据的方式，只有这样才能真正做到监测指导施工。